U0660103

山西大学社会科学出版基金资助

哲学原理新探

（修订版）

郭留柱　著

山西出版传媒集团
三晋出版社

图书在版编目（CIP）数据

哲学原理新探／郭留柱著．—太原：三晋出版社，2017.2
ISBN 978-7-5457-1461-6

Ⅰ.①哲…　Ⅱ.①郭….　Ⅲ.①哲学理论—研究
Ⅳ.①B0

中国版本图书馆 CIP 数据核字（2017）第 039490 号

哲学原理新探

著　　者： 郭留柱
责任编辑： 郭智勤
封面设计： 孙利红

出 版 者： 山西出版传媒集团·三晋出版社（原山西古籍出版社）
地　　址： 太原市建设南路 21 号
邮　　编： 030012
电　　话： 0351-4922268（发行中心）
0351-4956036（总编室）
0351-4922203（印制部）
网　　址： http：//www. sjcbs. cn

经 销 者： 新华书店
承 印 者： 山西新华印业有限公司

开　　本： 787mm×960mm　1/16
印　　张： 20
字　　数： 220 千字
印　　数： 1-1000 册
版　　次： 2017 年 4 月　第 1 版
印　　次： 2017 年 4 月　第 1 次印刷
书　　号： ISBN 978-7-5457-1461-6
定　　价： 38.00 元

目　录

序

爱因斯坦曾经说过："即使是有勇敢精神和敏锐本能的学者，也可以因为哲学上的偏见而妨碍他们对事实作出正确解释。"（《爱因斯坦文集》第1卷，商务印书馆1976年版，第22页）按照他的这种说法，有勇敢精神和敏锐本能的学者若有正确的哲学观点，是有可能对事实作出正确的解释的。这与中国古代一些学者十分强调"识"的主张是一致的。郭留柱同志所著《哲学原理新探》一书，可以说就是在哲学领域内有勇敢精神和正确哲学观点的一位研究者所做的一种尝试。阅读该书，我们感到篇篇都有新意。诸如，关于本质、规律的定义，关于物质世界的两个普遍规律，关于人的活动与客观规律的关系的看法，以及由作者发掘并首次提出的马克思主义关于实行的理论，等等，有的是传统的哲学教科书中所没有的，有的则是与教科书观点所不相同的。这些观点能否成立，当然还可以讨论。但作者能提出这样一些问题，对哲学的发展就是大有益处的。我认为他的研究坚持并体现了马克思主义哲学的基本精神。作者所以能够提出这样一些富有启发性的观点，首先是由于他找准了哲学的生长点。这些生长点不在别处，恰恰就在哲学的核心内容中。他在别人认为没有空白的地方发现了空白，在别人未提出疑问的地方提出了问题。然后，就像认准了这个地方有水似的坚持不懈地挖下去，终于取得了一定成绩。这种精神无疑是值得肯定并应当继续发扬的。

当然，仔细考究，书中的可商榷之处也还是有的。例如，左右型关系的两方之间是否都有标本关系，三个普遍规律是不是都为不同类型（前后型、左右型、内外型）的关系所表现，还是它们各有只属于自身的表现形式。另外，有的观点的论证还不够充分，有的章节在写法上还有雷同之处。不过，这些问题都不过是白玉之瑕，并不掩瑜，相信作者在以后的修订或增补时能予改进。

我愿将本书推荐给读者，并期望作者在今后的研究中取得新的成绩。

李景源[①]

2002 年 7 月

于中国社会科学院

哲学研究所

---

① 李景源：中国社会科学院哲学研究所原所长、研究员，中国社会科学院学部委员。

自 序

这本书也许是要引起一些争议的，因为书中除了有一些现今的哲学教科书还没有的观点外，还有与国内流行的某些哲学观点所不同的观点。不过，即使真有争议，我还是认为，本书的大多数的观点是能够经得起讨论的考验的。所以会有这样一个自以为是的判断，是因为书中的观点的得出，大都是反复推敲过的。这本书是在我所发表的哲学论文的基础上形成的。我写作哲学论文的初衷，除了想纠正哲学上的一些错误观点外，还想在哲学上有所创新，以求能够为马克思主义哲学的发展作出一点贡献。因此，我给自己的论文写作提出了较严的要求，这就是：（一）要选有意义的课题；（二）一定要有新意。我十分赞同鲁迅所说的一句话："无端的空耗别人的时间，其实是无异于谋财害命的。"（《鲁迅全集》第6卷，人民文学出版社，1981年版，第97页）因此，三十多年来，我始终坚持了以严肃认真的态度去写作。一篇稿子，不到自己认为没有问题了时，不送去发表（因水平所限，仍免不了要有浪费读者时间的段落）。以致在我自己看来，以这些论文为基础所形成的这本书，也是以有新意为其特点的，这一点，大家从目录上大概也可以看出。

本书的内容主要是关于自然、社会、思维和人的活动所表现的规律及其方法论意义的发现与探索。作为本书基础的哲学论文中的多数论文是从怀疑已有的哲学论点开始的。第一部分（包括第一、二、三章）从对于国内哲学教科书关于本质、规律的定义的质疑开始，根据历史上的哲人和科学家的论述以及近现代科学对于这两个范畴的应用，给它们下了新的定义并指出了它们的非实在性。第二部分（包括第四、五、六章）是作者在自认为真正弄清楚了什么是本质、规律的基础上对物质世界的普遍规律的发现与探索。第四、五章是作者以前人创立的知识为基础提出的两个普遍规律。第六章是对对立统一规律所做的一种形式化尝试，是以诠释特别是发展毛泽东的《矛盾论》为目的的。第三部分（包括第七、八章）是对人的活动与客观规律的关系所提出的一种新的较为系统的诠释。第七章是由已经发表的两篇论文（《"按照客观规律办事"质疑》《规律不能依赖的启示》）所构成；第八章则是由已经发表的一篇论文（《利用规律的实质探析》，发表于《科学技术与辩证法》2006 年第 3 期）和这篇论文发表前编辑建议另行发表的第三部分所构成的。第四部分（包括第九、十章）是对认识的一般规律和发现规律的一般方法与步骤的探索与总结。第五部分（包括第十一、十二章）主要是对马克思列宁主义、毛泽东思想关于实行（即认识世界与改造世界）的主张、规律性与方法的发掘与进一步的概括，也有作者对于推动新时期的实行的一些思考与主张。

我对于哲学问题的探索是由工作总结所引发的。20 世纪 80 年代初，为总结自己的工作经验，我着手开始写一本关于思想政治教育工作的小册子。草稿写了厚厚的一摞。但写到“实事求是”这一章，讲到要如何从实际出发去认识规律时，我才发现，对于规律，我还没有真正地理解。查阅国内的哲学教科书，虽有关于规律的解释，但却始终不能使我明白什么是规律。我于是认为，我们对于这一问题其实还没有真正解决。自幼就有的那种不愿绕着问题走的脾气，把我引到了对于哲学问题的探讨中。

然而，当我真正地步入哲学这一领域后方才发现，对于我来说，这乃是一片无边无际的沼泽地，想要从这里走出自己的路，实在不是一件容易的事。我想要弄清楚问题并有所发现，不仅有语言能力方面的障碍、自然科学知识基础差的障碍，而且还有在研究时间上面对的限制（一直在高校基层从事着行政工作）。因此，尽管探讨了许多年，仍没有一篇文章见诸报刊。直到20世纪80年代末，才发表了一两篇。那以后，虽然自己也经常发狠，想一年搞若干篇出来，但结果总不能让我满意。除了还有若干篇思想教育方面的论文外，哲学论文，年均只有一篇。到下乡扶贫后的那一年，便连一篇都没有了。

使我得到的一点安慰是，已经发表的哲学论文，在国内大都有反响。我在本校的学报上发表过5篇哲学论文。前两篇被置于“争鸣园地”中。后来，这个栏目改成了“探索与争鸣”。我的第三、第四篇论文又被安排在这个栏目中。即使这样，也已经使我非常感激了。因为我的论文从语言上说并无多少可取之处，但观点却总使人感到有点害怕。倘若编辑同志没有一点勇气的话，我的这些东西是难见天日的。也许正是因为被放到了这些园地中，才引起了国内一些报刊的注意，予以了摘介、复印。这种摘介有时虽只有百十来个字，但它给予一个在漫漫长夜中孤独奋战的人的鼓舞，却是只有曾经得到过这种鼓舞的人才能体会得到的。因此，我在本书的后记中附录了所发论文的原载刊物与摘介、复印这些论文的报刊，以表示我对这些报刊的感激之情。

我之所以写得很慢，除了由于散漫，由于20世纪90年代后期以前一直从事行政工作外，还由于自己的知识、理论、语言的功底差。许多时候是在写作要用到某一种知识时，才去学这种知识；在要用到自然科学方面的知识时尤其是如此；以致写作过程常常变成学习过程。等到把所学的知识理解了以后，才能重新返回到写作上。而同时，自己又要求文章一定要有新意。也许是由于记住了爱因斯坦的不要选最薄的地方钻孔的告诫（爱因斯坦的原话是："我受不了这样的科学家，他拿起一块木板，寻找最薄的部位，在容易钻孔的地方，钻上许许多多孔。"引自秦关根《爱因斯坦》，中国青年出版社，1979年版，第298页），我所选的课题大都是哲学上的一些难题，而且坚持要把问题彻底弄清，以致每篇文章都仿佛是十月怀胎，投诸刊物又不能及时发表则似难产。好在经过了这么许多年，早先发表的论文的观点在今天看来也还未失其新。这些新意所以能够产生，或许与我采取的下面的这样一种做法有关。与有的同志只是从自然科学、社会科学和思维科学中寻找实例证明已有的哲学观点相反，我是运用已掌握的哲学观点去从科学特别是自然科学中寻找哲学。而它们所以在今天还能够得到一些同志的认可，则可能与我始终坚持以科学方面的事实、规律来检验它们有关。自然科学在与哲学分家时，把本应留给哲学的一些内容也一起带走了。当时的哲学大概是由于曾经霸占过自然科学的地盘而感到理亏，以致竟然未予反抗。今天我们理应把这些内容从自然科学中找出来。这一工作，恐怕需要经过许多代人的努力才能够取得一些较为可观的成绩。

然而，在整理这些论文时，我常常又感到难以自信。我在本书中引用了大量的自然科学的实例来证明自己的观点，这都是以自己对这些实例的理解为基础的。遗憾的是，我的自然科学基础委实较差，因此本书除了肯定要有一些可以理解的错误外，或许还会有一些让内行看起来是难以理解的错误。诚恳希望读者看后对这些错误予以不客气的批评和指教。倘若我能因为得到大家的指教而还有机会达到减少错误的目的，则我认为是十分幸运的。

作　者

原写于2002年7月

2016年11月修改于太原

第一章　本质论

什么是本质呢？国内的一些哲学教科书和哲学辞典把毛泽东关于“规律性”的解释照搬了过来，说本质就是事物的内部联系。“内部联系”是什么呢？有的辞典又解释说：“同‘外部联系’相对，指事物或事物之间内在的、本质的、规律性的联系。”（见《辞海》）看了这样的解释，人们是无法清楚什么是本质的。那么，像一些辞典那样，把本质解释为事物的根本性质又如何呢？应当承认，这种说法比前一种解释要好一些。但一事物的根本性质是什么，用什么来区分事物的根本性质与非根本性质呢？这又无人予以说明，只能由自己去意会了。由于什么是本质的问题未彻底解决，因而我们在探讨某些事物的本质时也就只能是仁者见仁，智者见智了。如前些年我们在讨论人的本质是什么时，就有“劳动”、“社会性”、“实践”、“自由”等种种说法。显然，对这一对于人类的理性思维来说是至关重要的范畴的定义和表述，现在也还有予以讨论的必要。

一　亚里士多德的本质观

其实，对于本质这一范畴早在古希腊时代就已经有比较深刻的认识了。古希腊哲学家中“最博学的人”（马克思语）亚里士多德就曾给本质下过定义。虽然，由于受他所处的那个时代的知识水平的限制，他对于哲学范畴的考察，很多都带有朴素的、直观的性质；然而正如小孩能说实话，而有的大人反而做不到这一点一样，处在更接近于人类童年时代的古代的人们也并不是在哪一点上都不如今人，他们也有胜过今人的观点。亚里士多德给本质所下的定义就包含有今天看来也还是很有价值的思想。

亚里士多德曾对本质作过多种解释。一种是，本质就是本体。他在《形而上学》一书中说："事物的'怎是'（原词为totienninai，有的学者直接译为本质[①]——引者注）〈所以成其为事物者〉其意只指一点，这就是事物的'本体'。"[②]"怎是即各事物之本体"[③]。什么是本体呢？亚里士多德说："'本体'一词，如不增加其命意，至少可应用于四项主要对象；'怎是'与'普遍'与'科属'（即种——引者注）三者固常被认为每一事物的本体，加之第四项'底层'。"[④]从这段话可以看出，他是倾向于把本体当普遍的、一般的东西来看待的。这段话同时还反映出了他的另外一种观点，即事物的"种"也就是事物的本质这种思想。他在早期著作《范畴篇》中曾提出，个别事物是第一本体，事物的"种"和"属"则是第二本体。在《论题篇》中则更明确地提出："种是表示在属上相区别的若干东西之本质的

---

① 参见黄顺基、刘炯忠著：《论辩证思维的形成和它的范畴体系》，中国社会科学出版社1983年版，第106—108页。

② ③④［古希腊］亚里士多德著：《形而上学》，商务印书馆1959年版，第66、133、127页。

范畴。”[1]“在定义的若干构成要素中，种最被认为是揭示被定义者本质的”[2]。从他的这些说法中可以看出，他是将“种”当成是“属”的本质来看待的。除了上面这些说法外，他对于本质还有一种解释：他曾多次表示过事物的形式也就是事物的本质这样一种观点。

亚里士多德关于本质的这些说法当然不能说都是正确的。相反，这些不同的说法正表明了他的思想有矛盾和混乱之处。但是，拿近代科学通过揭示具体现象的本质而逐步形成的关于本质的约定来衡量，他的这些说法中有接近正确的说法。这也就是他所谓“种”这一层次就是本质层次，“种”也就是事物的本质这种说法。因现代形式逻辑已将亚里士多德所说的“种”和“属”的地位颠倒过来，“属”成了“种”的上位概念，因此他的上述说法用现在的话说就是：“属”就是事物的本质。那么，现代形式逻辑所说的“种”是否也是本质呢？考察一下今天的形式逻辑所举的种的例子，可以发现，当属的层次较高时，其种也往往是具体事物、现象的本质，有的甚至还是低层次本质的本质。如作为“动物”之种的“马”就是具体的马的本质；而作为“生物”之种的“动物”则是低层次本质的本质。但是，当着属是最低一层次的属时，其种也就不是本质了。如作为“诗人”之种的“李白”，作为“行星”之种的“地球”等具体事物就不是本质。另一方面，当着我们说本质时总是要说明它是什么事物

---

① ②《亚里士多德全集》第 1 卷，中国人民大学出版社 1990 年版，第 358、471 页。

的本质。在这里，属相对于其种说，是本质；而种，即使它是低层次本质的本质，相对于其属说，也不能说成是本质。因此，当着我们要确定什么是本质，并且只需从“属”和“种”这两者中择出一者来作为本质的定义时，让“属”来担当此任，显然是比较合适的。因为不论在什么情况下，它都是本质。应当加以说明的是，肯定属是本质，是以形式逻辑所揭示的“属种关系”为背景、为基础的。属在每一种场合下都是本质，始终是以它下面有众多的种为前提的，正如曾经在历史上叱咤风云的那些英雄豪杰所以能够在当时的舞台上耀武扬威，是因为他们背后有千百万的群众一样。

亚里士多德除了给包括本质在内的许多范畴下了定义外，还提出了若干一直沿用至今的下定义的方法。最主要的也就是他所说的“把被定义者置于种中，然后再加上属差”①（现在已改为“属加种差”）这一方法。它直到现在也还是我们下定义时用得最多的一种方法。但是，对于属是不是本质这一点，我们却未曾深入地讨论过。一些形式逻辑教科书说，给概念下定义就是揭示概念所反映的事物的本质属性。这种说法是极含糊的。“本质属性”是不是本质？他们没有说明，但它很容易使人误以为定义就是被定义概念所反映的事物的本质。好在作如此解释的人中还有人说明，“本质属性”就是“特有属性”或“固有属性”，三者是同等程度的概念。这实际上就否定了定义是被定义概念所反映的事物的本质。大家都知道，下定义只是为了说明被定义概念

---

① 《亚里士多德全集》第1卷，第471页。

本身的。虽然，要做到这一点，就不能不推出它的属，也即其本质。但下定义又不能只说出其属，还要说明此一概念与其属概念之下的其他种概念之间在内涵上的差别，即还要“加种差”。由“属加种差”构成的定义项，揭示了概念的内涵，同时也划定了概念的外延，表明了概念所反映的事物的特有属性。因此，它与被定义概念是相等同的。而本质却如黑格尔、列宁所说乃是“一般”①，因而其概念也就是被定义概念的上位概念。虽然它的内涵比后者的内涵要少、要浅，但它的外延却比后者的要大、要广（说作为本质的一般是个别事物、现象的“一部分”②，只是从内涵上说的；从外延上说，个别则是一般的一分子）。两者（被定义概念与表示本质的属概念）的这种差别正是事物与人们所认定的它的本质的不同在概念形态上的表现。因此，说下定义就是揭示对象的本质属性这种实际上并不准确的说法并没有说明属是不是本质。显然，说属是本质还是需要予以证明的。

二 近代科学对本质概念的应用

其实，可以作为本质的解释的概念还不只有亚里士多德所说的“属”。在现有的逻辑概念中，还有一个与“属”有着紧密联系的概念可以作为本质的解释，这就是“类”。“类”，就是个别事物的一般。这一点，中国古代的逻辑学家早已经指出了。墨子

① ②《列宁全集》第 55 卷，人民出版社 1990 年版，第 229、307 页。

就曾说过："子未察吾言之类，未明其故也。"他强调要"依类明故，推类察故"[①]。孟子则说过："凡同类者，举相似也"[②]。后期墨家继承并发展了墨子的思想，对类的解释就更为具体了。《墨子·经说上》说："命之马，类也；若实也者，必以是名也。"这就是说，"马"就是类名，凡是具有"马"的特征的动物都可以称为"马"。以今天的观点看，这实际上是已经把本质看成是类了。仅仅由于当时还未创造出本质这一概念，因而未能把类与本质联系起来。但我们从他们已经创造出这样一个实际上是表示本质的概念并且把它当本质来使用这一点看，可以说，我国古代逻辑学家对于作为本质的一般的认识深度并不逊于古希腊的哲学家。

现代形式逻辑已将"类"和"属"联系了起来，并且把这两者看成是同一序列的、同等程度的甚至是具有相同内涵、外延的概念。形式逻辑解释说，"属"，"与'种'相对，如果一类事物包含了另一类（或个体）事物，那末，其中的大类（包括了另一个类的那个类）为属，小类（被包含的类）或个体为种。"（见《哲学大辞典·逻辑学卷》，上海辞书出版社，1988 年版；本章以下所引形式逻辑观点而未注明出处者均与此同）这里所以要把大类所包含的对象分为小类和个体两种，是由于当大类的层次较高时，它所包含的对象往往就是低层次事物的本质。不过，相对于大类说，小类同个体一样是分子。这也就是说，在揭

① 这两句话分别见《墨子·非攻》、《墨子·尚贤》。

② 《孟子·告子上》。

示某一对象的本质时，即使这一对象已是低层次事物的本质，我们也可将它当分子看待。这也就是要明确，当我们拿大类与小类相比较时，只有大类才称得上是类。事实上，形式逻辑在对待类的问题上的主要倾向也正是这样的。因此在形式逻辑中，“属概念”亦称“类概念”；“属种关系”亦称“类种关系”。这也就是对中国古代逻辑与古希腊逻辑“所见略同”的肯定。属既是类，那么，说本质是属即是说本质就是类。因此，证明了本质是属即证明了本质是类，反之亦然。

近代社会科学事实上已重新肯定了亚里士多德和中国古代逻辑所说的属和类是本质。首当其冲的是黑格尔。他在《小逻辑》一书中指出：“动物本身是不能指出的，能指出的只是一个特定的动物。……但既是一个动物，则此一动物必从属于其类，从属于其共性之下，而此类或共性即构成其特定的本质。”① 后来，他更明确地指出：“世界以及自然中的理性，或者像我们所讲的自然界中的类，都是普遍的东西。狗是动物，动物就是狗的类、狗的实体性的东西，——狗本身就是动物。这个规律、这个知性、这个理性本身是内在于自然界中的，是自然界的本质”。列宁在所摘引的这段话旁边写道：“注意：类概念是‘自然界的本质’，是规律……”②。马克思也曾将本质和类相等同。他曾说过：“北极和南极都同样是极，它们的本质是同一的；同样，男

① ［德］黑格尔著：《小逻辑》，商务印书馆 1980 年版，第 80 页。
② 《列宁全集》第 55 卷，第 227 页。

性和女性构成同一类、同一种本质——人的本质。”[①] 这也就肯定了类就是其种的本质。列宁也曾说过：“因为我们在说伊万是人，茹奇卡是狗，这是树叶等等时，就把许多特征作为偶然的东西抛掉，把本质和现象分开，并且把二者对立起来。”[②] 这表明，他也是把“人”、“狗”、“树叶”等属当本质看待的。国内一些逻辑学著作也已经指出：“属种关系是普遍与特殊之间的关系。”[③]“概念间的属种关系就是客观事物一般与个别或类与子类（分子）关系的反映。”[④] 李世繁在其所著《形式逻辑新编》中说得更明确。他说：“‘牛’等上位概念的外延包含‘黄牛’等下位概念的外延，它们的内涵含有下位概念内涵的共同本质。因此，我们能用‘牛’等上位概念（乙）说明‘黄牛’等下位概念（甲），指出下位概念所代表的事物所具有的共同本质，所属的类别。”[⑤] 这也是说，处于上位的属概念和类概念所反映的就是其下位概念所表示的事物的本质。

自然科学也有许多学科表明了它们是把属和类当作本质来看待的。科学史上，曾有过许多次关于某一现象的本质是什么的争

① 《马克思恩格斯全集》第 1 卷，人民出版社 1956 年版，第 355 页。

② 《列宁全集》第 55 卷，第 307—308 页。

③ 郑伟宏、倪正茂著：《逻辑与智慧》，湖南人民出版社 1983 年版，第 38 页。

④ 杜岫石主编：《形式逻辑原理》，辽宁大学出版社 1987 年版，第 118 页。

⑤ 李世繁著：《形式逻辑新编》，北京大学出版社 1983 年版，第 26 页。

论。每一次争论几乎都是以把确定为本质的概念作为其现象的属而告结束的。燃烧曾经被认为是由于物质中存在着“燃素”，燃烧就是物质释放“燃素”的过程。拉瓦锡的研究证明了物质的燃烧同动物的呼吸一样都属于空气中的氧所参与的氧化作用。氧化就是（普通所说的）燃烧的本质。热究竟是什么？人们争论了将近两个世纪。直到 19 世纪中叶，焦耳测定了热功当量后，热是大量分子（后来发展为“微观粒子”）的无规则的运动（热的本质就是运动）这一结论才真正为人们所接受。在近代物理学界，与“热究竟是什么”这一争论同时进行着的另一意义更加重大的争论是关于“光是什么”的争论。到 19 世纪 60 年代，对于这一问题的探讨取得了突破性的进展：麦克斯韦依据他所建立的电磁场理论，预言了电磁波的存在，并且得出了光的本质是电磁波的结论。这一预言为德国物理学家赫兹的实验所证实，从此形成了光的电磁说。现在，我们可以在物理学关于光和与光处于同一层次的无线电波、红外线、紫外线、X 射线、γ 射线等概念的定义中看到，它们都是以它们的共同本质——电磁波为属的。20 世纪 60 年代，天文学家发现了脉冲星。不久就确认它是快速自转的、有强磁场的中子星。作为它的属的中子星就是它的本质。因此，尽管现在在某些学科内，在说明某些事物、现象的本质时，还有把整个定义称为本质这种情形，但我们从上述实例中可以看出，肯定属和类就是本质还是人们在确定对象的本质时表现出来的主要的倾向。因此，我们可以在此用“说明的语词定义”的方法确认：本质就是它所概括的对象所属于的类。或者说，本质就是作为种的事物、现象、分子、元素的属。概念并不都是本质，但反映本质的语词必定是概念。属概念和类概念就是反映事物本质的思维形式。

三 本质与现象的关系

那么，还可不可以把本质理解为事物的共同属性或共同点呢？这也是应当弄清楚的一个问题。这是因为哲学史上本质曾一度被认为是事物的共同点，而我们直到现在也还未具体地讨论过这种说法是错还是对。古希腊哲学家柏拉图曾将本质理解为事物的“共相”①，苏格拉底则把本质理解为“从各个特殊事例的比较中归纳出来的共同的属性。”②应当说，这些看法是含有一定的合理成分的。但是，这样理解还是不全面的。本质虽为它所概括的事物所共有，但却同黑格尔所说的“类”一样，“是不可以单纯当作各物共同之点来理解的。”③ 这是由于具有相同本质的事物不仅有相同的本质，而且还有许多别的相同点。如以“金属”为本质的金、银、铁、铅等就还有“具有金属光泽”、“不透明”、“富有展性、延性”及“导热性”、“导电性”等相同属性。不同的民族有相同的本质，这也就在于它们都是“人的共同体”。但它们还有“是历史上形成的”、“有共同语言、共同地域、共同经济生活”等相同属性。可见，不仅本质是它所概括

---

① ②参见黄顺基、刘炯忠著：《论辩证思维的形成和它的范畴体系》，第112、115页。

③ ［德］黑格尔著：《小逻辑》，第80页。

的那些事物所共有的，就连由“种差”来表现的那些非本质的属性也往往是这些事物所共有的。这也就表明，共同的属性或共同点虽然是人们确定事物本质的基础，但却不能作为本质的解释，因为本质虽可说是事物的共同的属性或共同点，但共同的属性或共同点却不都是本质。

探讨本质是不是事物的共同点，同时也就是在探讨本质与现象间的关系。共同的属性或共同点虽不能作为本质的解释，但弄清楚本质与现象关系的实质对于我们理解本质还是有重要意义的。从上面的叙述可知，本质与现象的关系即是属与种的关系。但属种关系的实质又是什么呢？或许有人会说，这种关系就是一般与个别的关系。这种说法虽然不错，但这种说法主要地还是指出了关系的两端即本质与现象也即属与种的实质（本文未用一般定义本质是因为一般不仅包括本质，而且还包括规律）。一般与个别的关系同本质与现象、属与种的关系一样是需要说明的。从上面所引的话中可以看出，属与种之间有包含与被包含的关系。属包含着种，种被包含于属。但这主要还是从属的角度来看两者之间的关系的。从种的角度看又如何呢？形式逻辑对此也有说明。它在指出了类“就是具有相同属性的事物的汇集”之后又指出：“组成类的个别事物，称为该类的分子。分子和类之间有‘属于’关系。”这就表明，属和类包含着种和分子也就是种和分子属于属和类。笔者认为，这种“包含”与“属于”的关系也就是本质与现象关系的实质。本质就是它所包含的事物、现象、分子、元素的属，就是事物、现象、分子、元素所属于的类。现代数理逻辑中的集合论对于“集合”这一概念的解释也表明了本质与现象间存在着的这种关系。形式逻辑指出，类，通常也称集合（简称集）。因此可以说，本质也就是集合。但关于集合，直到今天也还没有一个为大家所都能接受的定义。德国数学家、集合论的创始人康托尔和德国逻辑学家弗雷格虽都曾给集合下过定义，但都因有不当之处而最终未被认可。但是，现代的人们对于集合究竟是什么却是清楚的。这是由于在集合论逐步公理化的过程中，集合这一概念转向了通过公理来刻划：如果 a 是 b 的元素，即称 a 属于 b，b 就是集。因此，我们还可从由概念所体现的事物与本质的逻辑关系的角度上给予事物的本质以一个更为通俗的说明，这就是：一事物属于什么，什么也就是这一事物的本质。鲸、狼、蝙蝠的外形差异很大，但生物分类学表明，它们都属于哺乳类动物，哺乳类动物也就是它们的本质。曾经被 18 世纪的英国物理学家布拉克笼统地称之为“潜热”的那些现象既分属于“熔解热”、“汽化热”、“凝结热”、“凝固热”，因而这四者也就分别是那些各不相同的“潜热现象”的本质。马克思指出，利息和企业主收入“二者不过是剩余价值的不同部分”①。二者都属于剩余价值，剩余价值也就是二者的本质。因此，揭示事物的本质也就是要弄清楚它属于什么，弄清楚了这一点，也就可以明白它是什么了。

① 《马克思恩格斯全集》第 25 卷，人民出版社 1974 年版，第 427 页。

四 揭示本质的几个方法

弄清了什么是本质，如何揭示事物、现象的本质的问题跟着也就明朗化了。本质既是它所概括的对象所属于的类，那么，揭示一种对象的本质也就是要弄清楚它属于什么。当然，一对象究竟属于什么，往往不是可以一目了然的。好在前人已不仅通过揭示各种事物的本质为我们提供了许多实例，而且还提供了从这些实例中概括出的若干一般的方法。这些方法其实也就是如何揭示本质的答案。

已有的一个重要的方法是归类。所谓归类，或者是将种概念所反映的较小的类归入到属概念所反映的较大的类中，或者是将尚未被归入到某个类的某个新的分子归入到某个类中。归类法所以能够进行，是因为在我们揭示某一事物的本质以前，这一事物所属于的类已被人们针对也属于这个类的别种事物提出来了。例如在热的本质被揭示以前，“运动”这一“类名”早已针对别种形式的运动提出了。而一个类可以包含多少个分子，是没有限制的，它常常是随着人们的认识的发展而更充实、更精确的。因此，当着一事物所属于的类已被前人提出时，揭示这一事物的本质也就是归类。列宁说：“下‘定义’……就是把某个概念放在另一个更广泛的概念里。”[①] 这也就是说，下定义就包括给“某个概念”所表示的事物归类，就像图书管理员把新买来的书放

① 《列宁选集》第2卷，人民出版社1995年版，第107页。

到同一类书所在的书架上一样。不过，归类却不像图书分类那样简单。因为图书分类，一看书名、目录，也就可以知道应当把它放到哪一个类中，而给事物归类，却需要看这一事物与哪类事物相似，这一事物与原在这一类中的事物是否有相同或相似的属性。显然，归类不仅要对所归的类有比较清楚的了解，而且需要对所要说明的事物有较为深入的研究。科学史上，在燃烧的本质、热的本质被揭示以前，这两者所属于的类的概念都早已被创造出来了，但关于这两者的本质仍争论了好长时间，这主要是由于对燃烧现象、热现象本身了解不够造成的。而麦克斯韦所以能够在预言了电磁波的存在后立即就认定光的本质是电磁波且为以后的实验证明是正确的，原因就在于他对电磁波和光的传播速度有了确凿无疑的了解。

揭示本质的另一种方法是分类，这也是早已载入逻辑学辞典的一种方法。与归类所不同的是，分类是根据事物的固有属性把原属于某一大类的事物划分成为若干小类的方法，就是把属于这一类的事物分别划归这一大类可以包括的若干个小类中。它所要揭示的是属于各个小类的事物的直接本质。这样做所以必要，是因为创造大类的前人或别人对事物的认识还比较笼统，他们把许多还有更切近本质的事物统统纳入到了一个大类中。这个大类其实仅是这些事物的高层次本质，也就是这些事物的本质的本质，甚至是这些事物的本质的本质所具有的本质。它们所概括的事物的范围虽然比较大，但对事物的说明却不具体。因此，为了让人们更为具体地了解和把握这些事物，就有必要对大类进行分类。生物学的分类，使得人们可以从一动物或一植物在分类系统中的位置就能推知它的一般特性。奥地利病理学家兰斯特纳通过观察、实验和比较，把人类的血液分为 A、B、AB 和 O 四种类型，使得输血得以顺利进行。由此可见运用分类法揭示事物直接本质的意义。

揭示事物的本质还需要用到的一个方法却是逻辑学所未予说明的，至少也是未予明确地说明的。这就是当一事物所属于的类还未被前人所提出时，我们应当怎样揭示这一事物的本质。这种情况相对于归类、分类法来说是较少见的，但却是开拓性的工作。当一现象还没有现成的类可归时，我们就得创造一个类。创造一个类其实也就是创造一个概念，来概括新发现的现象和事物。中国古代逻辑学中就有“命”这一概念。“命”即命名。命名有时是给予具体事物以名称，有时则是给予具体事物的类以名称。《墨子·经说上》说：“谓狗‘犬’，命也。”这就是给“狗”这种动物起一个新的名称。可见，命名也就是创造概念。就科学中的概念都是由人所创造的这一点说，概念确实如爱因斯坦所说，“都是思维的自由创造”[①]。这种创造所以可行且有必要，是因为，属和类作为本质，虽然从概念形态的外延上说包括它所概括的一切事物，但它本身却是抽象的一般东西，而不是实体或实存，因而我们不可能在此处发现这一现象，而在别处又发现它的本质。正如亚里士多德所说：“因为当然不能设想：在个别的房屋之外还存在着一般房屋。”[②] 人们终究未能发现“燃

① 《爱因斯坦文集》第 1 卷，商务印书馆 1976 年版，第 409 页。

② 亚里士多德语，转引自《列宁全集》第 55 卷，第 307 页。

素”、“热素” 就是证明。也只有用这样一些可以包括了大量具体现象的抽象的一般的概念来区别、概括物质世界的那些难计其数的现象，纷纭复杂的现象世界也才能为人们所认识和把握。不过，我们同时也要看到，这种自由是有限度的。这是因为，这种创造乃是在实践基础上的创造，是对实践所经验到的事物或现象的概括与表述。如果这种创造所得出的概念是种的属，那么它的外延就应当是其种的外延的总和，因而既不应太大，也不应太小；而它的内涵则是对其种的内涵的概括，因而也不应太多或太少。这也就是说，这种创造应力求符合对象的实际。这是因为“人的概念就其抽象性、分隔性来说是主观的，可是就整体、过程、总和、趋势、来源来说却是客观的。”① 虽然，正如普朗克所说：“在科学中，一个新概念从来都不会是一开头就以其完整的最后形式出现的，像古希腊神话中雅典娜一下子从宙斯的头里跳出来一样。”② 但既要创造，就要做得尽可能符合对象的实际，而这也就是对自由的一种限制。除此而外，它还要受到背景知识的限制。因为新的创造总是在一定的知识背景下进行的。因此，一个类概念作为其所属科学的逻辑体系中的一个网上纽结，相对于这一科学体系来说，其内涵和外延也不是可以随意规定的。虽然，人们在开始创造某一概念时，可能并不知道它处于其学科体系的哪一位置上，但人们决不能否定了已有的所有概念，相反，

① 《列宁全集》第55卷，第178页。

② 转引自海森堡：《物理学和哲学》，商务印书馆1981年版，第174页。

人们总是在已有概念的基础上来创造新概念的。而这也不能不使自由受到相当的限制。甚至就连选择新概念所要借用的语词这一点，对于自由也是一种限制。虽然创造的自由度在这里要比在前两种情形下要大一些，但由于新概念所用的语词不是已有的，就是利用已有的构词材料，因而还有一个是否合乎语言发展规则即是否规范的问题。把马、牛、狗、羊等动物称为植物，同把小麦、菊花、君子兰等植物称为动物一样是同早已形成的语言规范相悖的。正由于有这样一些限制，因此爱因斯坦说："基本概念和基本关系（公理）本身是可以自由选定的。可是这种选择的自由是一种特殊的自由；它完全不同于作家写小说时的自由。它倒多少有点象一个人在猜一个设计得很巧妙的字谜时的那种自由。他固然可猜想以无论什么字作为谜底；但是只有一个字才真正完全解决了这个字谜。"① 克劳修斯采用"熵"概念表示热力学系统状态就是一个典型的例子。他在解释采用这个名词时写道："在确定一些重要的科学量的名称时，我宁愿求助于古代的文字，这样做的目的是为了使这些名称能在现有各种文字中表示同样的意思。因此我建议把 S 叫做物体的熵，熵在希腊文中表示'变化'。我专门挑选了'熵'这个词，为了使它与'能量'一词在发音上有相同之外［energia（能量），entropy（熵），二者读音相似］，因为按照它们的物理含义这两个量很相似。我认

① 《爱因斯坦文集》第 1 卷，第 345—346 页。

为，使它们的名称在发音上也相似是有益的”①。

在揭示事物、现象的本质时，特别应当注意的是要分清我们所要揭示的是哪一层次的事物、现象的本质，因为事物、现象的层次不同，它们的本质也不相同，如张三、李四等具体的人的本质就不同于作为所有人的共同本质的“人”的本质。如果一事物或现象属于何种属和类已有公论，那么，这属、这类就是这一事物、现象的本质。这些年，我们关于某些事物的本质究竟是什么的争论所以一直难以取得一致，最重要的一个原因也就在于我们在什么是本质这个问题上事实上还没有一个一致而又正确的意见，以致关于某些事物的本质的看法，也就难于评判和统一了。对本质的看法统一了，关于具体事物的本质的看法也就容易取得一致了。

---

① 转引自何圣静主编：《物理定律的形成和发展》，测绘出版社 1988 年版，第 161—162 页。

第二章　规律论

究竟什么是规律，这一问题就是在我国的哲学界也不能说就已经是十分清楚了的。如在 20 世纪的 80 年代乃至 90 年代我国一些大学所编写的马克思主义哲学教材，就都把规律说成是一种（本质的）联系。在由一些大学合编的马克思主义哲学教材中则还有这样的话："规律隐藏在事物运动的各种现象的背后，是事物内在本质，人们认识了事物运动的规律，也就认识了事物的本质。"[①] 这就把规律与本质相混淆了。这也就使这个本已基本清楚了的问题又变得让人费解了。由高清海主编的《马克思主义哲学基础》正确地指出，关系与联系、规律与本质是有区别的[②]。但它对这两对概念的区别的论述还过于简略，对于也是关系但只是关系的一部分的规律与联系的区别也未论及。因此，关于规律及其与联系、本质的区别，还有予以进一步说明的必要。

---

① 山东师范学院等十九所高等院校编写：《马克思主义哲学原理》上册，福建人民出版社 1981 年版，第 165 页。

② 见高清海主编：《马克思主义哲学基础》上册，人民出版社 1985 年版，第 305、349 页。

一　规律是关系而不是联系

近代数百年来，飞速发展的自然科学揭示出了一个又一个新的规律。这些规律虽然各不相同，但有一点还是相同的，这就是所有规律表示的都是一种关系。较早发现的阿基米德定律就已经是一种关系，即沉浸在液体中的物体所受到的浮力与物体的体积、液体的比重之间的关系。尔后由牛顿所揭示的力学定律也是一些关系。如牛顿第二定律就是“力”、“质量”和“加速度”之间的关系。其后以法拉第的名字所冠名的电磁感应定律则是“电路中的感生电动势”与“穿过这一电路的磁通量的变化率”之间的关系。化学中的定组成定律仅仅表明：任何纯净的化合物都有固定不变的组成，但它同光的直线传播定律一样，也是一种关系。它表明“纯净的化合物”这种事物总是有“固定不变的组成”这种特征与之相对应着。就是现在所谓统计规律也是一种关系，它所表示的实质上就是现实性（事件出现的频率）与可能性（事件的概率）之间的关系。只是这种可能性要在人们统计了作为现实性的频率以后才能为人们所把握罢了。社会历史领域内的规律同样是一些关系。如价值规律表示的就是“商品的价值量”与“社会必要劳动时间”之间的关系，社会发展的一般规律表示的则是历史发展与决定它的方面之间的关系。正由于规律都是一些关系，因此列宁说：“规律就是关系。”①

---

① 《列宁全集》第55卷，第128页。

然而在过去的很长一段时间内，我们却一直把规律说成是一种联系。这种不当是由于对规律、联系的误解所导致的。如果我们承认联系指的是事物、现象之间或它们内部诸方面之间的相互作用、相互影响和相互制约，那我们也就不能把它与规律等同起来。《现代汉语词典》对“联系”的解释是：“彼此接上关系”。应当承认，这一定义是很有见地的。任何一个联系都不仅表明了联系的两个方面是什么，而且表明了两个方面有关。因此，要认识规律，就须先发现联系。但是，联系并没有表明两个方面之间具有什么样的关系，而这一点正是我们衡量对象是不是规律的一个重要标准。如“摩擦生热”这一联系就只表明了“热”与“摩擦”有关，而未表明它们之间具有什么样的关系。因此这一“在实践上是史前的人就已经知道的”联系也未被人们称为规律，而被恩格斯称为“零星的事实”①。法拉第经过许多年的实验才发现：当闭合电路中的一部分导体在磁场中做切割磁力线的运动时，电路中就有感生电流产生。这显然是一个联系，但它也不是规律，而被人们称为“（电磁感应）现象”。马克思说：“手推磨产生的是封建主的社会，蒸汽磨产生的是工业资本家的社会。”② 这也是两个联系，但它们也只不过是一个规律的两种具体的表现形式罢了。把规律说成是联系的同志说，规律是本质的联系，而不是非本质的联系。但这种说法是经不起推敲的。我们

---

① 《马克思恩格斯选集》第 4 卷，人民出版社 1995 年版，第 334 页。

② 《马克思恩格斯选集》第 1 卷，人民出版社 1995 年版，第 142 页。

如何确定一种联系是本质的还是非本质的？只要两个方面实实在在地联系着，那它就表现着本质；就连假象也表现着本质[①]。但任何一个联系都不直接是本质的。其原因就在于联系是具体方面间的相互作用。恩格斯就曾将“相互联系”与“相互作用”相等同。他说：“这些物体（自然界的各种物体——引者注）处于某种联系之中，这就包含了这样的意思：它们是相互作用着的，而这种相互作用就是运动。”[②]列宁在《哲学笔记》中虽多次把“联系”与“关系”并列，但总是把规律解释为“关系”，而且有“整个世界（过程）的有规律的联系”[③]、“世界客观联系的规律性”[④]等说法。这显然是说“联系”是“规律”所概括的对象，联系表现着规律，而非规律自身。苏联学者图加林诺夫早在20世纪50年代时就已指出：“关系以联系为前提，但并不归结为联系。”[⑤]这也是说两者是不同的。正由于联系是特殊的、具体的，因此它概括不了与自己不同的联系。“热胀”概括不了“冷缩”。同样，“兼听则明”也概括不了“偏听则暗”，否则后一句话也就没必要再说了。正因为如此，联系也就没有资格被称为规律。我们在表述某些规律时说两个方面有“正比关系”、“反比关系”、“矛盾关系”，而不说它们是正比联系、反比联系、矛盾联系，原因也在于此。这表明，不论

---

① 参见《中国大百科全书·哲学Ⅰ》，中国大百科全书出版社1987年版，第343页“假象”条。

② 《马克思恩格斯选集》第4卷，人民出版社1995年版，第347页。

③ ④《列宁全集》第55卷，第85、149页。

⑤ ［苏］瓦·彼·图加林诺夫著：《辩证唯物主义范畴的相互关系》，学习杂志社1957年版，第46页。

是在中国还是外国的语言中,联系都不等于是关系。

不仅只表现了规律所概括的多个侧面中的一个侧面的联系不是规律，就是从两个或诸个方面表现了规律并且连在一起表述的两种或诸种联系也不就是规律。孙武在讲了“知彼知己，百战不殆”以后，接着写道：“不知彼而知己，一胜一负；不知彼，不知己，每战必殆。”[①] 如果说“知彼知己，百战不殆”这种联系是规律，那么后两种联系便也是规律；但说这三种联系都是规律，显然是不合适的。那么，能不能说这三种联系是一个规律呢？也不合适。这不仅是因为它与规律总是一种最简单的关系这样一点相矛盾，而且是因为这三种联系之间还有许多种不同的情形。只有概括了所描写对象的所有情形而又极为简单的那种关系才称得上是规律。因此，同“热胀”、“冷缩”仅仅是一个规律的两种基本的表现形式一样，孙武所说的这三种联系也只表现了一个规律。这一规律似可表述为：参战的一方在战争中的安危程度取决于它对敌我双方情况的了解程度。我国的语言中有许多与此相似的成语，如“满招损，谦受益”，“心用则灵，不用则滞”，“凡事预则立，不预则废”，“种瓜得瓜，种豆得豆”，“得道多助，失道寡助”等等就是。它们都是通过相反或相似的两种基本的表现形式来表现一个规律的，但它们本身还不就是规律。原因就在于它们只表明了相反或相似的原因或做法能导致相反或相似的结果，而没有概括并指明这些不同的情形表现着什么样的关系。规律不仅须说明两个方面有关，而且还须说明两个方

① 《孙子·谋攻篇》。

面之间有什么样的关系，且这种关系还必须是两个方面的本质之间的关系。这样的关系才称得上是规律。因此爱因斯坦说，科学也就是“寻求我们感觉经验之间规律性关系的有条理的思想”①。

那么，什么是关系呢？所谓关系似可认为就是联系的一般形式。黑格尔和列宁都曾说过规律就是关系，但他们又都指出规律是一种形式。黑格尔说：“形式就是现象的规律。”② 列宁则指出：“自然界在人的认识中的反映形式……就是概念、规律、范畴等等。”③ 可见，在他们看来，关系也就是形式。但由于关系总是两个方面之间的关系，因此，作为关系的形式还不是形式这个外延极广的范畴所包含的一切形式。黑格尔曾说过：“关系就是自身联系与他物联系的统一。”④苏联《新编简明哲学辞典》对“关系”的解释是：“事物、现象、它们的特性的统一形式之一。这种形式的基础是两个或者更多的彼此间建立起关系的事物一定的共同性。”⑤ 《中国大百科全书·哲学卷》也说，关系是“反映事物及其特性之间相互联系的哲学范畴”，“不同的关系表现着事物、特性的不同联系方式。”这也就是说，关系只是联系的形式。任何联系都是有内容的，它表明了联系是什么东西之间的联系。联系又是有形式的，它表明了两个方面是以什么样的方式联系着的。这种形式并不等于联系，正如生产方式的形式（生

---

① 《爱因斯坦文集》第3卷，商务印书馆1979年版，第253页。

② ④［德］黑格尔著：《小逻辑》，第278、281页。

③ 《列宁全集》第55卷，第153页。

⑤ ［苏］N·B·布劳别尔格，N·K·潘京：《新编简明哲学辞典》，吉林人民出版社1983年版，第76页。

产关系）并不就是生产方式一样。不过，作为关系的形式也不是联系的具体形式，而是具有普遍性的形式，也即联系的一般形式。如“大于”这一关系就不仅存在于三与二、四与三之间，而且存在于七与六、八与七等一切有这种关系的序对之间。这种形式也常用相互联系着的两个方面的本质来表示。如“夫妻”这一关系就是所有丈夫的共同本质——“夫”与所有妻子的共同本质——“妻”的集合。列宁说：“概念的关系（＝过渡＝矛盾）＝逻辑的主要内容”①。这里所说的“矛盾”也是联系的一般形式，只是它们的普遍性程度更高罢了。这说明，尽管所有关系都是联系的一般形式，但它们还有普遍性程度不同的区别。

可见，关系虽不能够归结为联系，但又是以联系为基础的。没有联系也就没有关系。联系表明了两个方面有关，关系则表明了两个方面相互关联的方式。联系表现着关系，关系概括着联系。它们的分离只不过是人类理性思维的一种结果罢了。

二　规律是本质之间的关系

不过，仅仅说了规律是关系和关系是联系的一般形式，还不能算是说清了什么是规律。规律虽是关系，但它不是具体事物、现象、过程之间的那种关系。“夫妻”、“同志”、“父子”等类型的关系虽也是联系的一般形式，虽也揭示了有这种关系的两个方面的本质，但由于人们只是用这种本质的集合来作为关系本身

---

① 《列宁全集》第55卷，第166页。

以表明两个方面相互关联的实质即所属的形式的，因而它们还只是具体事物之间的关系。如“夫妻”这一关系就总是针对已婚的某一对成年男女的相互关联说的。“大于”、“小于”等关系也是就两个具体的量相比较而言的。正由于这类型关系的两端总是两个具体的事物，因此它们还不就是规律。列宁在说明“规律就是关系”后，接着就指出，这种关系是“本质的关系或本质之间的关系”。这也就是说，衡量一种关系是不是规律，同时还要看这种关系是不是本质之间的。拿这一标准来衡量，就会发现，只有诸如“矛盾”、“对应”、“决定或（从被决定方面去说则是）取决于”、“正比”、“反比”、“等于”、“相等”等可以存在于本质之间的关系，才是可以作为规律的关系。

已被科学肯定为规律的关系无一不是本质之间的关系。如物理学中的牛顿第三定律就是大小不同的作用力的共同本质——作用力与大小不同的反作用力的共同本质——反作用力之间的关系。法拉第所以是在提出了“力线”概念以后才表述出电磁感应规律①，麦克斯韦所以是在提出了“涡旋电场”和“位移电流”等概念以后才建立起电磁现象的基本规律的数学表达式——麦克斯韦方程组，也是由于规律是本质之间的关系。这表明，只有揭示出本质，才能够表述出它们之间的关系。社会科学

① 吴国盛在其所著《科学的历程（第二版）》（北京大学出版社，2002 年版第 322 页）中指出：“有了力线概念，法拉第就能够进一步解释电磁感应现象。他在发表于 1851 年的《论磁力线》一文中说，只要导线垂直地切割磁力线，导线中就有电流产生，电流的大小与所切割的磁力线成正比。这篇论文实际上正式将电磁感应现象确立为一条定律。”

中的规律也是如此。如价值规律中的“社会必要劳动时间”和“商品的价值量”，就都是舍弃了具体量的本质。至于一般规律和普遍规律两端的本质就更抽象、更一般了。因此黑格尔说：“在规律中，两个内容规定是在本质上连接起来的”①。规律就是本质之间的关系，这就是规律的实质。假如规律不是这样的关系，那么人们研究它也就没有意义了。规律的普遍性程度就是由本质的普遍性程度决定的；有什么样的本质，就有什么样的规律；对应于不同层次的本质，有不同层次的规律。因此，列宁说：“规律和本质是表示人对现象、对世界等等的认识深化的同一类的（同一序列的）概念，或者说得更确切些，是同等程度的概念。”②

但是，如果因此而把规律说成是本质，那就又走过头了。规律和本质虽是同等程度的概念，虽然同是内在的、一般的东西，但它们的内涵是不同的。黑格尔指出：“规律是一个有差异的内容和另一个内容的同一”③，“本质则是其在自身中的映现”④，“本质就是单纯的自身同一”⑤。规律“是本质的形式”⑥，本质则是这种形式的内容。本质是它所概括的对象所属于的类，规律则是类与类的关系。作为规律的构成部分的这种关系虽是本质层次上的关系，但我们不能把它说成是本质。虽然，在有的著作

① ［德］黑格尔著：《逻辑学》下卷，商务印书馆 1976 年版，第 146 页。

② 《列宁全集》第 55 卷，第 127 页。

③ ④⑤⑥［德］黑格尔著：《逻辑学》下卷，商务印书馆 1976 年版，第 153—154、13、30、147 页。

中，有把高层次关系说成是低层次关系的本质的说法，如说“函数关系的本质就是对应”[①]，即是一例。但说高层次关系是本质是相对于属于它的那些低层次关系说的，相对于这些低层次关系以外的关系和有高层次关系的两方（如有对应关系的两方）说，这种高层次的关系还是关系，而不是本质。因此，包含着关系在内的规律，也不能解释成为本质，而只能说它与本质是密不可分的，是本质层次上的范畴。列宁说：“规律是宇宙运动中本质东西的反映”[②]。而这也就是说，规律是现象世界的本质这种层面上的东西。在作为规律的形式表示的公式中，我们可以看出，本质是关系的两端，规律则是这两端的关系。由于规律就是本质之间的关系，根本离不开本质，因此它既表现着本质，又包含本质于自身的逻辑形式中。因此，如果把本质比做桥墩，那么，关系就好似架在桥墩上的桥梁，而规律则似基于又高于两岸的包括桥墩和桥梁在内的整座大桥。它和本质确实是同一序列的概念，正如桥的高度总是由桥墩的高度规定的一样。

三　规律是以具体联系为基础的

规律虽是本质之间的关系，但我们却可以说它是客观的。但这种客观不能理解为是客观存在，以致认为我们可以在世界的某

① 王小铭、徐启荣著：《一元微积分浅析》，广东人民出版社 1984 年版，第 3 页。

② 《列宁全集》第 55 卷，第 127 页。

一个地方或某一个角落里找到它。物质世界并不存在可以为我们所看得见或摸得着的规律，有的只是它的表现形式。因此，马赫所谓“在自然界中，并没有折射定律，只有各种不同的折射情况，折射定律是为了在精神上摹写这一事实而设计出来的简明规则”① 的说法，笔者认为是完全正确的。说规律是客观的，只是因为它是对大量具体的客观的联系的概括。规律是以现象（现象概念在日常的应用中有时是指联系的一方如溶解、沸腾、弹簧伸长、地面下沉等情形说的；有时则是指联系说的，如电磁感应现象、光电效应现象、共鸣现象、偏振现象等；此处是在第一种意义上使用的）的联系为基础为根据的。而且，任何一个规律都不只是以单个乃至数个具体的联系为基础的，而总是以大量具体的联系为基础的，虽然它可能是人们根据若干个具体联系发现的。可以说，规律就是相互联系的两方面因素的本质之间的关系。

巴甫洛夫在写给青年们的信中说过：“事实就是科学家的空气。没有事实，你们永远也飞腾不起来。”② 同样，没有某种具体的联系，也就不会有关于这种联系的规律。地球上出现生物之前，没有生物生长、发育的规律；火星上没有人，也就没有社会发展规律。人们在实践中，接触到了种种现象与事实，然后再由此种现象追溯到引出它的现象，或追踪一种现象，观测它所引出

---

① 摘自 E. Mach：Science Of Mechanics；acritical and historicalaccount Of its development. 1974. Chicago.

② 王通讯、朱彤编《科学家名言》，河北人民出版社 1980 年版，第 77 页。

的现象。积累某一类的具体联系到一程度后，便会归纳、概括出一些带有普遍性的联系。诸如，“政之所兴在顺民心，政之所废在逆民心”①，“荣辱之来，必像其德”②，“众之所助，虽弱必强；众之所去，虽大必亡”③，“以斗争求团结则团结存，以退让求团结则团结亡”④，等等，便是这一类型的联系。这样的联系，可以称之为必然的联系，也可以称之为是有规律性的联系。以这样的联系为基础，可以较快地总结出规律。但这样的联系，如前所述，还不能认为是规律。对这类型的联系作进一步的思维加工，概括或建构出这些联系所表现的关系，才可以说是发现了规律。

根据以上所述，笔者认为，本质、规律与现象、联系的关联似可用下面这样一个图来表示：

本质、规律与现实世界对应图

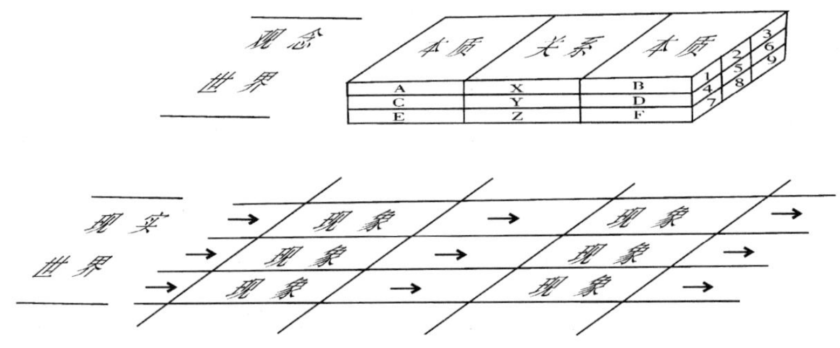

① 《管子·牧民》。

② 《荀子·劝学篇》。

③ 《文子·上义》。

④ 《毛泽东选集》第2卷，人民出版社1991年版，第745页。

说明：1. → ——联系的符号表示。

2. A、B 为物质世界的最高本质（大类），x 为 A 与 B 之间的关系，是最一般关系，A 与 B 的关系为物质世界的普遍规律。C、D 为物质世界的一般本质（中类），Y 为一般关系，C 与 D 的关系为一般（理论）规律。E、F 为特殊本质（小类），Z 为特殊关系，E 与 F 的关系为特殊规律。

3. 图中的“1、2、3”为物质世界的普遍规律；“4、5、6”为隶属于上述普遍规律的一般规律；“7、8、9”为隶属于上述普遍规律的特殊规律”。1、2、3，可理解为是第 1 个，第 2 个，第 3 个；4、5、6、7、8、9 则都可理解为是 n 个。1 若为对立统一规律，则“4、7”可称之为“矛盾关系类规律”。其余依此类推。

上图意在表明，不论是本质还是本质之间的关系（规律），都是人们以现实世界为基础创立的“理念大厦”，即对应现实世界建构的观念与知识世界。现象及其联系位于现实世界的“地平面”上，向着四面八方无穷无尽地伸展着。本质就是它所概括的对象所属于的类，规律则是对大量具体联系的概括。普遍规律就是在物质世界到处都有其表现形式的那种关系。矛盾关系，标本关系，对应关系，可说就是这样的关系。一般规律则是在若干个或某一个大的领域内遍布着其表现形式的那种关系。如系统论所研究的系统运动的一般规律，控制论所研究的复杂系统控制过程的一般规律。科学方法论著作中所说的理论定律如万有引力定律，电磁运动规律，广义相对论方程所表示的时空的几何结构与物质的分布之间的关系，由薛定谔方程和海森堡的矩阵方程所表示的量子力学规律，生物进化的一般规律、社会发展的一般规律，等等，可说便是这一类型的规律。特殊规律也是从联系和经验中发现、概括出来的规律，是对某一类联系的概括。特殊规律所覆盖的范围虽没有普遍规律、一般规律所覆盖的范围大，但它也有自己所“长”。它的“内涵”比后两者的“内涵”要多，所以它所提供的方法论启示也比后两者所提供的方法论启示要具体得多。不过，这三个层次的规律也有共同点。这也就在于，它们都与现实世界的具体联系相对应着。相对于一般规律和特殊规律说，隶属于它们的那些联系（包括具有一定普遍性的联系和具有特定量的联系）就是它们的表现形式。相对于普遍规律说，所有隶属于它的一般规律、特殊规律，也是它的表现形式。只不过这些表现形式是一些具有一般性和普遍性的表现形式罢了(本书就称一般规律和特殊规律为普遍规律的一般表现形式或一般的表现形式，而称联系为规律的表现形式或具体的表现形式)。从规律相对于事物、现象、过程所表现出来的特征说，它们同时也就是由客观世界大量不同的、变化的、具有特殊性的联系所表现着的同一的、不变的、具有普遍性的关系和形式。因此，发现规律同时也就是要揭示和认识不同所表现的相同（即异中之同)、变化所表现的不变、个别所表现的一般即特殊所表现的普遍。

四　规律 = 人对必然的认识

讨论什么是规律,还应当说明规律与必然性的“联系”与区别。

笔者在探究为什么有人会认为规律具有强制力的原因时发

现：把规律等同于必然性，是产生这种误解的主要原因。如有的哲学教科书就说："无论外部世界的规律还是支配人自身的规律，作为必然性都对人的存在和活动具有强制性。人不能摆脱必然性的制约，不能超出必然性所限定的范围去寻找自由，这就是人的自由的限度。"① 这就把规律与必然性完全等同了。但是，如果我们仔细对照一下这两个概念的所指，就会发现，这种等同其实是不当的。

不过，当笔者翻开几十年前就已出版的一些哲学文献后，才惊讶地发现，我们今天才意识到的问题，当时就已经有人提出了。何克让在《试论"趋势"》一文中指出："人们常把规律和'必然趋势'等同起来，是不正确的。须知，'必然趋势'只是表现规律的存在，不能认为就是规律本身，有如现象虽然是本质的表现，但不能把现象看作是本质一样。"② 他同时还正确地指出："规律性不等于规律，如同物质性不等于物质一样。"③略显不足的是，对规律与必然趋势的不同，他并未展开予以论述。对规律与必然性作了较为详细的区分的是陶侃。他在《试论偶然性、必然性和规律的三层次关系》一文中正确地指出："规律和必然性不但是程度不同，深浅有异的概念，而且它们和偶然性一起构成了认识事物的本质的由浅入深的体系，是事物联系和发展呈现出来的三个不同的层次。""必然性只是规律的一种外在的

① 陈先达主编：《马克思主义哲学原理》，中国人民大学出版社 1999 年版，第 244 页。

② ③何克让：《试论"趋势"》，载《荆州师专学报》1985 年第 3 期，第 1—5 页。

特殊形式，它表现的内容恰恰就是规律。”[①]

然而，由于可以理解的原因，上述两位同志虽对规律与必然性作了区分，但却未能纠正把规律等同于必然性带出的另一个问题，即认为规律是有强制力的。由于没有澄清规律究竟有无强制力，以致还有“有什么样的规律，就有什么样的必然性”，“没有规律的存在，就不会有必然性的存在”[②]的说法。这恰恰是把两者的地位颠倒了。由于直到今天也还有人持有与此相类似的看法，因此，关于规律的实质以及规律与必然性的“联系”与区别，今天也还有澄清的必要。

当着我们探究规律是怎样发现的时，就要涉及到必然性。关于必然性，现今的哲学辞典对它的解释是：“必然性是指现实中由本质因素决定的确定不移的联系和唯一可能的趋势”[③]。笔者虽然不赞成说必然性是由“本质因素决定的”这一点（本质并非客观实在，见本书第三章，因此，似不能用它来给因素冠名），但定义指出必然性是“确定不移的联系和唯一可能的趋势”这一点还是可取的。从人们所列举的必然性的实例看，它们也的确都是联系和趋势。过去，人们常常把必然性与偶然性分开，认为两者是各自独立的。这是不符合实际的。其实，必然性就是具有确定本性的根据在一定的条件下产生的趋势，导致这种趋势发生的根据、条件与最终结局的关联就是必然联系。但必然

---

① ②陶侃：《试论偶然、必然性和规律的三层次关系》，载《绍兴师专学报》1987 年第 1 期，第 97—100 页。

③ 《中国大百科全书 · 哲学 Ⅰ》，中国大百科全书出版社 1987 年版，第 36 页。

趋势、必然联系并不是赤裸裸地呈现在现实世界中的，而是以偶然的面目呈现在人们的面前的。正如恩格斯所说："被断定为必然的东西，是由纯粹的偶然性构成的，而所谓偶然的东西，是一种有必然性隐藏在里面的形式"[①]。必然总是偶然中的必然，而不是也不可能是脱离了偶然的赤裸裸的必然。"种瓜得瓜"可谓是必然的，但一个瓜农所得到的某种瓜，不仅在质上不同于别种瓜，就是量上也轻重不一，且不是与亲代完全一样的"瓜"。在生物遗传的过程中，不但子代和亲代不会完全一样，就是子代的个体与个体之间，也要有不同程度的差异。显然，就连"种瓜得瓜"这样的必然都是通过带有种种偶然的情形所表现出来的。有的人所以会把必然看成是脱离偶然的东西，可能是由于他们把由人们所总结出来的必然性的实例，诸如"热胀"，"冷缩"，"摩擦生热"，"种瓜得瓜，种豆得豆"，等等，当成了不带有偶然性的事实。其实，这些说法也是人们概括了大量具体联系得出的结论，是舍弃了偶然性的一种概括的说法，是人们对真实而具体的联系进行认识的结果。这样的实例，中国古代人已总结出了不少，诸如，"知己知彼，百战不殆"，"得道多助，失道寡助"，"预则立，不预则废"，"兼听则明，偏听则暗"，等等便是。物理学中的共振现象、扩散现象、压电现象、光电效应、旋光现象，等等，也是这样的实例。从这些实例看，它们好像就是脱离了偶然性的必然性，但这种脱离是人们有意识地舍弃偶然性的结果。如摩擦生热就舍弃了摩擦的程度，热量的多少。由于有了这

① 《马克思恩格斯选集》第 4 卷，第 244 页。

种舍弃，也就使它们能够适应较多的具体情形，显现出了必然性所具有的普遍性。这种普遍性实质上就是无穷无尽的带有种种偶然性的现象具有共性的反映。关于必然性具有普遍性这一点，费尔巴哈、黑格尔都已看到了。列宁肯定了他们的看法，他在《哲学笔记》中写道："必然性和普遍性是不可分割的"①，"必然性 = '存在的一般性'（存在中的普遍性）（联系、绝对的中介）"②。

由于必然性（即现实世界中通过大量的偶然现象所表现出来的必然联系、必然趋势）是具有普遍性的，因而它可以和规律性相等同；两者就处于同一层次，"是同一序列的范畴"③。但必然性还不等于是规律，因为它与规律还是有明显的区别的。这区别，首先是在于，必然性从本质上说还是一种联系，而不是关系。例如，摩擦生热这种说法所表明的就是摩擦必然产生热，摩擦和热有必然联系，而未能表明这两方面之间有什么样的关系。考察与它相类似的联系，也会发现，他们只是表明了两方面有关，而未表明两个方面的因素之间有什么样的关系。而规律却是关系，而且是本质之间的关系，它表明了相互联系的两方面因素的本质之间具有什么样的关系。其次是在于，必然性或必然联系指的是某种根据在某种条件下一定要产生某种倾向，因而可以为人们的反复的实践所体验，如反复使两物体相摩擦，就会从物体

① ②《列宁全集》第55卷，第66、224页。

③ 胡曲园主编：《哲学大辞典·马克思主义哲学卷》，上海辞书出版社1990年版，第553页。

上感觉到热；经常虚心地去向别人请教，就可体会到自己有了长进。而规律却是抽象的一般的关系，是只有理论思维才可以把握的超验的关系。上述两个区别又导致了两者的第三个区别，即两者对应的现象范围的不同。每一种必然性或必然联系都只是规律所概括的多种情形中的一种，因此它们所覆盖的现象范围远比规律所覆盖的现象范围要小。如摩擦生热就只不过是能量转化与守恒定律所覆盖的成千上万种必然联系之中的一种。虽然，摩擦生热以外的其他种联系也可称作是必然性，但哪一种都不能称作是规律。“热胀”是必然，“冷缩”也是必然，但概括这两种情形以及这两种情形之间的情形的规律却把它们都包括了。因此，我们可以把必然性、必然联系称为事物运动、发展、变化的规律性或具有普遍性的联系，但却不能把它说成是规律。

规律与必然性虽有以上所说的区别，但两者的“联系”却是十分密切的。这也就在于，人们发现、发明、建构规律大都是以人们所发现的必然联系、必然趋势为根据的。能量的转化与守恒定律的建立是以“摩擦生热”、“暴风雨时海水比较热”等联系为根据的。物体的线膨胀、体膨胀规律的建立是以“热胀”、“冷缩”等现象为基础的。以法拉第的名字命名的电磁感应定律是以他所发现的电磁感应现象为基础的。巴斯德的“细菌是腐败的真正原因”的原理是以“乳酸杆菌使啤酒变酸”，“细菌使蚕生病”等联系为根据的。在科学史上，有不少规律是人们在发现了具有普遍性的联系后才建立起来的。根据这些事实，我们可以说，一定的根据在一定的条件下表现出某种必然趋势、必然联系就是规律得以成立的基础。没有必然性就没有规律；有什么样的必然性，才有什么样的规律。规律就是人对必然的认识，即人对必然联系的发现与概括。这种认识是人获得自由的标志。

指出规律是人对必然的认识，除了是为了要说明规律与必然性的区别与“联系”，同时也是为了纠正人们对规律的几种错误的看法。这几种错误的看法中，有一种是认为，客观世界本来就有规律，人对于规律的认识只不过就是人对于客观世界本来就有的规律的一种反映，就像镜子反射原像一样。如有的学者就说：“规律和本质是同等程度的观念，都是指事物本身所固有的、深藏于现象背后并决定或支配现象的方面。”并说：“自然科学和社会科学的规律都是对客观事物发展过程的客观规律的反映。”①另一种是认为，规律深藏于事物或现象的内部或背后，人看不见也摸不着。如有一本教材就说：“客观规律并不是以感性的形式存在着，而是隐藏在事物的内部，不是以赤裸裸的形态出现，而是通过复杂多样的现象表现出来。”②还有一种是认为，客观世界存在着不依赖于人的规律，“规律的存在不依赖于人的意识”③。这些看法其实都是不符合实际或不完全符合实际的。如果把存在理解为具体、现实的存在的话，那么我们可以肯定地说，不论是自然界还是社会领域都只存在一个个具体的事物、现象和一个个具体的事物与事物、现象与现象的联系，而不存在什

---

① 《中国大百科全书·哲学Ⅰ》，中国大百科全书出版社，1987 年版，第 269 页。

② 北京大学哲学教研室组编：《马克思主义哲学原理》，北京大学出版社 1984 年版，第 260 页。

③ 陈先达主编：《马克思主义哲学原理》，第 99 页。

么赤裸裸的或非赤裸裸的规律。说规律是人对必然的认识，绝不是说规律是人对已有的东西的如实反映，而是说规律是人发现、加工信息的产物。这种发现和加工不仅包括人通过实践、观察、调查等手段发现有认识价值的信息，而且包括加工这些信息从而揭示它们所表现的必然性即必然联系，并且还包括对必然联系做进一步的概括以建构出规律。发现者只有完成了这三个阶段的工作并实现了两次飞跃——从经验、事实信息到必然联系，再从必然联系到规律，才能够把规律贡献给世人。至于规律存在于事物内部的说法就更是错的。规律恰恰是在事物之外。它是在人们发现了它以后才出现于现实世界的，但也只是出现于人们的观念世界和书籍文献中，即波普尔所说的“世界3”[①] 中。爱因斯坦曾说过：“理论物理学的完整体系是由概念、被认为对这些概念是有效的基本定律，以及用逻辑推理得到的结论这三者所构成的。”[②] “这些概念和基本原理都是人类理智的自由发明”[③]。规律作为人对于必然性的认识与概括，从世界原来并无这样的概念和关系的角度说，它们正是“人类理智的自由发明”。虽然，我们从第一章的论证中已经看到，这种自由也是必须遵循一定规则的有限制的自由，但“科学认识在本质上是建构的”[④] 这一点是应当肯定的。规律就是人对现实联系的概括，就是人对应现实世

① “世界3”是指“客观知识世界或客观精神世界”。见冯契、徐孝通主编：《外国哲学大辞典》，上海辞书出版社2000年版，第24页。

② ③《爱因斯坦文集》第1卷，第313、314页。

④ 李忱、赵建丰：《论科学认识发展中的建构特征》，载《社会科学战线》1994年第6期，第43—48页。

界的联系所作出的一种建构或发明。规律对于现实的反映就如同地图只是对真实的地理状况的一种摹写一样。

从规律是人对必然的认识看，规律的存在不依赖于人的意识，客观世界存在着不以人的意志为转移的规律等说法，也是值得商榷的。这种说法实际上是说，物质世界存在着完全与人无关的规律，世界上有人时，世界是有规律的；世界上没有人时，世界也还是有规律的。这种看法其实也是不符合实际的。规律既是人对于必然性的认识，那它就是与人有关的。列宁就曾说过："认识是人对自然界的反映。但是，这并不是简单的、直接的、完整的反映，而是一系列的抽象过程，即概念、规律等等的构成、形成过程，这些概念和规律等等（思维、科学 = "逻辑观念"）有条件地近似地把握永恒运动着和发展着的自然界的普遍规律性。……自然界在人的认识中的反映形式，这种形式就是概念、规律、范畴等等。"① 没有人的概括、建构、发明，就没有规律，就如同没有人的劳动，就没有城市中的大厦一样。就人类决心要通过坚持不懈的努力去发现规律，且的确是经过了艰苦的努力才终于建构出规律这一点说，不能认为它的"存在"（即出现于"世界 3"中，参见本书第 39 页）是不依赖人的意识的。由于有了发现规律的目的、意志，才有了规律，因而我们必须承认规律的"存在"是与人的意识有关的。其实，就连"必然性是不依赖于人的意志的"这种说法也是在大部分的情形下是正确的，而不是完全正确的，因为在当今时代有不少必然性就是人

---

① 《列宁全集》第 55 卷，第 152—153 页。

造成的，或者说是由人引出的。如某个科学家或科学家群体进行科研攻关，由于付出了艰苦的努力，且思路正确，终于在某个领域取得了重大突破。某个企业家带领一个团队经营一个企业，由于企业经营的策略正确，企业经营目标的实现成了必然的。今天的典籍中出现的规律就是人的思维对世界联系的能动反映，而这也就意味着它们也是人的意志的表现。这也是规律与自然界的必然性所具有的一个重要的区别。

说明规律是人对必然的认识对于科学发现事业是有益的。虽然我们承认，规律是客观的，或者说是具有客观性的，但客观也有两种含义，其一是“指人的意识之外的物质世界或认识对象”；其二则是“指观察、认识的客观性，从客观实际出发，客观地看问题”①。说规律是客观的，就是在第二种意义上使用“客观”这一词的。规律虽是人建立的，但它是人对应现象世界实有的联系建立的。一个人发现的规律能否被别人所承认，要看现实世界有无与他所发现的规律相对应的现象和联系。倘若现实世界没有与他所发现的规律相对应的联系，那他所建立的规律是不能成立的，或者说是没有客观性的。亚里士多德所说的“力决定物体运动的速度”，中国古代人所以为的“人的未来是由冥冥之中的命运决定的”，等等，由于找不到与之相对应的现实联系，因而最终未能被人们所承认。但我们同时又必须看到，指出规律具有客观性，并不是说规律就现成地存在于世界的某个角落里，我们只要努力地去寻找就可以找到。这种想法是不切实际

① 胡曲园主编：《哲学大辞典·马克思主义哲学卷》，第228页。

的。有一句俗话说得好，口袋里有什么才能掏出什么。世界上既不存在可以让我们看得见、摸得着的规律，那我们就无法从客观现实世界中找出可以让我们看得见、摸得着的规律。现实世界有事物，现象、事件和事物与事物、现象与现象、事件与事件的联系。我们发现了这些联系后，再运用思维对它们进行加工，才能够有了规律。因此，发现规律，除了要做到恩格斯所说的“发现现实的联系”[①] 外，还需要有思维对现象、联系的加工。这种加工要发现规律，除了要求加工者要明确什么是规律外，还要求他们要有较强的理论思维能力或直觉思维能力。

五 人类掌握规律的意义

弄清规律的实质以及它与必然的“联系”与区别，既不是要像前面所引的那段话所说的那样，是要人知道“人不能摆脱必然性的制约，不能超出必然性所限定的范围去寻找自由”，而是要说明人应当怎样根据对于必然的认识去改造世界；也不只是要让人知道人在那些地方不行，而主要是想让人知道人能行，为什么能行以及应当怎样去行。毛泽东说过“自由是对必然的认识和对客观世界的改造。只有在认识必然的基础上，人们才有自由的活动”[②]。人一旦认识了规律，就从必然王国进入了自由王国。这时，他们会发现，不但规律不能给予人以强制力，就连必

① 《马克思恩格斯选集》第4卷，第247页。

② 《毛泽东文集》第8卷，人民出版社1999年版，第306页。

然性所概括的那些具体的倾向或趋势能给予人以强制力这一点也并不是在所有问题上都一定能发生的，相反，随着人类认识的规律的数量的增多，它将只能在人类一时还无法利用或无法改变的那些事情上发生。而在人类已可以利用和可以改变的那些事情上，人们掌握了规律后，就可以利用必然去实现自己的目的。例如，利用水往低处流的特性去实现利用水力发电；根据杂种优势的原理，通过育种手段的改进和创新，去实现提高农畜产量和改进品质的目的；利用原子蕴藏的巨大能量来为人们自己造福。这些已经不能认为是必然对人的限制了，相反，这是人们利用必然来为自己服务，也即荀子所说的“制天命（天命，指“必然性或命运”①）而用之”②。

人们认识必然、掌握规律的意义还不仅限于利用必然，而是还可以通过改变产生必然的根据和条件去使某些不利于人们自己的必然无法再现。现在我们已经知道，表现必然性的趋势所以能够成为现实的过程，导致现实的事物产生，一是必然趋势的根据的本性使然；二是这种根据有了得以表现其本性的条件。“根据是规定事物所发生的变化的性质的原因，条件则是根据得以实现出来所凭借的各种因素的总和。”③ 必然的趋势就是某种根据在一定的条件具备了的情况下发生的。根据有了合适的条件，就要产生出某种必然的趋势。这时，这种必然往往是无法遏止的。但

① ②见严北溟主编：《哲学大辞典·中国哲学史卷》，上海辞书出版社1985年版，第80页。

③ 高清海主编：《马克思主义哲学基础》上册，第273页。

是，条件是人可以改变的。挖掉了根据赖以表现出某种必然趋势的条件，这种趋势也就不能再出现了。例如，某些金属暴露在空气中要迅速氧化而生锈，这是必然的。但给金属的表面覆盖上一层坚固的保护膜（如机器油、油漆、搪瓷、镀上另一种金属、胶合一层塑料等）后，就可防止它们发生锈蚀了。草不除根，终将复生。而斩草除根，使根离开了土壤、水分等条件，它也就无法再复生了。"曾在中国近代历史的一定阶段上起过某种积极作用的国民党，因为它的固有的阶级性和帝国主义的引诱（这些就是条件），在一九二七年以后转化为反革命，又由于中日矛盾的尖锐化和共产党的统一战线政策（这些就是条件），而被迫着赞成抗日。"① 也是条件改变导致趋势改变的一个实例。即便是根据，也并不是完全不可改变的。的确，根据的本性是很难改变的，但构成根据的量却是我们可以改变的。我们既可以通过我们自己的行动去扩大我方或有利于实现自己目的的一方（即当解决矛盾的我们不是矛盾的一方时）的量，也可以通过自己的实际行动去缩小或减少对立方面或不利于实现我们的目的的一方的量。如在战争中，我们可以通过"集中优势兵力，各个歼灭敌人"的手段逐步减少敌人的力量，最终使敌人无力再与我方相抗衡。在化学反应如分解反应中，随着生成物浓度的增加，化学平衡会向反应物方向移动，最终形成正逆反应速度相等的情况，这时反应物和生成物的浓度便不再改变了。但是，如果人为地使生成物中的一种成分不断从容器中逸出，平衡就会不断地向

① 《毛泽东选集》第 1 卷，人民出版社 1991 年版，第 329 页。

生成物方向移动，最终使化合物完全分解。这也是改变必然性根据的实例。这些实例说明，尽管必然的趋势在产生以后是难以改变的，但“最坏的事情并非总是不可避免的”①，人能够通过改变条件或根据的量，使某些趋势不能再产生。

同样，人们还可以像王夫之所说的“造命”② 那样通过自己的行动使还未成为必然的可能变为现实。例如，由于当代材料科学与工程的进展，使人们逐渐掌握了材料的宏观性能与微观结构之间的联系，从而有目的地设计、创造出许多地球上过去所没有的新材料，诸如新一代超高强度、耐高温、抗腐蚀、耐磨损、超纯度、超导性的材料如非晶态金属、非晶态硅、新陶瓷、碳纤维、光导纤维、记忆合金，等等，便是这样的材料。这就使自然史上没有过的或我们没有见过的必然成了现实。社会历史领域内也有许多类似的实例。诸葛亮在《隆中对》中分析当时的天下大势时指出：“曹操比于袁绍，则名微而众寡，然操遂能克绍，以弱为强者，非惟天时，抑亦人谋也。今操已拥百万之众，挟天子而令诸侯，此诚不可以争锋。”③ 这就是说，曹操在当时占据优势，也是主观努力的结果。同样，中国新民主主义革命的胜利，也是中国共产党人带领无产阶级和广大劳动人民奋斗的结

---

① 保罗·克劳代尔语，转引自［美］弗雷德里克·詹姆逊：《什么是辩证法》，载《西北师大学报》2005 年第 5 期，第 1—7 页。

② 见严北溟主编：《哲学大辞典·中国哲学史卷》，上海辞书出版社 1985 年版，第 422 页。

③ 陈寿著，东篱子解释：《三国志全鉴·诸葛亮传》，中国纺织出版社 2010 年版，第 173—174 页。

果。诚如国际主义战士白求恩在 1938 年所说，新中国“之能否诞生，取决于我们今天和明天的行动。它不是必然的，它自己是不会产生出来的。它必须用我们大家的鲜血和工作去创造……唯有这样，它才能成为必然的。”① 新民主主义革命的胜利证实了他的话。这说明，人的主观努力也能造成必然。

综合以上所说，可以看出，人与必然的关系正如恩格斯所说，“社会力量完全像自然力一样，在我们还没有认识和考虑到它们的时候，起着盲目的、强制的和破坏的作用。但是，一旦我们认识了它们，理解了它们的活动、方向和作用，那么，要使它们越来越服从我们的意志并利用它们来达到我们的目的，就完全取决于我们了。”② 人一旦认识了必然即掌握了规律，就不但可以利用必然性来为自己服务，而且还可以采取釜底抽薪的办法去使某些不利于我们的必然不再出现，可以通过我们自己的努力使某些在历史上未曾有过的现实成为现实。这也就是人类认识必然、掌握规律的意义。

---

① 转引自《巨大的鼓舞力量》，载 1981 年 11 月 14 日《人民日报》第 7 版。

② 《马克思恩格斯选集》第 3 卷，人民出版社 1995 版，第 754 页。

第三章　本质、规律非实在论

关于实在，黄楠森等主编的《哲学概念辨析辞典》的解释是："实在，是指现实中真实存在的东西，即排斥了忽然性的现实中的有。"① 邱仁宗则认为："世界上的实在，就是一个一个个别的事物或东西。"② 照这些解释看，只有个别的具体的事物才能称得上是实在，抽象的、一般的东西是不能被看成是实在的。然而，国内的不少哲学论著和教科书却存在着把本质和规律当成实在、实存（"一般指现象的具体、现实的存在。"③）看待的倾向。有的教科书和辞典对本质和现象的解释是：本质是事物的根本性质，是构成一事物的各必要因素的内在联系。现象是事物的外部联系和表面特征，是本质的外部表现。这样的解释给人留下的关于本质的印象是，本质是实际存在的东西，否则它就不会有外部表现了。关于规律，有的学者的著作中有"人们所认识的科学规律、公理、法则是客观规律的反映"的说法。再看著作

---

① 黄楠森、李宗阳、涂荫森主编：《哲学概念辨析辞典》，中共中央党校出版社 1993 年版，第 189 页。

② 转引自徐兰：《全国科学实在论学术讨论会概述》，《哲学动态》1992 年第 3 期，第 1—4 页。

③ 谭鑫田、龚兴、李武林主编：《西方哲学辞典》，山东人民出版社 1992 年版，第 435 页。

对这一说法的解释，可以发现，其意思就是说，现实中就存在着规律，人们认识到的科学规律只不过是人的头脑对这些规律的如实反映罢了。由于把本质、规律理解成了实在、实存甚至是实体和强制力，因此“本质决定现象”、“现象是由本质决定的”的说法产生了；“规律支配运动”、“运动服从规律”的说法也产生了。对于本质、规律的这种理解是不是符合人类揭示的本质、规律的实际呢？笔者的看法是：不符合。然而，这样的说法在国内却未被人纠正过，因此，还有予以辩明的必要。

一　本质、规律的非实在性

讨论本质、规律是不是实在、实存，首先需要弄清楚的两个问题是：什么是本质，什么是规律。有的同志所以把本质、规律当成实在、实存，是由他们对本质、规律的误解造成的。这种误解最先是在少数人那里发生的。正如爱因斯坦所说：“哲学上和逻辑上的大多数错误是由于人类理智倾向于把符号当作某种实在的东西而发生的。”① 有的人受这种倾向的支配，把本质、规律理解并解释成了可以感知或经验到的东西，如说本质就是事物的内部联系，规律则是事物内部的本质的联系，就可以认为是这样的理解和解释。这样的解释被缺乏批判精神而喜欢盲从的那些人所接受，于是就有了把“天体运行”，“草木在一定条件下必然生长”当成了规律的事，就有了“万有引力定律早在人类认识

① 《爱因斯坦文集》第1卷，第286页。

它之前多少亿年就已经存在于自然界中了”的说法。其实这样的理解和解释都是一种误解。正确的理解和解释应是什么呢？笔者在本书的第一章中已给本质下了一个新的定义：本质就是它所概括的对象所属于的类。第二章则对规律作了新的解释：规律就是相互联系的两方面因素的本质之间的关系。从前面两章所引用的论据可以看出，在世界古代史上就已有了如此理解本质和规律的倾向，近现代则不仅有许多哲人和科学家有近似的看法，而且自然科学也一直是在这两种定义的意义上使用它们的。

然而，不论是本质还是规律，都不是实际存在着的东西。对于本质不是实在这一点，早在古希腊时代人们就已经有认识了。列宁在《谈谈辩证法》一文中，引用过由施韦格勒翻译的亚里士多德的《形而上学》中的一句话："因为当然不能设想：在个别的房屋之外还存在着一般房屋。"[①]施韦格勒在翻译亚里士多德的《形而上学》时，对其中的一些观点作了评注。其中一条评注说"科学只涉及一般，但只有个别才是现实的（实体的）。"列宁认为这个评注"表述得比较好"[②]。中世纪，具有唯物主义倾向的唯名论哲学家奥卡也坚持认为，"心外的一切事物都是个别的"[③]，只有个别事物才是客观的存在的，存在就是个别的存在。在他看来，心外宇宙并无一般，一般、共相仅仅是人们用以表示许多相似事物的逻辑概念，"只是人们心中的一种思想对象"[④]，是事物的名称或符

---

①　②《列宁全集》第55卷，第318页。

③　④威廉·奥卡语。转引自安希孟：《威廉·奥卡》，载叶秀山、傅乐安编《西方著名哲学家评传》，第2卷，山东人民出版社1984年版，第502页。

号,只存在于头脑中和词句中,不是心外的客观实在。黑格尔也曾说过:“动物本身是不能指出的,能指出的只是一个特定的动物。……但既是一个动物,则此一动物必从属于其类,从属于其共性之下,而此类或共性即构成其特定的本质。”① 马克思则曾说过;“人的本质没有真实的现实性。”② 为什么没有真实的现实性呢?恩格斯的一段话可以说是一种解释。恩格斯说:“的确,据说我们也不知道什么是物质和运动!当然不知道,因为物质本身和运动本身还没有人看到过或在其他场合下体验过;只有现实地存在着的各种物和运动形式才能看到或体验到。……‘物质’和‘运动’这样的词无非是简称,我们就用这种简称把感官可感知的许多不同的事物依照其共同的属性概括起来。”③ 由此可以看到,本质并非实在、实存,可以说是历史上的许多哲人的一个共识。

同样,作为本质之间的关系的规律也不是实在、实存。这种非实在性不仅在于作为这种关系的两端的本质是非实在的,而且在于两端之间的关系也不是实在的。最简单的“正比”关系就已不是现实世界所实有的,而是对至少两种以上的情形的概括。万有引力定律早已存在于自然界中的说法所以不妥,就是因为“引力的大小与两物体质量的乘积成正比,与两物体之间的距离的平方成反比”这种概括并不是自然界所实有的。就是像“对

---

① [德]黑格尔著:《小逻辑》,第 80 页。

② 《马克思恩格斯全集》第 1 卷,人民出版社 1956 年版,第 453 页。

③ 《马克思恩格斯选集》第 4 卷,第 343 页。

应”这种具有极大普遍性因而也最为简单的关系也是人们比较了许许多多具体的联系后才得出的结论。因此，马赫说：“在自然界中，并没有折射定律，只有各种不同的折射情况，折射定律是为了在精神上摹写这一事实而设计出来的简明规律。”① 这句话本来是完全正确的，但国内有的学者引用它却是为了批判它。他们没有意识到，马赫对于规律的理解要比他们深刻得多。还有许多学者持有与马赫相同的看法。如黑格尔就曾说过：“规律虽然是本质的形式，但还不是作为内容在其各个方面反思的、实在的形式。”② 以《科学研究的艺术》一书闻名于世的贝弗里奇也曾说过：“概括是永远无法证实的，我们只能通过考察由概括得出的推断是否符合从实验和观察得到的事实，来检验概括。”③ 由这些说法可见，规律并非实在也是他们这些英雄所见略同的。现代西方科学哲学中的科学实在论所说的“实在”同样是指真实存在说的，但它并不是说科学理论是实在的，而是说科学理论所表述的对象如“理论实体”（原子、电子、质子、中子、气体分子、物理场等）是真实存在着的，尽管这些实体本身可能是无法被直接观察到的。这是正确的，也是有意义的。然而它未指出由人们对应现象、联系建构的由概念、范畴、判断、公式表示的本质、规律并不是实在的这一点，则是它的一个不足。

---

① 摘自 E. Mach：Science Of Mechanics；acritical and historical account Of its development. 1974. Chicago.

② ［德］黑格尔著：《逻辑学》下卷，第 147 页。

③ ［英］贝弗里奇著：《科学研究的艺术》，科学出版社 1979 年版，第 92 页。

二 从发现过程看本质、规律的非实在性

从人们对于规律的认识过程也可以看出本质、规律的非实在性。人认识规律，一般要经历两个阶段。第一个阶段是从某种现象或某种经验开始，寻求与已知现象有关的因素，其目的就是为了发现具有普遍性的联系。在近现代，人们发现联系，有的科学家采用的是带着问题去实验、观察，待积累了一些具体的联系后，再加以归纳、概括的方法。更有许多科学家所采用的方法是，在获得了关于某种事物或现象的信息后先提出假说，然后进行实验以验证假说。这两种方法都有许多成功的实例。被发现的联系在自然科学中大都被称为现象或效应。诸如电磁感应现象、扩散现象、共振现象、电流的热效应、光电效应，等等，便是这样的联系。这一类型的联系由于是对具体联系的概括，因此它们主要是被发现的（因为概括是以对具体联系的发现为基础的），尽管其中也还有发明的成分（概括就需要发明）。但是，普遍性联系的发现，还不等于是对规律的发现，其原因就在于普遍性联系还只是一种定性的表述，它仅仅只表明了两个方面有关，却还未表明两个方面之间有什么样的关系；以致于它们所覆盖的现象范围远没有本质层次的关系所覆盖的现象范围大。因此，发现了普遍性联系，还须进入第二个阶段，即对这些联系作进一步的概括，由此得出联系的两方面因素的本质之间的关系。在人们着手去做这种工作时，若表示联系的两方面的构成因素的概念（本

质）已被前人或别人揭示同类现象的本质时提出，那么，他现在揭示联系的两端的构成因素的本质也就是在做归类的工作。然而，在发现前人尚未发现过的规律时，表示联系的两端的构成因素的概念都已被前人所提出的情形是比较少的。当表示新发现的联系的一端或两端的构成因素的概念还未被前人所提出时，要揭示这一端或两端的构成因素的本质，就必须创造一个或若干个概念来表示这种本质。爱因斯坦说，概念是“思维的自由创造”[①]，正是指这种情形说的。而被人们置于本质之间的那种“关系”，如“正比”、“反比”、“等于”、“对应”、“决定”、“标本”（包括“决定”、“取决于”等关系），等等，从它们最早的起源上说，也都是人们创造出来的。人们所创造的这些概念、范畴是与他们所发现的现象、联系相对应着的。但每一个概念、范畴所对应着的现象都不只有一种或两种，而是有千千万万种。人们创造这些概念范畴时舍弃了所对应的现象所具有的具体的量及其他一些具体的特征，也使它们成了超经验的东西。如果说普遍性的联系还是人们以发现为主所揭示的，那么，从普遍性联系到本质之间的关系，就完全可以说是以发明为主的过程。仅仅由于前一个过程是人类揭示规律的主要过程，我们才说揭示规律是以发现为主，以发明为辅的。由此可以看出，康德所谓“悟性把规律加于自然界”[②]的话和他所认为的现象是杂多，从杂多中建立齐一性形式是悟性；悟性借助概念、范畴对现象进行整理，才显现出自然界的秩序与规律的观点，并不

① 《爱因斯坦文集》第1卷，第409页。

② ［德］康德著：《纯粹理性批判》，三联书店1957年版，第13页。

像初看起来那样是毫无道理的。

那么，本质、规律是不是客观的呢？回答是肯定的。然而，说它们是客观（客观也有两种含义：一种是“指人的意识之外的物质世界或认识对象”；另一种是“指观察、认识的客观性，从客观实际出发，客观地看问题”①。此处是在第二种含义上使用它的）的，并不是说它们是客观存在着的或是曾经存在过的现象、事物、过程，而是说物质世界有事物、现象、过程、联系在表现着它们。它们是人们在发现的基础上的建构。这种建构并不是毫无根据的凭空捏造，而是与物质世界的某些具体的事物、现象、联系相对应着的。爱因斯坦指出：“虽然概念体系本身在逻辑上完全是任意的，可是它们受到这样一个目标的限制，就是要尽可能做到同感觉经验的总和有可靠的（直觉的）和完备的对应关系”②。上帝、神仙、鬼怪所以没有客观性，是因为现实世界中没有与它们相对应的东西。被人们发明出来表示本质、规律的概念、判断若查无实据，也会被人们所否定。如“燃素”、“热素”、“以太”等概念，亚里士多德所说的重物体下落得比轻物体快，力是维持运动原因以及生物学史上曾经有过的“自然发生论”等说法就都被人们所否定了。而意大利物理学家、化学家阿佛伽德罗于1811年提出的分子概念和阿佛伽德罗假说（后被称为阿佛伽德罗定律）尽管被冷落了近半个世纪，但当人们终于发现分子概念是对物质结构层次中一个重要层次的微观粒

① 胡曲园主编：《哲学大辞典·马克思主义哲学卷》，第228页。

② 《爱因斯坦文集》第1卷，第5—6页。

子的正确反映与概括后，它也就受到了人们应有的重视。

三　本质、规律的非实在性对认识与实践的启示

认识本质、规律的非实在性，可以给予揭示本质、规律的认识以重要的方法论启示。本质、规律既都是人对于现实世界的事物、现象、过程及其联系的概括，那我们就必须获得有关事物、现象、过程的信息。这样的信息是可以通过寻找、搜集得到的。因此，揭示本质、规律，寻找的工夫还是必须下的。在认识的能力相同的情况下，获得的信息愈多，做出新发现的可能性也愈大。不下寻找的功夫，不去捕捉新的有价值的信息，而要揭示本质和规律，就如同要在空中建造楼阁一样不可能。因此，谁要想有所发现、有所发明、有所创造，谁就必须做到勤于实践，勤于观察，勤于调查，以争取获得尽可能多的经验和信息。这一点，经过我们数十年来对马列主义、毛泽东思想的宣传，可谓已成了普通常识。然而由于要获得真正是新的而且是有价值的信息需要付出超常的精力与辛劳，因而直到现在也还不是每一个人都能够做到的。因此，这一点是永远应当予以强调的。

另一方面，我们又要看到，本质、规律不是单靠寻找就能够得到的。以为本质、规律就藏在世界的某一个角落，因而只要下功夫去寻找就一定能找到的想法同古代的人寻找长生不死之药一样不切实际。即使你坚持这样去做了，也只会是水中捞月一场空。“科学”，正如爱因斯坦所说，“不能仅仅在经验的基础上成

长起来”①。当着我们积累到了一定的信息后，需要通过思考、发明、创造去架设由此岸到达彼岸的桥梁。这一点，在发现联系的阶段就已经需要了。如在发现了一个新现象，要去寻找与之有关的因素（如求果之因）时，首先提出假说，然后再有目的地去实验以证实此假说，就比盲目地去寻找要好得多。到发现了普遍性联系后，要对这些联系进行加工以得出本质的关系时，就只能用发明、创造的方法了。爱因斯坦说得好：“知识不能单从经验中得出，而只能从理智的发明同观察到的事实两者的比较中得出。”②本质以及本质之间的那种关系所以需要人去建构，并不主要是由于人类的认识现在已进向微观、宇观和高速等人已无法直接感知的领域，而主要是由于本质以及被我们置于本质之间的那种一般的关系是现实世界本来就没有的东西。人以物质世界的事物、现象、过程为根据创造了这些东西，它们才为更多的人的思维所接受。它们是人的智力所创造的与现实世界相对应的观念世界的组成部分。

本质、规律并非实在的认识还可使实践着的人们的思想获得进一步的解放。由于一些从事哲学研究的人已经把本质、规律理解成了实在或实存，因此在今天的大学毕业生那里出现的对于人的活动与客观规律的关系的认识上的混乱，完全可以从国内流行的哲学教科书那里得到说明。在这里就已经有了诸如“人不能违背客观规律”，“违背客观规律必定会受到惩罚”，“要尊重客观规律，利用客观规律来实现自己的目的”之类的说法。而所

---

① ②《爱因斯坦文集》第1卷，第309、278页。

谓“利用客观规律”，就是“创造条件使客观规律向着有利于人的方向起作用”。所有这些说法都是在如何发挥人的主观能动性的题目之下讲的。然而这样一些说法与其说是在鼓励人们发挥主观能动性，不如说是在妨碍人们发挥自己的主观能动性。因为这些说法告诉人们，在物质世界中，除了有人能发挥自己的作用外，还有客观规律在发挥着作用，且客观规律发挥的作用巨大无比，是人们根本无法更改的。这样的一些理解其实都是由于把本质特别是规律理解成了实在或必然性所造成的。事实上，物质世界根本就不存在什么能发挥作用的客观规律。以为客观规律在发挥着作用并且能发挥有利于人的作用，不过是人们自己美好的一厢情愿罢了。其实，不论人们怎么做都在表现着规律；你采用了正确的做法使活动获得了成功，在表现着规律；你采用了错误的做法导致了事业的失败，也在表现着规律。当你付出了努力且采用了正确的方法时，既没有什么规律来帮助你，也没有什么规律来阻碍你来获得成功。而当你虽付出了努力，但却采用了错误的方法时，也没有什么规律来帮助你摆脱失败，正如世界上并没有什么上帝、神仙来帮助陷入困境的人们走出困境一样。列宁曾说过：“劳动人民不能指望别人，依靠别人，只有靠自己。劳动者如果自己不解放自己，谁也不会把他从贫困中解放出来的。”[①] 同样，我们也不能指望规律在什么时候能助我们一臂之力，因为它们并不是客观实在。一个人的未来要取决于他自己的努力，全人类的未来则要取决于全人类的努力。我们的事业能否成功就取

① 《列宁全集》第7卷，人民出版社1986年版，第118页。

决于我们做不做和怎样做。我们可以通过采用科学的方式方法来发动社会力量、利用自然力量来达到我们的目的。但社会力量、自然力量并不等于是规律，而是实实在在的物质力量。规律只是一种关系，它既不是物质也不是能量；它能作为人们借以判断未知、确定方法、措施的根据（这也是发现者的功劳），其作用就只在于对世界的说明上。至于实际工作，它则根本做不了。因此我们既不必指望它做什么，也不必担心违背了它，更不必担心受到它的惩罚。如果我们认识到了这些，那我们的思想也就能像知道了世界上并没有什么命运在起着作用一样会有更进一步的解放，主观能动性也可以得到更加充分的发挥。

第四章　标本论

笔者认为，哲学上的“决定论”所以能够成立，是因为物质世界还有与对立统一规律一样普遍的一个规律，这一规律其实就是可以作为“决定论”的根据的普遍规律。借用中国古代汉语中的两个有着紧密联系的词——“标”和“本”并赋予它们以新的含义来表示这一规律，可称之为标由本定规律。所谓“标”就是被决定的一方；所谓“本”则是决定的一方。两方之间的关系——标取决于本的关系或决定与被决定的关系——也就是标与本的关系，简称之为“标本关系”。拿这两方和已被近现代科学揭示出来的规律对比一番，可以发现，这些规律中，有许多规律的两端可以说就是标和本的表现形式，即是说，本就是可以作为这许多规律的其中一端的共同本质，标则是可以作为这许多规律的另一端的共同本质。而这些规律的两端之间的关系也正好可以用标本关系去加以概括。进行这种概括后，我们再来看这些规律与标本关系的关系，就可以很容易地得出这样一个结论：这些规律就是标本关系的表现形式。这些表现形式的数量是如此之多，以致笔者认为，把可以概括了这些表现形式的标和本两方看作是现象世界最高一层次的本质，而把这两方之间的关系看作是物质世界最普遍最一般的关系，是非常合适的。本决定着标，标取决于本，因此我们称之为标由本定规律。

一 标由本定的普遍性

规律既是“本质之间的关系”①，那么，普遍规律也就是现象世界最高最一般的本质之间的关系，也就是物质世界所有地方都有其表现形式的关系，是遍布世界的那些具体的事物之间、现象之间的联系和过程都在直接或间接地表现着的关系。既然如此，它也就会为概括着具体的事物之间、现象之间的联系和过程的特殊规律和一般规律所表现。因此，只要证明已被人类发现的属于某一类型的那些特殊规律和一般规律都在直接或间接地表现着它，那也就应当承认它是一个普遍规律。

已被科学所发现的规律可分为历时性关系和共时性关系这样两种类型。历时性关系虽然只是多种关系中的一种，但由于它所指的是物质世界一个个运动、变化过程两端之间的关系，覆盖着物质世界的所有过程，因此，若有一种关系能够覆盖并概括了这一类型的关系，就应当说它是物质世界的普遍规律。标由本定所以有资格被称为普遍规律，就在于它是为所有历时性关系所表现着的一个规律。

所谓历时性关系，也就是时间上前后相继并直接联系着的两个方面之间的关系，因此也可称之为前后型关系。在这种关系中，前方就是决定的一方，后方则取决于前方。因果关系就是这一类型的关系。过去人们常常只是说结果是由原因引出的，其

① 《列宁全集》第55卷，第128页。

实，结果的量也是由原因方面的量决定的。如在物体质量一定的情况下，物体运动的加速度就是由作用力的大小决定的。电路中感生电动势的大小就取决于穿过这一电路的磁通量的变化率（电磁感应规律）。光电效应的规律表明：饱和光电流决定于入射光的强度；光电子的初动能则取决于入射光的频率。物质不灭定律和能的转化与守恒定律表明：物质和能量都是既不能创生，也不会凭空消失的。由此可知，两个定律中的后一方的量都是由其前一方的量决定的。因此黑格尔说："结果总之一点也不包含原因所不包含的东西。反过来说，原因也一点不包含不是在其结果中的东西。"① 自然科学所发现的规律大都被科学家们用数学公式表示出来了。其中，所有已没有争议的公式都有等号置于其两端之间。等号两端的量是相等的，但是，除了只有对应关系而无别的关系（有的规律的两方之间既有对应关系，又有标本关系，见第五章）的那些关系的两端外，其余公式的两端的地位都是不同的。这不同也就在于其中一方是决定的一方，另一方则是被决定的一方。这可以说明，标由本定就是已被揭示出来的这类型的联系和这类型的特殊规律、一般规律所共同表现着的关系和形式。

社会发展过程同样在表现着标由本定。虽然，在这一领域内进行活动的，全是具有意识的、经过思虑或凭激情行动的人，但在这里，任何事件都有其原因和任何运动都会有其结果这样两点却是与自然界完全相同的。马克思主义主张历史决定论。在它看

① ［德］黑格尔著：《逻辑学》下卷，第 217 页。

来，历史发展也就是由人们的生产实践、阶级斗争、科学实验和精神产品的生产等活动所决定的。“人们自己创造自己的历史”①，因此，历史发展规律也就是“人们自己的社会行动的规律”②。只是在人们还未认识和掌握了这种规律以前，人们的活动对于社会发展的决定往往是以人们的愿望的互相冲突、力量的互相抵消、整个社会付出巨大的牺牲和浪费为代价来实现的。只有当人们掌握了这些规律，“人们才完全自觉地自己创造自己的历史；只是从这时起，由人们使之起作用的社会原因才大部分并且越来越多地达到他们所预期的结果”③。人们才能真正地成为自然界和自己社会结合的主人。

标由本定在政治、经济、军事等具体领域内的表现也可谓是俯拾皆是。“得民心者昌，失民心者亡”表明：统治阶级或政党、团体的前途就是其与人民关系之标。毛泽东曾说过，政党要做到“（甲）率领被领导者（同盟者）向着共同敌人作坚决的斗争，并取得胜利；（乙）对被领导者给以物质福利，至少不损害其利益，同时对被领导者给以政治教育”④ 这样两条，才能实现对于被领导者的领导。这也就是说，“实现领导”也就是做到这两条之标。经济上的一切已成为现实的现象也都是被决定的。企业的经济效益决定于企业的技术水平、管理水平和劳动者的素质等方面；国家的经济发展速度则取决于资金积累、科学技术的发

① 《马克思恩格斯选集》第 4 卷，第 732 页。

② ③《马克思恩格斯选集》第 3 卷，人民出版社 1995 年版，第 758 页。

④ 《毛泽东选集》第 4 卷，人民出版社 1991 年版，第 1273 页。

展、人力资源及其素质、社会劳动在各个生产部门的配置以及国家的经济政策、发展计划和国际贸易等方面。世界各国经济发展的历史证明：只有当人们自觉或不自觉地使决定经济发展的各个方面达到较为理想的状况时，经济才能够有了较为理想的发展速度。与经济相比，战争是一种更难以捉摸的运动。但这里既有胜负之标，也就一定要有其本。毛泽东指出："战争的胜负，主要地决定于作战双方的军事、政治、经济、自然诸条件，这是没有问题的。然而不仅仅如此，还决定于作战双方主观指导的能力。"① 胜负之本就是作战双方的主客观条件。

知识在人们头脑中的变化也应当看作是标由本定规律的一种表现。外部世界的现象和前人所创造的文化资料作为信息为人们的头脑收集起来后，也就成了精神生产的加工对象。这种加工虽只是一种观念形态的加工，但它也同物质加工一样能使对象发生质的变化。相对于知识由感性的上升为理性的、一般的又进到个别的等变化说，思考也就是决定的一方。所以，恩格斯说："我们的意识和思维，不论它看起来是多么超感觉的，总是物质的、肉体的器官即人脑的产物。"② 标本关系也为人的思维过程所表现，在这里，表现它的联系也如"辩证法"一样，"是人类的全部认识所固有的"③。

有的同志或许要问，为什么不用"因果关系"来表述这一

① 《毛泽东选集》第 1 卷，第 182 页。
② 《马克思恩格斯选集》第 4 卷，第 227 页。
③ 《列宁全集》第 55 卷，第 308 页。

规律，“决定论”不也经常被人冠以“因果”这一关系范畴吗？应当承认，因果关系确实是覆盖范围比较大的一种关系。但是，如若拿它同世界的总的联系相比，那它也就如同列宁所说，“只是世界性联系的一个极小部分”①。其实，就是历时性的关系也不是因果关系所都能够概括了的，因为“因果关系”这一范畴只是表明了一方是另一方的原因，另一方则是原因这一方的结果，而没有在量上对两个方面进行对比，因而两方之间的那种决定与被决定的关系就未能显现出来，以致有些也属于历时性或前后型的关系，如质量守恒、能量转化与守恒一类的守恒定律，它就无法覆盖了。而标本关系却可以实现了对于所有历时性的和前后型的关系的概括。这也就是我们用“标本”而不用“因果”来冠名这一关系的原因。

其实，标本关系早已反映到了我们的哲学中。我们的哲学在阐述物质与精神、内容和形式等范畴之间的关系时，都指出了其中一方对于另一方的决定。虽然它也谈到了后一方对于前一方的反作用，但这种反作用也不是标本关系所概括不了的。反作用总要使原决定一方发生某些变化，相对于这种变化说，反作用也就是决定的一方。虽然这种反作用可能是与原决定方面的决定作用同时发生的，但我们可以在思维中把它们分割开来分别加以考察。应当承认的大概是：这种反作用只能使决定方面发生某些变化，而不能像原决定方面的决定作用那样能够决定了被决定方面的产生和性质。新中国成立以后，我国哲学界的许多争论就发生

---

① 《列宁全集》第55卷，第135页。

在某些方面是由什么决定的，这些方面能否决定另一些方面等问题上。如外因能否在一定条件下起决定作用？历史发展的动力是什么？等等。尽管有些争论还没有明确的结论，但这些争论本身就足以说明决定性关系的普遍性。我们常说某一现象与某些因素有关，这往往就是说这一现象完全或部分地取决于这些因素。如说农民收入的多少与其文化程度有关，就是说前者部分地取决于后者。这表明标本关系的普遍性简直就可以和规律这一具有极大普遍性的范畴相等同了。在这种情况下，我们若还不承认它是辩证法的一个普遍规律，那就不仅显得我们不够公正，而且也使哲学中本应由它统领的那些“目”失去了“纲”。

既是科学巨匠同时也是伟大的哲学家的爱因斯坦在与英国作家詹姆斯·墨菲讨论因果性问题时指出：“因果原理这个科学以前的讲法，对于近代物理学来说，会被判明是不充分的。……现在我相信，控制自然界的规律，要比今天我们说某一事件是另一事件的原因时所猜测的更为严格和更有说服力。”[①] 可否认为，决定论的根据——标由本定规律就是这样的规律呢？尽管这一规律比因果关系还要普遍，但“决定”和“取决”都主要是或首先是以量的对比或比较为根据的。

二　随机现象也在表现着标由本定

上节的论证虽已表明标由本定具有普遍性，可这主要还只是

---

① 《爱因斯坦文集》第1卷，第301－302页。

证明了它普遍地被概率论所说的物质世界的一种类型的现象即“必然现象”（即确定性现象）所表现，而妨碍我们肯定它为普遍规律的主要障碍还不在此，而在于它是否也为概率论所说的物质世界的另一大类型的现象即“随机现象”所表现。因为对于决定论是否是放之四海而皆准的怀疑也就是在这里发生的。

在哲学与科学史上，与唯物主义和唯心主义的斗争交织在一起的还有决定论与非决定论的斗争。“人是万物的尺度”（古希腊哲学家普洛泰戈拉语）、“万物皆备于我”（孟子语）等既是唯心论又是非决定论的观点，已经不起一驳。但以随机现象为根据的那些非决定论观点却使人误以为它还有一定的合理性，因而不论是在自然科学中还是在社会科学中，这种观点都总是缕缕不绝，不时被一些人变换方式重新提出。这种情况一定程度上是由于决定论规律至今仍未获得明确的形式，一直依附于因果律而未独立，以致人们在发现了因果律所难以概括的新的规律性时，便对决定论本身也产生怀疑了。应当承认，由于社会约定赋予了“因果”以现在所具有的那种水平的含义，因此它确实难以概括和包含了随机现象的规律性。但若因此而否定决定论，那就好似因为一件衣服小得不能再穿而把人需要穿衣服这一点也否定了。即使因果律概括不了随机现象的规律性，它所具有的普遍性和原因决定结果这样两点也还是不能否定的。至于从包括因果律在内的一般关系那里概括出来的更普遍更一般的关系——标由本定规律就更不容否定了。同样，我们也不能因为没有严格的决定论而否定决定性关系。标由本定表明了标是由本决定的，但它并没有说标和本的值必须是确定的还是不确定的。它强调两者之间具有决定与被决定关系，至于两者的值是确定的还是不确定的，对于它来说是无关紧要的。这也就是说，两方的量是不确定的值这一点并不妨碍它的成立；只要两个方面之间具有决定与被决定关系，那它就是标由本定规律的一种表现形式。现在我们就用这个标准来考察一下随机现象的规律——统计规律，看它是否也在表现和反映着标由本定规律。

统计规律一般表述为："在一定条件下，某个事件以一定的概率发生。"所谓"概率"，就是随机事件发生的可能性大小的数值表征。那么，一具体事件的概率又是如何确定的呢？我们知道，它有"古典"和"统计"两种定义方式。古典定义表明，某一事件的概率就是这一事件所包含的基本事件数与基本事件总个数的比值。因此，只要通过对一次试验可能出现的结果的分析就可计算出一事件的概率，如钱币有两面，在一次试验中每一面出现的可能性各一半，一面的概率也就是1/2。骰子有六面，在一次试验中每面出现的可能性都是1/6，因此每面的概率都是1/6。进行大量重复的试验后可以发现，两者出现的频率确如预算的概率。然而这并不仅仅只是说明了上述计算方法是可行的，前者出现的频率总是1/2而不是1/6，后者出现的频率总是1/6而不是1/2，正好表明了用概率来表示的可能性对于用频率来表示的现实性所具有的决定性。需要加以说明的只是，构成决定一方的还有条件。没有"大量重复的试验"这一条件，可能就不能够转变为现实。这种决定的对象就是现实——它的产生和规模。概率的统计定义则是用事件出现的频率来确定其概率的，这是因为这类型事件不是等可能概型的，因此无法通过预先的分析来确定其概率。这种情形掩盖了谁是决定的一方，使有的人误以为这类型事件出现的频率是无根据的，概率只是统计的结果，而不是决定方面的一种近似的数值表征。其实，这类型事件出现的频率同样是由用概率表示的可能性与使这种可能性变为现实的条件的结合所决定的。这一点可以从下面的事实中看出：当着人们通过统计一事件发生的频率而确定了其概率后，在别时别处再遇到这样的事件时，只要条件相同，就可以原来的统计为根据来确定它现在的概率了。人们常常根据样本的特征去估计、推测总体的相应特征而无大错，也是这一点的一个有力的证明。这也就可以说明，统计规律同样是标由本定规律的一种表现形式，只是它的两端的量不像古典力学规律和因果律两端的量那样确定罢了。

量子力学规律与经典力学规律的不同也就在于经典力学中的质点的状态是用质点的坐标和动量来描写的，而量子力学中的微观粒子的状态则由于粒子具有波粒二象性，它的坐标和动量不可能同时具有确定的值，因此必须用波函数来描写。但它们又有相同之处。这也就在于，在经典力学中，当质点在某一时刻的状态为已知时，由质点的运动方程（牛顿方程）就可求出以后任一时刻质点的状态。量子力学的情况也是这样，只要我们知道了微观粒子在某一时刻的状态，通过同一方程（薛定谔方程）也就可以知道以后时刻粒子所处的状态。这说明，“以后时刻粒子所处的状态”就是由“以前时刻粒子的状态”决定的。可见，两种力学规律的不同并不在于两端之间的关系不同，而在于有关系的两端不同。薛定谔方程中的波函数虽只能作统计的解释，但这一方程本身还是决定论形式的，而且它的严密性和预言力一点也不次于牛顿方程。爱因斯坦对量子理论的反感并不在于他认为这一方程不是决定论的。他也指出："这个方程决定着体系的统计系综的几率密度在位形空间里是怎样随时间而变化的。"[①] 他对这一理论感到不满，只在于他认为波函数对实在状态的描述"是一种不完备的描述"[②]。就是哥本哈根学派也并未肯定说量子力学就完全地否定了决定论，海森堡确曾说过"因果律在量子论中不再适用"[③]，但这也不是要完全否定决定论。因为他也说过："原子事件的空间时间的描述是和它们的决定论描述互补的。"[④]玻恩说："量子定律的发现宣告了严格决定论的结束"[⑤]。这同爱因斯坦所说的"从直接经验的观点来看，并没有精确的决定论"[⑥]的观点也有相似之处。就连玻尔本人也在其晚年说过："互补性这一较宽广的构架，绝不会导致任何对于因果性这一理想的随意放弃。"[⑦] 量子力学能否达到爱因斯坦所说的"完备描述"的境地，尚有待于科学的发展来做结论。但现有的理论已经表明它也是标由本定规律的一种形式，因此对于标由本定规律是否为物质世界的所有过程所表现的怀疑也应该打消了。

否定非决定论并不是要全盘肯定机械决定论。非决定论用偶然性、随机性来否定必然性和决定论是错误的：机械决定论用必

---

① ②⑥《爱因斯坦文集》第1卷，第364、538、509页。

③ ④［德］海森堡著：《物理学与哲学》，科学出版社1974年版，第48、18页。

⑤ ［德］玻恩著：《我这一代的物理学》，商务印书馆1964年版，第58页。

⑦ ［丹麦］玻尔著：《原子物理学和人类知识论文续编》，商务印书馆1978年版，第9页。

然性、决定性来否定偶然性、随机性，也是极为片面的。在马克思主义看来，呈现在我们面前的现象都是具有偶然性的，就是概率论所谓“必然现象”也不例外。必然性就是由人们从这些带有种种偶然性的现象中所概括出来的共同的特征。必然是偶然所表现的必然，而不是也不可能有脱离偶然性的必然性。因此不能认为，客观世界既有标由本定这样一个普遍规律，那么它的发展就不会有偶然和偏差：它的现在是由过去决定的，未来又是由现在决定的；历史就像水在渠中流淌一样，绝不会脱离其既定的轨道。这样理解就又回到拉普拉斯所谓“未来，一如过去”的立场上去了。标由本定虽是一个普遍规律，但它只是直接联系着的两个方面之间的关系。它只说了标取决于其本，而未说它还取决于其他；同样，它也只说了本能够决定了其标，而未说它还能完全决定了其他。本决定着标，但对于其标后之标，也就很难再有完全的决定了。这是因为当此本之标再成为本时，便又有新因素加入到了这新的本之中，因此后一个标与前一个标便总要有些不同了。孙子不同于儿子，人不能两次踏进同一条河流，原因就在于此。正由于构成此标之本的因素的多少、每一因素的量的大小或因素的性质与其前、后、左、右之标之本不同，因而每一具体的标只是相对其本来说才是必然的，相对于别本别标说便具有了偶然性。唯有标由本定这一点是必然的，但它是偶然所表现的必然。列宁曾经说过：“世界联系的全面性和包罗万象的性质，这个联系只是片面地、断续地、不完全地由因果性表现出来。”①

---

① 《列宁全集》第55卷，第134页。

标本关系虽比因果关系的普遍性程度要高，但它也是有局限性的。它对于联系的概括也是片面的、断续的、不完全的（只能反映具体联系的一部分内容）。因此，谁要借助这一规律来预测事物的发展趋势，就必须从实际出发，以有凭有据的事实、条件为依据。如若脱离了客观实际，或过高地估计了现有条件的决定作用，是恐怕要闹笑话的。

三　标由本定与对立统一

普遍规律同特殊规律一样都是人们以部分事实为根据提出来的。然而它一旦被揭示，也即它被人们所建构出来后，我们就可在现实世界的每一个角落中接触到它的表现形式。肯定了标由本定是一普遍规律后，我们也会发现，它和对立统一规律一样为现实世界的联系所忠实地表现着。我们在日常生活中既可以发现和感受到善恶、好坏、公私、利弊以及革新与守旧、团结与分裂、吸引与排斥、同化与异化等相反倾向的对立，同样也可以发现和感受到刀刃与锋利、肉体与灵魂、举止与风度、有志与事成等决定与被决定两方的联结。我国语言中的成语，有许多表述的就是决定与被决定两方面的联系，如：瓜熟蒂落，唇亡齿寒，器小易盈，利令智昏，自用则小，不平则鸣，风吹草动，谷贱伤农以及兼听则明，偏听则暗；畏事多事，好事无事；当断不断，反受其乱；得道多助，失道寡助；等等，就都可说是标本关系的表现形式。对于这些表现形式，对立统一规律难以给予恰当的说明，标由本定规律却可以从理论的高度上给予恰到好处的解释。

但是，认真研究一下这两个规律的表现形式，我们又会发现，在事物存在和运动的过程中，两个规律的表现形式却是紧密地联系着的。“本”（后面凡是带引号的本或标就是指它们所概括的那种起到决定作用的事物和被本所创造的事物）之所以能够创造了“标”，首先是由于“本”是由物质、能量以及以物质为载体、能量为动力的信息等实体的或具有力量的因素构成的，然而这同时也是由于在“本”的自身就存在着既互相依存又互相对立的方面。在“本”产生“标”的过程中始终存在着对立面的同一和斗争。如在作用力使物体产生加速度的过程中，就始终存在着要改变物质原有运动状态的外力与要保持物体原有运动状态不变的惯性的矛盾。在拉力使弹簧伸长的过程中，就始终存在着弹性与塑性的对立。在电流通过导体产生热量的过程中，始终存在着电压与电阻的矛盾。这些实例表明，矛盾对于标和本所概括的那些事物、现象的联系绝不是什么坏事，相反，它正是属于标的那些事物、现象得以产生的前提条件。离开了物体的质量（物体惯性大小的量度）对于作用力的反抗，就不会有加速度产生；没有同化作用和异化作用所组成的新陈代谢，也就没有生命机体不断的自我更新和生长、发育、繁殖、运动。中国谚语“镜子越擦越明”，“脑子越用越灵”，“绳锯木断，水滴石穿”，“蠢众木折，隙大墙坏”；拉丁美洲谚语“不同风浪搏斗，就别想捉到大鱼”，等等，都是说“标”是由矛盾引出、导致的。没有对立面的同一和斗争，也不会有“标”的产生。物质世界无时无处不存在矛盾，“任何具体的东西，任何具体的某物，都是和其他的一切处于相异的而且常常是矛盾的关系中”[1]。一事物不是与甲事物相矛盾，便是与乙事物相矛盾。矛盾总是要有的，只是它们的内容、性质、剧烈程度等方面未必相同罢了。但是，不论什么矛盾都会引出一定的结果，这则是一定的。“宝剑锋从磨砺出”和“刀儿不磨要生锈”，“流水不腐”和“水不流要发臭”等相反情形表明，没有这样的矛盾，便会有那样的矛盾；这样的矛盾产生这样的结果，那样的矛盾则会产生那样的结果，“一切事物中包含的矛盾方面的相互依赖和相互斗争，决定一切事物的生命，推动一切事物的发展。”[2] 矛盾就是“本”由以达“标”的桥梁。

但是，说矛盾存在于“本”的自身之中，并不是说标本关系要依赖矛盾关系才能够成立。普遍规律是物质世界中具有最大普遍性的形式，是人们对应具体联系乃至特殊的和一般的关系建立起来的，是对现实联系的概括反映，是不需要依靠别的关系就能够成立的。标本关系所以有资格被称为普遍规律，在于它存在于所有历时性关系的两端之间。但标本关系与矛盾关系一样都不是实存、实在，它们之间并没有什么联系，只有它们的表现形式才有密切的联系。至于抽象的标本关系，由于所概括的内容是现实联系的特定方面，因而是独立的，是不依赖矛盾关系的一种具有极大普遍性的关系。它与矛盾关系有着明显的不同。这不同首先就在于关系的两端不同。矛盾关系的每一方都是由一定的物质

① 《列宁全集》第55卷，第115页。

② 《毛泽东选集》第1卷，第305页。

实体和这种实体在一定的条件下表现出的倾向所构成的，是矛和盾；标本关系的两方则是被决定的一方与决定的一方，是标和本。其次则在于两端之间的关系不同，矛盾关系说得是具有相反倾向的两方面的对立与统一，即既统一又斗争；标本关系说得则是标取决于本，本决定着标，也即取决于关系或决定与被决定关系。从量的比较上看，矛和盾之间只有对比关系，标和本之间却有等当关系和对应关系。由于两个规律的内容及其形式都不相同，因而它们所说明的东西也不同。对立统一规律揭示了事物发展的根源和动力，说明了事物为什么会有运动发展和它们是怎么样运动发展的。它向我们提供的许多认识与改造世界的原则和方法的正确性，也已为大量实践所证明。但我们同时也应当看到，还有不少问题等待着哲学去回答。比如，人类改造世界，怎样去创造大量能够满足了自身需要的具有特定质和量的事物？当事物的质和量未达到人们的要求时，人们应当怎么办？为了满足需要，我们怎样做才能够使自然界曾经发生过的运动再反复地发生？怎样才能够引起自然界未曾发生过的运动？改造世界就要促进事物的发展。对立统一规律表明了发展是对立面的统一和斗争。但发展是有速度的，发展的速度决定于什么？怎样才能够使发展具有了令我们满意的速度？在生活中，我们经常可以看到，有许多事物、现象是有利于人的，同样，也有许多事物、现象是不利于人的。怎样才能够使前一类事物、现象再现，使后一类事物、现象消失？怎样才能够彻底地解决问题？古人说：“凡事预则立，不预则废。”那么，我们应当根据什么来预测事物的未来？怎样才能够预测的比较准确？诸如此类的问题，我们还可以列举出许多。这些问题当然需要各门具体科学来回答，但哲学应当从理论的高度上提出一般的能够启发人们思路的建议。仅仅依靠对立统一这一规律还难以对这些问题做出完全的解释。标由本定规律却可以为这些问题的解答做出积极的贡献。这一规律表明，物质世界的任何事物都不是凭空产生的，而是由别的事物所创造所决定的。而被决定的事物也不会无缘无故地消失，而要成为一种因素加入到新的系统中，与别的因素一起构成新的"本"。有本就一定会有标，本的量决定标的量；"本"的量大，"标"的量不会小；"标"不利于人，根在"本"自身。由标能够求得其本，由本可以预测其标。掌握了本，也就可以知道如何改变它、组合它乃至造成它。改变了"本"也就改变了"标"；构成了新的"本"也就等于创造了新的"标"；再造了自然界已有之"本"，也就能够引出自然界曾经有过的运动；创造了自然界未有之"本"，也就创造了自然界未有之"标"；等等。从这些表述和后面的一些叙述中，我们会看出，这些看似简单实则是蕴含有深刻方法论意义的基本观点，就能给予上述问题以相当不错的解答。这些解答也可以表明，标本关系和矛盾关系一样普遍。两者的内容和形式虽不相同。但对我们认识与改造世界却都是有重要意义的。

也许有人要说，过去我们未曾提出过什么标由本定，不也取得了许多伟大的成功吗？可见你所谓的标由本定并不足道。这种看法，其实并不正确。标由本定既是一个普遍规律，那它的内容就必然要为探索物质世界发展规律的思想体系所涉及。事实上，在我们明确标由本定乃是决定论所得以成立的根据以前很久，可以根据这一规律逻辑地推出的许多认识与改造世界的一般原则和方法，早已为许多思想家从理论上提出，为许多实行家在实践中实行了。不论是在马克思主义中还是在列宁主义、毛泽东思想中，决定论的思想、原则和方法都是一个重要的组成部分。马克思主义的历史观是决定论的，已如前述。列宁继承并发展了马克思的决定论思想。他认为，“只有根据决定论的观点，才能（对人的行动——引者注）做出严格正确的评价”[①]。他关于革命要取得胜利必须同时具有革命的客观形势和成熟的主观条件的论断[②]，关于“只有靠暴力才能解决伟大的历史问题”[③] 的思想，关于“你要抓住整条链子，就必须抓住主要环节”[④] 的告诫，关于“群众生气勃勃的创造力正是新的社会生活的基本因素”[⑤] 的观点，等等，都包含着深刻的决定论思想。毛泽东在新民主主义革命时期始终把探索中国革命胜利这一标之本当作极为重要的奋斗目标。他和老一辈革命家领导开辟的“以农村包围城市”的革命道路，第二次国内革命战争时期形成的武装斗争、土地革命、根据地建设三者紧密结合的“工农武装割据”思想[⑥]，抗日战争时期提出的“兵民是胜利之本”[⑦]，“统一战线、武装斗争、党的建设是中国共产党在中国革命中战胜敌人的三个法宝”[⑧]以

---

① 《列宁选集》第1卷，人民出版社1995年版，第26页。

② 见《列宁选集》第2卷，第460—461页。

③ 《列宁全集》第10卷，人民出版社1987年版，第318—319页。

④ 《列宁全集》第43卷，人民出版社1987年版，第107页。

⑤ 《列宁全集》第33卷，人民出版社1985年版，第52页。

⑥ 见《毛泽东选集》第1卷，第50、98页。

⑦ ⑧《毛泽东选集》第2卷，第509、606页。

及关于战争胜负条件的论述，等等，就是以他为代表的中国共产党人所找到的导致中国革命走向胜利之本。因此，承认马克思列宁主义和毛泽东思想在国际无产阶级取得胜利的进程中起过重要作用，也就不能抹杀决定论思想的功劳。

但我们同时又必须承认，由于我们在过去的很长一段时期中未明确决定论所根据的是一个什么样的规律，未能明确提出这一规律并使它具有了明确的形式，因而在一定程度上也妨碍了我们对决定论思想、原则和方法的自觉运用。如果我们承认标由本定是一个普遍规律，那么我们就应当像对待对立统一规律那样，对它进行更加深入细致的研究，进一步明确它的方法论意义，以便我们借助它所提供的启示来更好地认识与改造世界。

四　标与本的相对性

肯定物质运动的过程中有标和本的表现形式并指出本总是决定着标，标总是取决于本，并不是说标和本都是绝对的。我们借以证明标本关系普遍性的那些关系都是前人所发现的规律。孤立地看，其中的本就是本，标就是标。然而，一旦我们把这些关系所概括的物质世界的一个个片断的联系放回到历史的或现实世界的总体的联系中，我们就会发现，作为对这些联系的两端的概括的标或本，其实都是相对的。在这里，标只相对于其本来说才是标，本则只相对于其标来说才是本。理解和掌握标本的这种相对性对于我们运用这一规律去认识与改造世界有着十分重要的意义，因此是有必要专门提出来谈一谈的。

本和标既都是相对于对方说的，那么，不是此一事物的决定者的事物也就不能说它是此一事物之本，而不是由另一事物所决定的事物也不能说成是另一事物之标。从理论上说，这是显而易见的。但在实践中，人们却常常在这些问题上犯错误。如在古代，人们就常把并非某一事物决定者的事物称为这一事物之本，甚至主观臆测，把子虚乌有的事物说成是某一现实事物之本。例如，那时的人们就把雨旱天灾、打雷闪电看成是由某一种神灵所控制的。有的宗教则把今生祸福看成是由前生所造。“死生有命、富贵在天”的命定说则认为人生的一切是由冥冥之中的一种超自然的神秘力量所决定的。所有这些都主要是由于古代科学不发达的缘故。遗憾的是，现代人也还在犯这样的错误。如“人有多大胆，地有多大产”，“革命搞好了，生产自然而然就上去了”的说法，就把“胆量”、“革命”说成是决定“产量”大小和“生产”发展的唯一因素。我国经济的不发展在20世纪80年代中期主要是由于产业结构不合理、资金积累和有效供给不足、工业化程度低以及科学技术的水平较低等原因导致的。但我们却一度以为也是由于生产过剩、需求不足导致的，以致认为应当“大胆地引进凯恩斯主义来解决中国经济发展的问题”。结果导致消费需求恶性膨胀，延缓了经济的发展。同样，人们也常把并非是由某一事物所决定的现象称为这一事物之标。如在亚里士多德以后的一千多年的时间里，物体的运动速度就一直被认为是由力所决定的。爱因斯坦的广义相对论建立之前，水星近日点的进动现象也曾被认为是另一颗行星扰动的结果。历史事实已经表明，不论是找错了标之本，还是找错了本之标，都能导致错误。这种错误，轻则使人不能实现自己的目的，重则会导致挫折和失败。第一次国内革命战争时期，“我党领导机关的投降主义分子，自愿地放弃对于农民群众、城市小资产阶级和中等资产阶级的领导权，尤其是放弃对于武装力量的领导权，使那次革命遭到失败。”[①]其原因也就在于他们不知道谁是革命的主力军，谁是革命的同盟军，不懂得，“在中国，离开了武装斗争，就没有无产阶级的地位，就没有人民的地位，就没有共产党的地位，就没有革命的胜利。”[②]由此可见，不论是标之本，还是本之标，都远不是可以一目了然的，把握它们也并不是轻而易举的。要实现对于它们的准确把握，除了要求我们要拥有较为丰富的知识外，还要求我们要肯下辛苦去实践，并能坚持对具体问题进行具体的分析。否则，是难以对问题有一个正确的看法的。

标本的相对性还要求我们，既不可把本的一因素当成是本，也不可把对标的看法绝对化。前已说过，一标之本大都是由多种因素构成的。这些因素中的任何一个因素对于标来说都只能起到部分决定作用。本既是相对于标说的，那我们也就不能把本的一个构成因素当成是本，正如我们不能把系统的一个要素看成是这一系统一样。确有这样的时候，改变“本”的一个构成部分，即可使“标”发生某种变化，如选用了优良品种，即可使粮食增产。这时我们能否说优种就是粮食增产之本呢？显然不能，因

---

① 《毛泽东选集》第4卷，人民出版社1991年版，第1257—1258页。

② 《毛泽东选集》第2卷，第610页。

为粮食的增产同时还决定于其他一些条件。本的这种相对性表明，如果“本”是由多种因素构成的，那么，要想获得满意之标，就必须找出这些因素，这才能找到全面有效的解决办法。例如，要有一支作风过硬的干部队伍，就不仅要坚持对干部进行有针对性的思想教育，而且要有一套科学完善的干部管理制度。只有教育同只有制度一样，不能保证干部队伍一定会是好的。所谓片面，常常就是把本的一个构成因素甚至仅仅只是一个次要的因素当成是本。总是这样地看问题，是不可能做好工作的。同样，我们也不能用孤立的、静止的、片面的观点去看待标。我们所谓标，大都是对成为现实的事物、现象的概括，然而它们却往往是具有两面性的。“有一利必有一弊”虽过于绝对，但若没有人去兴利除弊，既有利又有弊的情形也是常见的。成为现实的“标”又能够成为新的“本”的构成因素而引出新的变化。失败是成功之母，坏事可以变成好事，好事也可以变成坏事，等等，就是例子。这就要求我们要用全面的发展的观点去看待标。对可能出现的结局的预测要尽可能做到全面，即既要看到我们的政策、决策、措施、行动可能引出的有利于我们的方面，也要估计和预测可能会出现的那些不利于我们的消极效应和连锁反应。有了这样的估计，我们才能做好应付各种情况的准备，立于不败和不乱之地。

标本的相对性还表明，本只是其标之本，而不是其标之外的别的什么事物之本。它只能完全决定了其标，而不能再完全决定其标后之标，毛泽东曾说过：“革命斗争中的某些时候，困难条件超过顺利条件……然而由于革命党人的努力，能够逐步地克服困难，开展顺利的新局面，困难的局面让位于顺利的局面……在相反的情形之下，顺利也能转化为困难，如果是革命党人犯了错误的话。”① 这就是说，导致顺利的努力并不能保证一段时间的顺利之后一定还是顺利。从我国封建社会的历史看，一个封建王朝统一全国后，是可以有一百年至数百年的稳定期的，但秦朝、隋朝却很短暂。这说明，导致统一的努力并不一定能够导致稳定。统一只是导致稳定的因素之一，能否稳定主要还是要看当时的统治者有无稳定统治的正确措施。同样，无产阶级革命的胜利也保证不了嗣后进行的社会主义建设就一定能够获得成功。能否成功，还看无产阶级政党能否建立起可以保证使自己制定的路线、方针、政策正确的制度。本何以不能完全决定其标后之标呢？前已指出，“本”之所以能够产生“标”，是因为“本”的自身中存在有矛盾。此“本”自身矛盾运动的结果导致了其“标”的产生。但“标”要再生“标”，就必须有新的方面加入进来，与它构成新的矛盾统一体，与它相统一、相对立。而新的标也总是可以碰到这种新的因素的。物质世界并存着的无数事物在源源不断地提供着这样的因素。例如，夺取了政权的政党马上就会遇到与被领导的政党、团体、群体的矛盾。在自己内部也会在如何治理国家、如何发展经济等问题上产生分歧。这也就是说，标后还会有标，但这新的标已不完全是由原来的本所决定的了，而是由原本之标与其他本之标结合起来决定的。例如，新的生产力就是劳动者与新的科学技术相结合而形成的。这种情况当

① 《毛泽东选集》第 1 卷，第 324—325 页。

然也表明，旧标之本对于新的标还会有部分的决定。这种决定当然是通过旧标来实现的，但也可看作是它（即旧标之本）的作用，因为这旧标是它创造的。但是，一标之本究竟能给予其标后之标以多大程度的影响，却是很难确定的，以致自然科学所揭示的规律中很少有表示间接联系的两方面之间的关系的规律。这大概就是由于本不能完全决定了其标后之标。这种情况告诉我们，决不能指望以一点努力去获得几倍于它的收获。事半功倍的时候是有的。但这“功倍”是相对于那些做事未用好方法以致功不抵事或事倍功半的情形说的。“功倍”实质上是功事相当。自然，这“事”是以科学巧妙的方法去做的事，以致它所创造的功效要远大于那些以不科学的、笨拙的方法所做的事的功效。同样，我们也不能指望我们在这一历史时期所付出的努力到下一历史时期仍然起到在这一历史时期所起到的作用，那是不可能的。因此，吃老本是靠不住的。你想取得新的成绩，你就必须付出新的努力。你追求的目标愈有价值，你所须付出的努力也愈多。而你所付出的代价越大，你所得到的东西也愈珍贵。自然，努力的方向、方法也必须是正确的。

本不能完全决定其标后之标同时也就是标不完全取决于其本上之本。标只是其本之标，它只完全取决于其本；相对于其本之本，它也就如“将在外”，可以是“君命有所不受”了。但是，从标的角度看其不完全取决于其本上之本与从本的角度看其不能完全决定了其标后之标相比，可以发现，它还是有新的方法论意义的。它表明，要弄清一现象何以具有这样的质和量、性质与规模，等等，首先要做到的是找到其本，而不是直接去找其本上之本。一标与其本上之本当然还是有联系的，还要部分地取决于它，因而探究它也还是有意义的。但是，如果越过其本，把标完全看成是由其本上之本所决定的，就不免要发生片面性的错误了。例如，一个成年人犯了错误，把责任完全归结到客观环境上、外界的影响上，就不能不说是片面的。个人的行为是由自己的思想决定的。外界的影响反映到人们的头脑中，不同的人对于它的态度是不同的。只有完全没有主见或有错误观念的人才会为外界的错误思潮所左右而犯错误，但这同时还是由于自己缺乏主见或有错误的观念，而不完全是由于外界的影响。对立统一规律所说的外因，有相当一部分其实就是标的本上之本。我们根据标本关系提出遇事先要找其本的主张与对立统一学说强调首先应从事物的自身去找原因（即内因）的思想似可以说是一致的。

标和本所以是相对的，是因为任何一个“标本”之环都是世界总体联系或历史总链条中的一环。把这一环和与它相连接的前后之环或左右之环（联系链条有纵向与横向之分）联系起来看，便会发现，本并非一直就是本，标也并非一直会是标。恩格斯曾说过：“原因和结果这两个概念，只有在应用于个别场合时才适用；可是，只要我们把这种个别的场合放到它同宇宙的总联系中来考察，这两个概念就联结起来，消失在关于普遍相互作用的观念中，而在这种相互作用中，原因和结果经常交换位置；在此时或此地是结果，在彼时或彼地就成了原因，反之亦然。”[①]这一论断也完全适用于标和本。在广袤的宇宙和历史的长河中，

① 《马克思恩格斯选集》第3卷，第361页。

被我们称为本的事物或者是由曾是标的那些事物组成的，或者就如既是各自父母的儿女，又是他们自己的子女的父母的夫妻一样一身二任，同时也是别的本之标。例如，决定电流热效应的电流强度和电阻这两个因素，前者又取决于电压和电阻，后者则是导体的长度和横截面积及导体的电阻率等因素之标；反应物的化学性质是决定化学反应速度快慢的基本因素之一，但反应物的化学性质同时又是由这些物质元素的原子结构所决定的。至于标则不仅必定要成为新的本的一个因素，而且可能是在作为其本之标的同时就成了新标之本的一个组成部分。这表明，标和本不仅可以变换自己的身份，而且还可能具有双重的身份，即具有标本两重性。显然，如果我们不用相对的观点去发现和看待标和本，我们就无法确定这一现象究竟是什么，就无法弄清楚一事物是由什么决定的，并能决定些什么，自然也就无法以此为根据来确定解决问题的方法。物理学强调正确地描述物体的运动，就必须选定一个参照物。确定一事物或现象是标还是本，也必须有“参照物”。标和本这两者中的每一者都是对方的“参照物”。两者的相对性是这两者所固有的，也是我们认识它们及它们之间的关系时应当注意把握的。

五　本的构成与因素的作用

本是决定的一方，但构成这一方的却往往不是只有一个因素。本大都是由两个以上的因素构成的。恩格斯说过：“历史过程中的决定性因素归根到底是现实生活的生产和再生产。……但是对历史斗争的进程发生影响并且在许多情况下主要是决定着这一斗争的形式的，还有上层建筑的各种因素”①。就连“劳动生产力”这种事物，马克思也指出：“是由多种情况决定的”②。至于社会的变迁，经济的发展，战争的胜负，人的思想意识的变化等等，所涉及的因素就更多了。自然科学的那些规律中，有的规律中作为本的一方是用一个符号来表示的，如牛顿第三定律的“作用力”，帕斯卡定律中的“加在密闭液体上的压强”，就分别是用“F”、“P”来表示的。但它们也是由多方面的因素构成的。如作为作用力的一种的“重力”即引力，就取决于两物体的质量和两物体间的距离，而压强则又是由压力和受力面积所规定的。即使像“脚气病”、“霍乱病”这类现象，似乎也难说它们就是一因之果（相对于高等动物说，“脚气病”的发生才是一因，即缺乏维生素 B），它们也有机体内部的原因。毛泽东说过：“世界上的事情是复杂的，是由各方面的因素决定的。”③ 这话既是对标本关系的普遍性的肯定，也是对本的组成的一个中肯的表述。

基于上述认识，笔者倾向于采用如下这样一个公式来表示标由本定规律：

$$B = R\frac{S}{I}$$

---

① 《马克思恩格斯全集》第 37 卷，人民出版社 1971 年版，第 460 页。

② 《马克思恩格斯全集》第 23 卷，人民出版社 1972 年版，第 53 页。

③ 《毛泽东选集》第 4 卷，第 1157 页。

式中的 B 为标，R · S/I 为本，R、S、I 为本的构成因素。R 为 B 首先与之有关的常量，I（I、S 是矛、盾两字英文的第一个字母）是 B 与之有反比关系的因素，S 是 B 与之有正比关系的因素。与物理学中那些具有特殊内容的定律所不同的是，I、S 两符号所代表的是矛盾着的对 B 有相反作用的两个方面，两者都是各自方面的构成因素之积（参见本书第六章）。

本是由多种因素构成的这种情况表明，在实现既定目标时，可以从多方面着手去解决问题，也即可以从多方面去创造条件，以实现目的。中国革命所以能够获得成功，就是由于以毛泽东同志为代表的中国共产党人制定了使革命走向胜利的路线、方针、政策，找到了“统一战线、武装斗争、党的建设”这样三个“战胜敌人”的“法宝”。① 中国共产党及其所领导的人民就是靠这些“法宝”战胜了穷凶极恶的敌人的。相比之下，我们对社会主义建设的成功所需要条件的认识却不够充分。“文化大革命”十年，搞了极左革命，忽视了经济建设。在 20 世纪末，由于某些领导同志的错误，又发生了物质文明建设一手硬，精神文明建设一手软的错误。这都是由于没有认识到建设时期社会的进步同样是由多种因素所决定所致。正反两方面的事实已经证明，只有当我们使构成本的各种因素都达到了我们感到满意的程度，我们的事业才会有让我们感到满意的成功。

从多方面着手解决问题、创造条件，在有的人看来是一种麻烦，但对于决心改造世界的人来说，与其说它是一种麻烦，不如

① 《毛泽东选集》第 2 卷，第 606 页。

说它是一种方便。人类改造世界所以能够以无论何时都是有限的能力实现了自己的目的，一个重要的原因，就是由于本都是由多种因素构成的。由于人自身的能力和所凭借的条件的限制，人们改变本的某一因素常常遇到改到一定程度便难以再改变的情况。如在生产氨时，虽然，压力愈大愈有利于氨的合成，但过高的压力设备条件不容易达到，且动力消耗大，生产成本高。在这种情况下，我们可以通过改变其他因素的办法来达到目的。如我们就可以通过改变反应物的浓度、反应的温度、使用催化剂等办法来达到加快反应速度的目的。发明大王爱迪生说过："任何问题都有解决的办法，无法可想的事是没有的。"[①] 只要我们真正地认识了规律，弄清了本的构成，我们也就可以发现，路总是有的。前人所谓"山重水复疑无路，柳暗花明又一村"，就是对这类情形的生动写照。

正由于本是由多种因素组成的，因而相对于由这种本所引出的标来说，只有这多种因素的总和才能称得上是决定的一方。黑格尔说："只有较多的原因在一起，才包含完全的结果。"[②] 同样，也只有"较多的原因在一起"，才可以说它们是这种"完全的结果"之本。至于其中的一个因素，则只能说它是组成决定的一方的因素之一，而不是决定的一方的全部。毛泽东在谈到决定战争胜负的原因时说过："战争的胜负，固然决定于双方军事、政治、经济、地理、战争性质、国际援助诸条件，然而不仅

---

① 转引自王通讯等编：《科学家名言》，第33页。

② ［德］黑格尔著：《逻辑学》下卷，第220页。

仅决定于这些，仅有这些，还只是有了胜负的可能性，它本身没有分胜负。要分胜负，还须加上主观的努力，这就是指导战争和实行战争，这就是战争中的自觉的能动性。”① 但在历史上和现实中却常常有一些人在认识了多因素之本的一两个因素，甚至还只是它的一两个次要的因素之后，便以为万事俱备，连东风也不欠了。以此认识为根据去行事，结果都碰了壁。历史上的一些军队统帅自恃兵强马壮，贸然进攻敌方，结果一败涂地，就是例子。这些教训显然是应当记取的。本既是由多种因素构成的，那我们就不仅要在把握了次要因素之后要下更大的气力去发现构成本的主要因素，而且要在把握了构成本的主要因素后，继续去探究也是它的组成因素的那些次要因素。即使我们这样去做了，也未必就能够做到面面俱到；但对构成本的因素掌握得愈全面，成功的把握性也就愈大，所获得的结果也就愈能使我们感到满意。

然而在过去的很长一段时间里，在哲学界却流行着一种妨碍人们去力求全面的观点。在这种观点看来，一种因素要么就是能够完全决定另一个方面，要么就是什么也不能够决定。能完全决定（其实不能完全决定）了另一个方面的因素就是决定性的因素，而不能完全决定了另一方面而只能够给这一方面以一定影响或促进作用的那些因素则不是决定的因素。如说精神在任何情况下都不能对物质起到决定性作用即是一例。这种观点所以未能得到纠正，一是由于我们对“决定作用”的理解过于狭隘，二是由于我们还未明确地意识到本总是由多种因素构成的。在这样的本之

① 《毛泽东选集》第2卷，第478页。

中,即便是主要因素,也只是决定的因素之一。而对事物的发展、变化能够起到一定影响和促进作用的因素,虽然在对标的全部决定中所起的作用比较小,但它们同样是决定性的因素之一。以决定论的观点看,任何作用都是一种决定作用,区别只在于决定的范围、数量、强度、大小等等不同罢了。科学的态度应当是既肯定主要因素的主要决定作用,也肯定次要因素的次要决定作用。这样,我们才能够防止错误和僵化,在实践中取得优异的成绩。

不过，在肯定能够起到较大作用的和只能起到较小作用的诸因素都是决定的因素之一的同时，我们的确还须去区分这些因素中哪些因素是主要因素，哪些因素是次要因素。一标之本如果是由两个以上的因素组成的，那么其中大都有一个因素是主要的；其他的则是次要的。强调要掌握组成本的各种因素，在某种程度上是因为只有揭示出这些因素，才能够从中找出主要因素。仅仅发现了一个因素，无从发现其主要因素，就有可能把野鸡当成凤凰，让猴子称了大王。但在揭示出其组成因素后，就要进行具体分析，分清主次。工作中的失败或不见成效，有时是由于把无关因素当成了有关的因素；有时是由于未能找全本的组成因素；还有的时候则是由于没有分清主次而平分了精力，甚至是把次要因素当成了主要因素。如说犯罪率的上升是因为人们不懂法造成的即是一例。分清了主次，我们才能够突出重点，抓住关键，分别轻重缓急，使工作有条不紊而又卓有成效地进行。分不清主次，就有可能是眉毛胡子一把抓，结果是什么也没抓住，什么也没抓好。抓主要因素虽不能代替对次要因素的解决，但若抓住了主要因素，也就可以获得基本的成功。

另一方面，我们又应当看到，主要因素也不是绝对的，而是相对的，是相对于一定时期或一定情况说的。哪些因素是主要的，此一时彼一时，此一处彼一处，往往是不同的。某一因素在此时此地是主要因素，到彼时彼地就未必还是主要因素。环境科学表明，整个环境的质量不是由环境诸要素的平均状态所决定的，而是取决于诸要素中处于“最低状态”的那个因素。一旦提高了它，环境质量立即会有显著的提高。而当处于“最低状态”的那个因素达到了较佳的状态后，原来倒数第二的那个因素就成了处于“最低状态”的因素。这时，这个因素就成了决定环境质量的主要因素。这种情况要求我们在认定哪一种因素是主要因素时要对具体情况作具体的分析，而不能用一成不变的观点去看待它。

除了要注意区分主次，还要注意研究每一因素所能起到的作用。构成本的诸因素中的每一个因素对于诸因素所共同决定的标都只能有部分决定。一方面，我们要肯定它的这种部分决定作用，既不要任意夸大它，也不要有意地去缩小或否认它，而要如实地去看待它。另一方面，我们也要看到，这一因素对总的结果虽只能有部分的决定，但若相对于总的结果中它所能决定的那一部分说，它仿佛就是决定的一方。仅仅由于这种决定是以其他因素的存在为基础的，我们才不说它就是本的全部。但是，对于每种因素究竟能起到些什么作用、能起到多大作用则是我们应当弄清楚的。这样做所以必要，是因为我们的实践活动并不总是要使事物发生质变，或总是要使系统的各个部分都发生变化，许多时候，我们只是想使事物发生量的变化，或只是想使它的某一部分、某一方面发生变化。如果我们可以通过改变诸多因素中的一个因素来达到目的，那就不必兴师动众地使每一因素都发生一番变化。“头痛医头”固不可取，但也不应当是一有疼痛就把人送上手术台，把什么都翻出来折腾一番。遇事即大动干戈，劳民伤财不说，效果也未必好。因此，在找出了决定方面的组成因素并分清了主次后，弄清楚每一因素能决定些什么和不能决定什么，也就成了认识的一个主要任务和努力方向。自然科学中的一些定律表明作为标的对象与作为本的某一因素成正比，与本的另一因素成反比，就是要说明每一因素能给予标以什么样的决定。弄清楚了这些，才算是达到了科学的程度。

六　标由本定与人的主观能动性

标由本定虽是一个普遍规律，但这一规律也像其他层次的规律一样，对于人来说是“中性”的，它既不会自动地有利于人，也不会自动地有害于人。其原因也就在于它只是一种关系，是人的思维对于现实联系的概括，而不是实物、实存或强制力，因此，它也像其他任何一种规律一样，什么也不能决定。能够决定了什么的只是这一关系所概括的两方中的一方即本所概括的能够起到实际作用的物质、能量和以物质为根据、以能量为动力的信息等因素。因此，说历史过程表现着标由本定规律并不意味着说历史会自发地向有利于人类的方向发展。标由本定规律的“存在”虽有助于人们认识、把握和改造世界，但表现着它的事物和运动却不总是有利于人的。标取决于本，但这本却既有可能是好事，也有可能是坏事。“本”产生并决定着“标”，但这种产生和决定却可能是使坏事变成好事，也可能是使好事变成坏事；当然还有可能是好事引出好事，坏事导致坏事。本决定标并不意味着一定会有好的或使人感到满意的结果产生。标由本定所以能够被称为普遍规律，并不在于它能决定了什么或它能够有利于人，而在于不论在什么样的情形中，标都是由本决定着的，在于物质世界到处都有它的表现形式，在于它是遍及世界的一大类型具体联系以及概括了这些联系的特殊关系、一般关系所共同表现着的关系和形式。

可以使我们感到宽慰的是，标由本定规律虽不能使事物的存在和发展有利于人，但它也决不妨碍人们实现自己的目的。虽然，标是由本所决定的，但本却不是不可改变的，而是可以为人所改变的。过去，我们常听到这样一种说法：既要尊重客观规律，又要充分发挥人的主观能动性。这种说法其实是含糊不清的。尊重要怎么样？是要顺应，还是要服从？还是要按照着办？倘若是这样一些意思那可就错了。规律对于人来说只是一种一般的、“中性”的关系，并不能为我们所顺应、服从和按照着办。如果这样说只是想强调说我们不能无视规律，而要正视规律，那还可以说得过去。但这种说法总是要给人留下这样一种印象，即规律概括不了人的努力，人总是在规律概括的现象的范围之外，规律总是不涉及人的。假如有人要肯定这一点，那我们就要指出，这种观点可是片面的。规律并不全都是不涉及人的，人的努力也不是规律所概括不了的。人可以通过改变物质世界中的“本”而达到改变其“标”的目的，也可以成为“本”而引出

“标”。在历史发展的过程中，人以一定方式进行的活动，就是决定的一方。“历史不过是追求着自己目的的人的活动而已。”[①]“历史必然性的思想也丝毫不损害个人在历史上的作用：全部历史正是由那些无疑是活动家的个人的行动构成的。”[②] 社会发展的速度就是由组成社会的人们以一定方式进行的活动所决定的。还在刘秀建立其东汉王朝之时，割据陇东的隗嚣就已对还该不该是姓刘的坐天下提出了疑问。[③] 他的怀疑是有部分道理的。历史虽留下了一些有利于西汉刘姓宗亲重新上台的条件，但这种条件对于后来的局势却只能有很小一部分的作用，它并不能完全地决定了西汉以后的王朝一定应当是西汉刘氏的后代来统治。已经做了皇帝的刘玄，没多久便失败了的事实便是证明。但是，隗嚣没有看到，当时别的集团没有而只有刘秀集团制定了相对于夺取政权来说是正确的政治、军事和组织路线，以致姓刘的重新统治天下就成了必然的。这一事实以及其他朝代的事实乃至我党取得新民主主义革命胜利的事实都说明，在社会历史领域内，人的努力也是决定性的因素，而且是主要的因素。一地一时期的必然大都不是由前人或外人所造成的，而主要是由当时当地的人所造成的，主要是当时之本之标。因此列宁强调要取得革命胜利，除了

---

① 《马克思恩格斯全集》第 2 卷，人民出版社 1957 年版，第 118—119 页。

② 《列宁选集》第 1 卷，人民出版社 1995 年版，第 26 页。

③ 见蔡东藩：《中国通史演义·后汉书》（上），上海文化出版社 1979 年版，第 16 回。

需要有革命的客观形势外，还需要有成熟的主观条件。[①] 国际主义战士白求恩说过的一段话也是极有见地的。他说，新中国“之能否诞生，取决于我们今天和明天的行动。它不是必然的，它自己是不会产生出来的。它必须用我们大家的鲜血和工作去创造……唯有这样，它才能成为必然的。”[②] 我们也承认，物质世界的绝大多数规律的具体表现形式是外在于人的。然而，就是对于这类规律所概括的对象，人们仍然可以通过调整、改变决定的一方的办法来达到调整、改变被决定一方的目的，也即可以通过治本的办法来达到治标的目的。事实上，每一项真正成功的活动都是人们从根本上解决了问题即治了本的结果。因此说，客观事物的存在和运动表现着规律这种事实的存在与人发挥自己的主观能动性并不矛盾。相反，人的活动，不论他们怎样去做，都在表现着规律。客观规律同时也是对人的活动的概括。标由本定规律不仅不妨碍人们发挥自己的主观能动性，而且还是人们迈向自由王国的交通图。只要你掌握了它和它在你实践、研究的领域的那些较为一般的表现形式（即特殊规律和具有普遍性的联系），你也就知道该向哪儿行进了。

那么，在具体联系表现着标由本定规律的情况下，我们应当怎样去发挥自己的主观能动性呢？从总体上说，就是人应当以这一规律为根据去确定认识与改造世界的方法。事实上，在我们肯

---

① 见《列宁选集》第2卷，第460—461页。

② 转引自《巨大的鼓舞力量》，载1981年11月14日《人民日报》第7版。

定标由本定是一普遍规律以前很久，人们就已经通过实践或根据已被揭示的标本关系的那些较为一般的表现形式如因果关系等，找到了从本质上说是以这一普遍规律为根据的许多原则和方法。这些原则和方法最先被应用到了认识上。标既有其本，那么，不论我们是想让它再现，还是不想让它再现，是想让它保持还是要改变它现在所具有的量，都必须找到其本。这样，我们才能够知道应当用什么方法去实现目的。这就是要从后到前，由标到本。牛顿所谓“从结果到原因，从特殊原因到普遍原因”[①]，就属于这样的认识方法。本既有其标，那么，我们在决策和行动之前，就要预测与我们所从事工作有关的事物的发展趋势，就要估计我们实施决定的行动会引出什么样的后果和反应。古人说过：“人无远虑，必有近忧”，“凡事预则立，不预则废”。只有预测到了事物的发展趋势和未来可能出现的情况，我们才能够做出先人一步的决策；只有较为准确地估计到我们的行动可能引出的不良后果及这些后果的危害性，我们才能够做到未雨绸缪，制定出较好的预防措施和应急措施。实践已经证明，找到了标之本，我们也就可以知道应当用什么方法去实现目的了；知道了本之标，我们也就可以把行动的副作用降到最小而取得较好成效。所有这些以及前面已经提到的那些认识的原则和方法，就都是标由本定规律可以给予认识的启示。所有这些原则和方法都是与辩证法的联系、发展观相吻合的。这也就从认识论的角度证明了标由本定规

① ［美］H·S·塞耶尔编，王福山等译：《牛顿自然哲学著作选》上海世纪出版集团·上海译文出版社2001年版，第235页。

律的普遍性。历史已经证明，找到了本，我们也就（在人力所及的范围内）可以成为决定者，可以成为如恩格斯所说的自然和社会的主人。而洞悉了“本”能引出什么样的“标”，我们也就可以立于不败之地了。

在实践方面，标由本定规律既向我们表明了若干要实现目的就不能违背的原则，也向我们提示了一些实现理想意图所应当采用的方法。同认识主要是由标到本相反，实践则主要是由本入手的，更确切地说是主要在本上下功夫的。标由本定规律给予我们实践的最为重要的启示是：一定要从根本上解决问题。大量事实表明，有了本就一定要有标。“本”之生“标”，几乎是不可遏止的，往往是我们所无法改变的。但“本”却是我们可以改变的。只要我们改变了“本”，也就等于改变了“标”；也只有改变了“本”，才能够改变了“标”。俗话说：“帮苗要帮根，帮人要帮心”。这里的“根”和“心”就是本。我们强调要抓主要矛盾，也是因为“它的存在和发展规定或影响着其他矛盾的存在和发展”[①]。“头痛医头，脚痛医脚”的做法所以会受到批评，是因为它不能彻底地解决问题。所以会是如此，就是因为它没有抓住根本。“本弊不除，其末难止”，“草不除根，终将复生”，不从根本上解决问题就解决不了问题。如在20世纪80年代，我们曾制定过许多“不许”、“不准”来反对腐败现象和不正之风，但由于未从根本上解决问题，以致“不许”的还没有收敛，“不准”的不正之风就又已出现了。事实已经证明，只有从根本上

---

① 《毛泽东选集》第1卷，第320页。

解决问题才能够真正地解决了问题。因此，不论是古代还是现代，都有许多强调要治本的言论，诸如“治国先治本”，“治标不如治本”，“修其本而末自应”①，“兵民是胜利之本”② 等等即是。这些格言警语告诉我们，不仅克服某些不希望出现的现象要从根本上解决问题，实行釜底抽薪；就是要实现某种目的，也要从根本上解决问题。“工欲善其事，必先利其器”，讲得就是这意思。本似根，标似叶，“根深叶茂”，“本固枝荣”，只有从根本上解决了问题，才能够取得理想的效果。

标由本定规律还告诉我们，必须以实实在在的努力去争取成功。这一规律表明，“标”的量是由“本”的量所决定的。“本”的量小，“标”的量不会大；“标”不能满足我们的需要，是因为“本”的量就不够。谚语说：“气不匀，饭不熟”、“水不紧，车不转”、“功不到，事不成”，说得就都是这个道理。这一道理一方面告诉我们，要使“标”的量适合我们的需要，就必须在改变“本”的量上下功夫。另一方面又表明，要想取得满意的结果，就必须付出辛勤的劳动。科学史上，曾有许多人想制造出一种不耗费能源就可以做功的永动机，结果都失败了。同不耗费能源就不能使机器转动起来一样，不付出艰苦的努力，也不会有什么成绩。因此，毛泽东所说的“一切不经过自己艰苦奋斗、流血流汗，而依靠意外便利、侥幸取胜的心理，必须扫除干

---

① ［宋］苏轼：《上清储祥宫石碑》。

② 《毛泽东选集》第2卷，第509页。

净”[①] 的话，即使到现在，也还是我们应当牢牢记住的。

七 结束语

标由本定规律在早期的人类思维中就已经有所反映了。还在古希腊时期，就有一些哲学家（如留基伯、德谟克利特等）有了决定论的思想倾向。不过，这种倾向同当时的唯物论、辩证法一样是非常原始、朴素的。在中国古代则有“治本”之说。当然，古典意义上的“标”和“本”，确实还未达到现象世界最高本质的水平，决定与被决定关系在这里还只有一点朦胧、微弱的显现。但这显然也是古人的头脑对表现这一规律的那些现象的一种反映，而且也是我们今天能赋予它们以上述新的含义的一个基础。到了近代，朴素的决定论和唯物论像两块白布被同一颜色染过一样，都带上了机械性。机械决定论虽然在历史上起过进步作用，但由于它犯了否定偶然性的错误，而这种错误又被早想置它于死地的非决定论者所利用，以致连它所包含的那些正确的成分也几乎要被否定了。马克思主义对机械决定论采取了科学的态度，它克服了机械决定论的局限性，建立了辩证唯物主义的决定论，科学地阐明了必然与偶然、主观能动性与客观规律性的关系，从而把决定论发展到了一个新的水平上。但是在这以后的很长一段时间内，我们却一直未对决定论作进一步的研究与探索，以致直到今天都未明确地认识到在它的背后还有一个十分重要的

---

① 《毛泽东选集》第4卷，第1181页。

普遍规律。这种情况显然是应当予以改变的。“辩证法”既“是关于自然、人类社会和思维的运动和发展的普遍规律的科学”[①]，那它就不应当把标由本定规律排除在外，标由本定理应成为辩证法的一个主要规律。

① 《马克思恩格斯全集》第20卷，人民出版社1971年版，第154页。

第五章　对应论

函数关系是数学中的一个极为一般的关系。“函数关系的本质就是对应。”① 如果我们用“彼”和“此”这两个抽象到最高层次的规定来表示对应的双方，那么，彼此对应就可以认为是物质世界的一个普遍规律。但是，一种关系能否称得上是普遍规律，并不能靠个人认定，而是要看物质世界的各个领域是否都有其表现。对应关系是不是这样一种关系呢？这是需要证明的。而证明的一个可行的方法就是看自然科学、社会科学和思维科学所发现的规律中是否有一类型的规律在表现着它。现在我们就试着来予以证明。

一　函数关系所表现的普遍规律

集合论诞生以前，数学给函数概念所下的定义是：在某一变化过程中有两个变量 x 和 y，如果对于 x 在某一范围内的每一个确定的值，y 总有一个或多个确定的值与它相对应，则称 x 为自变量，y 为 x 的函数。直到现在，国内的大多数数学教材所采用的也还是这种定义。究其原因，虽是由于这些教材所研究的主要

① 王小铭、徐启荣著：《一元微积分浅析》，第 3 页。

是实数集间的关系，但同时也是由于采用者认为由狄利克雷（首先用对应思想定义函数的德国数学家）所下的这一定义说清楚了什么是函数。但在笔者看来，这一定义的意义还远不止于此，它还是一个藏龙卧虎的解说——它蕴含和表现着一个在笔者看来可以称得上是普遍规律的关系。这也就是对应关系。所谓对应关系，在笔者看来，就是事物或过程内部的不同的侧面（两面的情形较多），通过它们的元素之间的如影随形的互相呼应而表现出的那种可以让人们借助这种呼应来互相判定乃至互相量度的关系。自然，在狄利克雷的定义中，对应关系的两端还局限于实数集。这与对应关系的普遍性是不大相称的。集合论诞生以后，人们又用集合论的语言给函数下了如下定义：在所研究的问题中存在 A 与 B 两个集合，若 A 中每一个元素，都有 B 中的一个或多个确定的元素与它相对应，则称集合 B 为集合 A 的集合函数，记为 f：A→B。这一定义大大地扩展了对应关系所概括的范围，使关系的两端不仅包括了实数集的集合，而且包括了非实数集的集合。它的进步和贡献是应当予以肯定的。但是，用集合论的语言给函数下定义的人们所着眼的仍然是说明函数，而未意识到自己同时也是在逼近对于一个普遍规律的表述。现在，我们赋予“彼”和“此”两个概念以现象世界最高本质的资格，用它们来概括一切有对应关系的这一方和那一方。使此方不仅包括一个自变量（即一元）这种情形，而且包括有多个自变量（即多元）的情形；不仅包括以数值为元素的集合，而且包括以事物乃至事物的属性、质等内容为元素的集合。彼也不仅包括单值和多值等情形，而且包括以事物或事物的属性、质等内容为元素的集合。在此基础上，笔者再试着来给这个笔者自认为是普遍规律的关系作个表述，这就是：物质世界的任何一种事物和过程内部都有互相依存、密不可分的两个方面；其中的一方为此，另一方为彼。对于此方的每一个元素，彼方都有一个或多个确定的元素与它相对应。这一表述虽与狄利克雷和集合论的定义相似，但却有新的说明，这就是指出了对应乃是“事物和过程内部互相依存、密不可分的两个方面”之间的关系，是具有必然联系的两方面所具有的关系，而不是没有必然联系的两个方面所具有的关系。对应关系就是对众多具有特殊内容的必然联系的概括。

二 彼此对应的自然科学证明

在当今时代，说一种关系具有最大的普遍性，也就得看自然科学对它有无反映；若无自然科学方面的证明，这种判断是无法让人信服的。而要从自然科学方面予以证明，最好的办法大概就是看自然科学所发现的规律中是否有某一类型的规律在表现着它。因为自然领域内的无穷无尽的现象已有不小的一部分已被人类所发现的有限的一些个自然规律所概括、所覆盖。我们无法用不能穷尽的现象来检验我们的判断，但却可以借用已被发现的规律来检验这种判断。依笔者管见，自然科学所发现的规律似可分为内外型关系、前后型关系和左右型关系这样三种类型。笔者所以认为彼此对应是物质世界的一个普遍规律，首先就是由于笔者认为自然科学所揭示的这三类型关系中有两类型的关系都在表现着它。

所谓内外型关系，指的是事物的内在根据与其外在表现形式之间的关系，其中的部分内容是物质及其运动与空间、时间之间的关系。现代科学表明，空间是运动着的物质的广延性，时间则是物质运动过程的持续性。由于时空的几何性质取决于物质的分布及其运动，是物质及其运动的一种最基本的属性，因此，笔者认为，似可以把物质及其运动理解为空间时间的内在根据，而把空间时间理解为物质及其运动的存在形式，即外在表现形式。相对论已表明，时间空间离不开物质及其运动，运动着的物质与物质的运动也一定带有空间和时间属性。不过，为了适应研究或实用的某种目的与需要，或是由于所研究的问题本身所具有的特殊性，在有的问题上，人们就可以忽略不计其时间；在另一些问题上，则可以忽略不计其空间，这样，在自然科学中，物质及其运动与时空的关系就包括了物质与空间、物质运动与时间和物质及其运动与空间时间这样三种关系。在这三种关系中，关系的一方都与另一方相对应着。质量与体积的关系（其比值是密度）可以认为是物质与空间的关系，两者就相对应着。数学物理方程中的拉普拉斯方程和泊松方程所描述的是与时间无关的关系，但却是与空间有关的关系，它们所表示的就是物理量与空间坐标(x,y,z)的对应。例如地球周围各点的引力场就和地点(x,y,z)相对应着,而和时间无关。物体在空间上的位移、物质在数量上的变化与时间尺度的对应可说是物质运动与时间的关系。最简单的匀速直线运动的速度定义式：

$$v=\frac{s-s_0}{t-t_0}=\frac{\Delta s}{\Delta t}$$

就已经可以表明了这一点。式中和表示物体运动初始和所到位置的符号 s_0 和 s 分别对应着的是时刻 t_0 和 t；因而，物体的位移 $\Delta s = s - s_0$ 便一定对应着时间 $\Delta t = t - t_0$。自从伽利略决定不纠缠于落体运动加速度的原因，而决定借助于时间来揭示落体是按怎样的数量关系下落的，从而建立了自由落体定律后，这类型的关系便如雨后春笋似的出现在自然科学中。例如，物理学中的质点力学就主要是研究质点的位移是怎样随着时间而变化的，电路问题则主要是研究电流或电压是怎样随着时间而变化的。只有时间这个独立变量的常微分方程所表示的就是这一类型的关系。在数学中还有包含有多个自变量的偏微分方程。这种方程同样是人们对于物质世界的现象与过程的一种反映。在物质世界中，有一些现象的量既与时间有关，又与空间有关。仅用时间尺度或仅用空间尺度均无法准确确定其量。例如，电磁波的电场强度和磁感应强度随空间和时间的变化情况，声场中的声压随空间、时间的变化情况，微观粒子在一定时刻出现在某一空间的概率等等，就是这一类现象。在这一类现象中，表征物质运动的物理量就既与时间又与空间相对应着。许多偏微分方程表示的便是这一类型的关系。除了上述几种关系外，矛盾的倾向与其根据的关系，结构与功能的关系，结构与性质的关系，以及除了物质及其运动与时空以外的其他一些属于事物与属性关系的表现形式，也可以认为是属于内外型关系的关系。这些关系的两方，也都是互相对应着的。如引力（倾向）的大小就与其根据——质量的大小相对应着；每种原子都有与其相对应的特征谱线。由此可以说，内、外两方是相互对应的两方，作为特殊规律与一般规律的那些内外型关系就都是对应关系的表现形式。

内外型关系是每一事物和过程都在表现着的关系。黑格尔就曾说过："内外的同一就是现实。"[①] 但是，事物作为现实的东西，它首先是从过去发展、变化而来的，并且也一定会向未来发展、变化而去。因此，物质世界除了有由众多的事物和现象所表现着的内外型关系外，还有由一个个的过程即一个个的现象与现象的联系所表现着的前后型关系，也即历时性关系。因果关系似可认为就是前后型关系（但前后型关系却并不都能说成是因果关系。如能的转化与守恒和质量守恒一类的规律，因果关系就难以概括，因为它们的内容已超出了指出谁是因、谁是果，然而我们却可以说它们都是前后型关系）。前后型关系首先是标本关系的表现形式（见本书第四章）。但由于标是由本所引出、导致、决定的，本是自变量，标是因变量，对于本的每一个元素，标都有一个确定的元素与之相对应着，因此说标本关系的那些表现形式也都在表现着对应关系。科学史上，曾有人主张把因果关系归结到函数关系中[②]，认为因果关系就是一种函数关系。这很难说是妥当的。函数关系的外延虽比因果关系要广得多，但它的内涵却比因果关系要少。但这种说法表明主张者看到了因果关系与函数关系的共同点，提示了因果关系所概括的那些联系也在表现着函数关系与对应关系。这一点是它的合理成分。物理学中的胡克

① ［德］黑格尔著：《小逻辑》，第 294 页。

② 参见林定夷著：《科学研究方法概论》，浙江人民出版社 1986 年版，第 290 页。

定律、牛顿第二定律、帕斯卡定律、法拉第电磁感应定律、光电效应规律等许多可以说是前后型关系的规律，都被形式化为函数关系式或微分、积分方程式，更是这一点的一个直接的证明。应当承认，前后两方的对应与上述内外两方的对应相比，的确是有其特殊性的。这种对应中有许多对应并不是同时存在着的两个方面之间的对应，而是现存的东西与曾经存在过的东西之间的对应，是人们拿转变为现实的东西的量与曾经存在过的东西的量相比较而得出的结论。如反应前后的质量的对应、转化前后的能量的对应可说就是这样的对应。在这样的对应中，前一方与后一方在量上说是相对应着的，但前一方其实已转化成了后一方。但这种对应仍然是可以成立的，对于人类来说也是有重要意义的。

自然科学中的对应多是数集即量的对应。对应的双方，从数值上说，有相等的。但是，即便量是相等的，也往往由于单位不同而无法画上等号。例如，1 立方厘米的水的重量是 1 克，但两者就无法画上等号。事实上，对应双方的数值也很少是相等的。这种不相等简直可以说是毫无顾忌的。我们只要想想光走 30 万公里所对应的时间只有一秒，那么我们再见到其他种情形的不相等，也就不会感到惊讶了。但是，不论对应双方在数值上的差距有多大，两者却始终是可比的。比的结果就是比值。它表明对应的一方的某种特定的量对应的另一方的量是多少。这种比值就是两个方面存在对应关系的表现。诸如密度、速度、加速度、动量、功率、比热、电场强度、电导率、光亮度等等，就都是这类型的比值。由于对应双方所表示的属性、内容不同，基本单位不同，因而双方的比值的单位即导出单位也不能只是其中一方的单位，而应当是两方的单位。自然科学正是这样解决问题的。例如比重、密度的单位是“千克每立方米”；加速度的单位是“米每二次方秒”；电场强度的单位是“伏特每米”。显然，这些导出单位的出现正是对应关系在自然科学中的反映。物理学的基本物理常数可说是和上述导出单位一样是对应双方相互对应的比值和表现。它们与未成为常数的那些比值的不同之处在于，常数是相对不变的对应双方的比值。这种不变，似可以认为是由对应物自身的性质所规定了的。至于基本电荷、电子的质量、质子的质量等常数，则似乎可以认为是质与量相对应的一种表现。

自然科学中的对应除了数集间的对应外，还有数集与非数集的对应以及非数集间的对应。量与质的对应就是数集与非数集的对应。化学中的元素周期律可说就是这种类型的对应。元素的性质是质集，元素原子序数即核电荷数则是量集。我们过去讲量变质变时常常引用碳氢系列化合物和烷烃系列化合物等实例来说明量变质变。其实，这些例子就是量集与质集对应的表现：一定的量总对应着一定的质，量不同时，质也不同。至于我们也经常说的金刚石与石墨、尿素和氰酸氨等结构不同、性质也不同等实例以及系统论所说的结构不同、功能也不同等情形，则可以归结到非数集的对应中。

非数集间的对应主要是指质（集）与（另一种）质、因与果、结构与功能、结构与质、事物与属性、事物与特征等集合对应中的那些不能或暂时还不能量化的对应。这类型对应在生物学领域内有较多的表现。在这里，除了有许多数集间的对应，如生物群体数量的变化与时间的对应，生物组织对微量元素的吸收随时间的变化等对应外，还有不少非数集之间的对应。如事物与其特征的对应：例如，除了同卵双胞胎或同卵多胞胎外，每一个人都有与别人不一样的 DNA。结构与功能对应：蛋白质、细胞、器官、个体都有其特殊的结构和特殊的生物学功能。结构与质的对应：二十多种氨基酸以不同的顺序排列组合，可以造成千百万种不同质的蛋白质。遗传是对应：种瓜对应着得瓜，种豆对应着得豆。变异也在表现着对应，因为变异也总是有原因的。DNA（脱氧核糖核酸）的准确复制，保证了遗传的相对稳定性；DNA 的突变或重组，则表现为遗传性的变异。在对氨基酸、核苷酸的顺序的测定方面所取得的重大进展，使得 DNA、RNA（核糖核酸）和蛋白质之间的对应关系也有了实验事实的证明。

三　对应在社会领域与思维领域的表现

对应关系为什么会在自然界中有那样普遍的表现？笔者认为，这是由于：（一）物质世界的任何事物都是由别的事物产生、转化或变化而来的。现在的事物是由过去的事物产生、转化或变化而来的；未来的事物又是由现在的事物产生、转化或变化而去的。因此，仅仅从量上说，以后的事物也必定是与以前的事物相对应着的。（二）物质世界的任何事物都有内在根据和外在表现这样两个方面。黑格尔说“凡物内面如何，外面的表现如何。反之，凡物外面如何，内面也是如何。”① 外在表现与内在

① ［德］黑格尔著：《小逻辑》，第 289 页。

根据总是相对应着的。空间，时间与物质及其运动的对应就属于这一类型的对应。（三）世界上的事物不仅都要并都能给予别种事物以作用，而且还都能对别种事物对它的作用做出反应。世界上没有不受外力作用的物体，也没有不能给予别种事物以作用的事物，更没有不具有反应特性的事物。不同的事物对于别种事物作用的反应与作用只有大小之分，而无有无之别。绳锯木断，水滴石穿，湖水印月，空谷回音，说的就是事物的作用与反应特性。反应包括反作用和作用所引起的变化。作用与反应总是相对应着的。（四）世界上的任何事物都有质和量两个方面的规定。一定的质总对应着一定范围的量，不同范围的量也总对应着不同的质。（五）世界上的事物作为整体总是由部分构成的，作为系统总是由要素构成的。因而整体的量便可以通过部分的相乘或相加计算出来；部分的量也可以通过对整体的量的除或减计算出来。部分的量乘以 n 就是整体的量，它表明整体与多少个部分相对应着。整体的量除以 n 便是某一部分的量；它表明一个部分只是整体的几分之一。至于“整体大于它的各部分的总和”（亚里士多德语）中的“整体”则应当是指整体的功能说的。功能与结构的对应则属于内外型对应。

对应的上述几个根源在社会历史领域也毫无例外地存在着，因此在这个领域里也盛行着对应。在这里，也有前后型的对应。新中国成立以后，我国哲学界曾多次进行过关于历史发展动力问题的讨论。很难说这种讨论已使意见趋于了一致。但是，肯定历史发展是有动力的这一点却始终是一致的。这就表明大家都承认社会发展是与动力相对应着的。马克思认为社会的性质和面貌是由生产方式所决定的："手推磨产生的是封建主的社会，蒸汽磨产生的是工业资本家的社会。"① 这也是对应。根据马克思主义关于社会发展动力问题的观点和近代特别是二十世纪以来世界的进步、发展和变化，我们大概可以得出如下结论，即社会的发展除了要决定于生产方式外，还决定于人们的社会活动方式、发展科学与技术的方式和人们在这些活动中所付出的总劳动量。再加概括，似可说，社会的发展就决定于人们为满足自身的需要所付出的劳动量与活动方式。社会发展的快慢就决定于人们所付出的劳动量的多少与活动方式的科学程度。其中，活动方式可说是和劳动量一样重要的因素。活动方式的科学程度高，就可能能够做到事半功倍；反之，就可能是事倍功半。活动方式的科学程度愈高，它与活动量所构成的积也愈大，甚至可使这种积几倍乃至几十倍地增长。这种积可说就是动力大小的数值表示。动力愈大，所造成的社会变化也愈大。这种变化所对应的时间越短，表明社会发展得越快。如果大家同意这种说法，那也就等于同意说，社会发展过程也始终在表现着对应。

在这里，也有内在根据与外在表现的对应。诸如，政治革命、政治改革与时间的对应，政治集团的力量与其组成人员的数量、质量的对应等，就是这样的对应。一个政党进行政治革命或政治改革所以必须要有正确的路线、方针、政策，就是为了取得成功，而且是为了在尽可能短的时间内获得成功。而一个革命政党要领导自己所代表的阶级取得革命的成功，夺得政权，就必须

① 《马克思恩格斯选集》第1卷，142页。

使自己一方成为一支独立而强大的政治力量，为此，党就必须以正确的主张去广泛地动员、争取、组织群众。毛泽东正是看到了政治集团的力量是与其组成成员的数量、觉悟相对应着的，才提出：“我们每个共产党员，都要如和尚念阿弥陀佛那样，随时随地都要念叨‘争取群众’……”①。经济上，自从数学于19世纪后半期进入经济理论分析之后，对应的表现就更多地被揭示了出来。现在经济学中有生产函数、需求函数、消费函数、投资函数、增长函数等类型的概念，表明这些方面都是对应的一方。如，需求所对应的一个主要的因素是商品的价格；居民的消费支出所对应的一个主要因素则是国民收入。在这个领域里也有运动与时间的对应，如个人、企业、社会的劳动耗费与时间的对应，其比值就是（个人、企业、社会的）劳动生产率。也有功能与结构的对应，如国民经济的发展功能就与产业结构、经济结构相对应着。军事上也有对应的表现。一国的军事力量就与军队的数量、质量，武器技术装备的数量、质量以及指挥员的指挥能力、后勤保障能力等方面相对应着。战争的过程也总是与时间、空间相对应着。敌强我弱时，我方在战略上要选择持久战，但在战役和战斗上一般都要选择速决战。这说明，战争的决策者关于战争的决策除了要以双方的客观条件为根据，而且要以战争与时间、空间等方面的对应为基础。文化，按照《辞海》的解释，有广义与狭义之分，但不论是广义的文化还是狭义的文化，都有内容

---

① 转引自萧华：《溦江两岸的春雷》，载《中共六十年纪念文选》，中共中央党校出版社1982年版，第308页。

与价值的对应。先进的文化具有优化人的生命存在，提升人的文明程度，促进社会发展的功能，因而是有价值的，有的所具有的价值还是非常巨大的。落后、腐朽的文化不能优化人的生命存在，不能提升人的文明程度，没有促进社会发展的功能，甚至还会阻碍社会的进步，因而只有负作用和负价值。

在这里，也有作用与反应的对应。“政治是经济的集中表现”①，政治又能给予经济以重要的反作用，从而影响经济的发展，是政治与经济之间发生的对应。恩格斯所说的国家权力对经济发展的三种反作用与它们所造成的结果的对应②，就是这种对应的表现。“枪杆子里面出政权”③，是政治权力的获得依赖于军事、对应于军事的表现。“兵之胜败，本在于政”④，则是军事运动的结果根源于政治、对应于政治的表现。“一定的文化（当作观念形态的文化）是一定社会的政治和经济的反映，又给予伟大影响和作用于一定社会的政治和经济”⑤，是文化和政治、经济之间也会有对应的表现。这些对应虽有不少是历时性（前后型）的对应，但对应规律所概括的对应就包括这一类型的对应。

思维领域内也盛行着对应。韦伯 - 费希纳定律 S = KlgR（S——感觉强度，R——刺激强度，K 是常数）虽还有不足之处，但它指明了人的感觉强度与信息的刺激强度之间有对应关系。这一点还是可取的。皮亚杰的进一步研究则表明，认识、思

① 《列宁选集》第 4 卷，人民出版社 1995 年版，第 407 页。

② 《马克思恩格斯选集》第 4 卷，第 701 页。

③ ⑤《毛泽东选集》第 2 卷，第 547、663—664 页。

④ ［汉］刘安著：《淮南子·兵略训》。

维过程并不仅仅只是S—R（刺激—反应）过程，而是“S→AT→R”过程，这里的“AT”就是皮亚杰所谓个体认识图式对客体刺激的加工与整合。它表明，认识、思维的结果不仅与思维主体接收、贮存的信息有对应关系，且同时还与主体的思维有对应关系。作为结果的认识的价值量的大小，除了要取决（对应）于主体接收和贮存的信息的认识价值，同时还要取决于主体的认识能力，即要取决于主体对信息加工的科学程度（参见本书第九章）。主体的认识能力也决定着思维的效率。这表明，思维也与时间有对应关系，但这不过是思维要产生结果必然要经历一个过程的表现罢了。

四　彼此对应与对立统一

彼此对应规律与对立统一规律一样都是一种抽象的一般关系，而不是实在或实存。因此说它们之间是谈不上有什么联系的。但这两个普遍规律的表现形式却是密切地联系着的。这种联系的表现也就在于，在对应关系的表现形式背后几乎都可以找到矛盾关系的表现形式。例如，自由落体定律表示的是物体下落的距离与时间的对应关系；但物体的下落正是吸引与排斥这两种相反的倾向互相矛盾而吸引成为矛盾的主要方面的结果。而放射性元素原子数的随时间减少（原子数的变化与时间相对应着）则是原子核内发生的排斥与吸引两方面相矛盾而排斥作用增强的结果。恩格斯说："运动本身就是矛盾"[①]。毛泽东则说过："一切事物中包含的矛盾方面的相互依赖和相互斗争，决定一切事物的生命，推动一切事物的发展。"[②] 这都是说运动或变化是由矛盾所导致的。而不论是运动还是变化，都与时间相对应着的。因此我们在这些对应的背后总是可以发现矛盾。这种情形，如果单从对应关系的角度看，可以认为是具体的矛盾运动在表现着对应。矛盾的两个方面都会通过斗争而发生变化。既有变化，也就有速度。这种速度，不是物质数量的增减与时间相对应的表现，就是物质运动的空间尺度与时间尺度相对应的反映。而从对立统一规律的角度说，在对应的背后总可以发现矛盾，则是由于矛盾会导致运动、发展、变化。由于物质的运动过程总要有持续性和顺序性，因而引起了运动、发展、变化也就意味着引出了对应。

不过，要证明彼此对应是独立于对立统一规律的一个普遍规律，更为重要的是要说明它与对立统一规律有什么样的区别。已有同志提出，你所谓的彼此对应与矛盾的同一性有什么区别呢？矛盾的同一性包含有矛盾双方的互相依赖，而你所谓的对应关系的表现形式之一——函数关系在数学中不是也被解释为变量间的依赖或依从关系吗？这个问题提得很好，因为它正是我们所必须说清楚的问题。但我们认为，对应关系是不能归结为矛盾的同一性的。矛盾的同一性，按照毛泽东的说法，包括"事物发展过程中的每一种矛盾的两个方面，各以和它对立着的方面为自己存

---

① 《马克思恩格斯选集》第 3 卷，第 462 页。

② 《毛泽东选集》第 1 卷，第 305 页。

在的前提，双方共处于一个统一体中”和“矛盾着的双方，依据一定的条件，各向着其相反的方面转化”① 这样两种情形。但对应规律却不同于矛盾同一性的这两种情形。因为对应的双方乃是事物的两面，现象的两侧，过程的两端；是如影随形，永不分离的；就如同手心与手背，是一体的两面；因而并不需要什么“存在的前提”。对应关系也不涉及对应的双方是不是或会不会互相转化。对应关系仅只是对大量互相呼应现象的概括，它只管“对应”这一段，至于“对应”是怎样形成的问题，它则不予过问。因此可以认为，对应关系与矛盾的同一性是两码事，是可以明确地加以区分的。

那么，能否因为有相当一些对应是由矛盾双方的相互作用引出的，就否认彼此对应是一独立的规律呢？笔者的看法是，不可以。笔者认为，矛盾虽能够引出一部分对应，但我们仍不能把对应关系归结到对立统一关系中。其原因也就在于：（一）矛盾虽能够引发物质运动、变化过程与时间的对应以及作用与反应、作用与变化等方面的对应，但这是矛盾运动对于对应关系的表现，而不是对应关系的表现形式对于矛盾关系的表现。对立统一规律没有对应的含义，因而这种对应也不属于对立统一规律。（二）矛盾双方在一定条件下的对立和斗争总会引出一定的结果，矛盾运动结果的量与矛盾双方的量也是相对应着的。但这种对应也还是矛盾运动对于对应关系的表现。（三）物质世界除了由矛盾所引发的物质的运动、变化与时间的对应和历时性的对应（即前

① 《毛泽东选集》第1卷，第327页。

后两方的对应）外，还有大量共时性的对应（即在空间上同时存在着的两个不同的侧面之间的对应）。这后一类型的对应与前两类型的对应一样都为存在和运动着的事物所表现着。如在原子内部就不仅有吸引和排斥的矛盾所引发的（历时性）对应，而且有元素的性质和核电荷数这种质与量（共时性）的对应。生物体内既有同化与异化的对立所引发的（历时性）对应，又有结构与功能（共时性）的对应——有一种结构，便有一种功能。若说量与质、结构与功能一类的两方也是矛盾的两方，会使人觉得是牵强附会，但说它们是对应的两方，却是顺理成章的事。

（四）由于矛盾的每一方的倾向的产生，都首先取决于自身的根据——无此根据，就无此倾向；又由于矛盾统一体系统都不是孤立的系统，而总是处在一定环境中的系统。系统中的每一方都与外部环境有物质、能量、信息的交换，因而矛盾的每一方的量都难以与对立方的量有确定的对应。矛盾的双方从量上说只有对比关系（见本书第六章），而无确定的对应关系。因此，我们不能用对立的一方的量去量度和判定另一方的量。小人“以小人之心度君子之腹”所以是错的，就在于小人的度量与君子的度量并无一一对应的关系。孙子所以主张“知彼知己”，也是由于他早已知道不能以己度彼或以彼度己。这也是由于矛盾双方仅仅是具有相反倾向的两方，只有在存在上互相依赖、趋向上互相斗争、地位上互相转化的关系，而不具有别的关系。我们可以说这种倾向是由与它相反的倾向所引出的，但却不能说它的量是由相反的倾向及其根据所决定的。例如，防御可说是由进攻所引出的，但防御的顽强程度、持续时间的长短以及能否坚守到对方无力进攻、知难而退，却不单是由进攻的一方所决定的。根据这些理由，我们说矛盾关系既没有也不可能包括了对应关系。

彼此对应与对立统一所以不能合二为一，根本原因在于这两个规律有如下两个不同：（一）对应的两方与矛盾的两方不同：对应的两个方面不是对立的两个方面，对立的两个方面也不能说成是对应的两个方面。矛盾关系所概括的主要是左右型的关系，它的两方是既对立又统一、既相反又相成的矛和盾；其中的每一方的倾向都是以物质或能量等实在因素为根据的，每一方都是由根据与其倾向所构成的。对应关系所概括的除了内外型的关系外，还有前后型的关系，它的双方是互相呼应、互相表现，并且是可以互相量度的彼和此。（二）对立的两方之间和对应的两方之间所具有的关系不同。对立统一规律表示是矛盾方面之间的既对立又统一的关系，也即有相反倾向的两方之间的关系。它表明："对立面是斗争的，又是统一的，是互相排斥的，又是互相联系的，在一定条件下互相转化的。"[1] 对立的两方从量上说并无确定的对应，而只有对比的关系。对应关系则是指物质世界的事物和过程内部相辅相成、密不可分的两个方面的如影随形的互相呼应、互相表现的关系。对应的两个方面之间也没有什么对立统一关系。由于有这样两种不同，因此，不仅矛盾关系包括不了对应关系，就是对应关系也包括不了矛盾关系。

彼此对应规律所能提供的不同于对立统一规律的方法论意义也在证明着它自己的普遍性和独立性。对立统一学说指出，发展

① 《毛泽东选集》第5卷，人民出版社1977年版，第347页。

是矛盾方面互相依赖又互相斗争的结果，矛盾是事物发展的源泉和动力。但是，现实社会的人们所希望的并不仅仅只是一般的发展和变化，而是要求有较快的发展和变化。怎么才能够知道发展变化的快慢？人们早已知道，拿发展变化与所对应的时间相比，即可知一事物发展变化的速度；再拿此事物在此时段发展的速度与此事物在别时段发展的速度相比，或者拿此事物发展的速度与别地、别国也属于此一类事物的发展速度相比，即可知此事物在这个时段发展得快慢。可见，人们的认识早就已经以对应为基础了。

不过，最为重要的问题还不在于如何知道发展变化的快慢，而在于怎样才能取得较快的发展。对于这一问题，对应规律同样可以给我们以启发。对应规律所概括的大量表现形式表明，对应有固定对应和非固定对应之分。对于固定对应，如质量与体积等对应，当人改变了其中的一方时，另一方也会有相应的改变。而在非固定对应中，如在产品数量同劳动时间的对应（其比值是劳动生产率）等对应中，当人改变了其中一方时，另一方可以保持不变。而在这种对应的两方中也总有一方的量是可以为人所改变的。因此，当此方的量一定时，彼方的量愈大，此方的一个元素所对应的彼方的元素也愈多。表现这种情形的实例是非常之多的。例如，当创造财富的时间一定时，在该时间内创造的物质财富、精神财富愈多，效益也就愈好。因此，采取措施增大或减少对应的一方或两方的量，便成了人们实现目的的基本方法之一。现在人们都已知道。能否在较短的时间内完成较多的工作，主要取决于实践方式的科学程度。因此，科学技术在当今时代倍受青睐。但我国近些年来经济发展的实践又证明，能否及时把最新科学技术应用于生产实践，还要取决于人们有无这样的积极性。大量的事实已经证明，只有在激烈的竞争中人们才能够有这样的积极性。因此，改革不适应生产力发展的旧体制，建立能促使人们都去奋力拼搏的新体制，也就成了今天的当务之急。后面这两个“取决于”虽已属于标本关系的方法论意义范围，但它们同样是以人们对于具体对应的认识为基础的。

五　彼此对应与标由本定

从自然科学所发现的规律中，我们可以发现，其中有许多规律正是对应规律的一部分表现形式。如自由落体定律、匀速直线运动规律、变速直线运动规律、质能关系式，等等，就是这类形式。而在并非直接就是对应关系的表现形式的那些特殊规律中，我们还可以发现，这些规律的一端正是相互对应的两个方面的比值。如牛顿第二定律中的“加速度”，就是“速度的变化与发生这个变化所用的时间的比值”；欧姆定律中的“电流强度”则是“通过导体横截面的电量跟通过这些电量所用的时间的比值”。与这种比值相关联的另一端是什么呢？我们可以看到，这另一端往往正是由互相矛盾着的两个方面所构成的。如与加速度相关联的是对加速度起着相反作用的“合外力”与物体的质量；与电流强度相关联的则是互相矛盾着的电压与电阻。这说明，自然科学中的规律在表现着对应关系的同时，也在表现着对立统一规律。那么，在对应的比值与矛盾着的两方面之间又存在着什么样的关系呢？比较一下这些规律，我们便会发现，对应比值几乎都是被决定的一方，而矛盾着的两方面则构成决定的一方。由此可见，决定性关系在自然科学所研究的领域内是普遍地被表现着的。在社会领域内是否也是如此呢？马克思主义的历史决定论表明，决定性关系也为社会领域内的现象所普遍地表现着。因此，笔者认为，决定与被决定关系是物质世界的一个普遍规律。笔者称被决定的一方为标，决定的一方为本；两方之间的关系也就是标本关系，称之为标由本定规律（见本书第四章）。笔者认为，决定论实际上就是人们对这一规律的某些具体的表现形式的一种概括与反映。

彼此对应与标由本定在超经验的水平上同样是没有什么联系的。但在经验的水平上，两个规律的具体的表现形式却同样是密切联系着的。这种联系除了表现在作为被决定的一方的标往往正是对应的此方与彼方的比值外，还表现在本产生和决定标的过程总是要表现为标的元素与本的元素的一一对应，以致于两个方面的一一对应竟成了人们发现这两个方面具有标本关系的一种条件。“春城无处不飞花”（唐·韩翃诗）与“秋尽江南草木凋”（唐·杜牧诗）一样表现着气温对于植物生长的决定作用。“有志者事竟成”（《后汉书·耿弇传》）与“人无志不立”则表明了人的成就的有无与大小要取决于他的奋斗目标的有无与高低。也正是由于有了“种瓜得瓜，种豆得豆”，“种牡丹得花，种蒺藜得刺”一类的对应，前人才能够得出“物种能够遗传”的结论。两方面若未呈现出对应，那么这两个方面也一定没有标本关系。例如，因为“有鸡叫天明，没鸡叫天也明”，我们因此不能说天明就取决于鸡叫。物体下落的速度既然不随物体重量的增大而加快，那么这两者之间也就没有标本关系。正由于两个规律的表现形式有这样的联系，因此早在 17 世纪，英国哲学家弗兰西斯·培根就提出了借助对应来探求因果联系（标本关系的一部分表现形式）的“三表法”。到了 19 世纪，英国哲学家穆勒又把它们发展成为“穆勒氏五法”。近现代认识的许多实例表明，这的确是一些行之有效的认识方法。

也许有人要问，既然标常常就是对应的两方面的比值，作为标本关系的一般表现形式的那些特殊规律又都是对具体对应的概括，那么，可否像西方有的哲学家和科学家主张把因果关系归结为函数关系那样，把标本关系包括到对应关系中呢？笔者认为，这是不可行的。我们说标本关系类规律是对具体对应的概括，并不是说对应关系是标本关系的基础，不能理解为没有对应也就没有标本关系。其实，两方面之间所以有标本关系并不是由于两个方面有对应关系。恰恰相反，标本关系类规律的两个方面是因为有了标本关系才有了对应关系的。标与本的那些现实的表现形式所以会有对应，是由于“标”是由“本”所引出、导致、产生的。由于“标”的每一个元素都是从本那里来的，因而由“本”到“标”的过程也必然要表现为“标”与“本”在量上的对应。这种对应不过是本决定标、标取决于本的一种表现罢了。显然，“本”的创造才是标本双方相互对应的基础。标本关系的表现形式同时也在显示着对应虽在客观上起着证明对应关系具有普遍性的意义，但标、本并不就等于是彼、此。从两个规律所揭示的关系的层次上说，标由本定规律可说是更深一层次的规律。对应的双方从量上说是无所谓相等还是不相等的，双方的地位是平等的。数学中虽有自变量和因变量之分，但二者又可互换。因此，彼此两方就像“彼此彼此”这一常用语所表示的“大家都一样”的意思一样，分不出什么高低来；也像按姓氏笔画排列的人的名单显示不出谁是重要人物一样，分不出孰轻孰重来。相对于一方因此可以量度另一方说，这是优点；但若相对于说明双方的作用说，这则是缺点。标本双方就不同了，虽然“本”产生“标”的过程也表现着对应，但两方之间首先具有的却不是对应关系，而是决定与被决定关系，也即标本关系。这种关系明确地表示了标本双方在关系中的地位。与对应规律相比，不论是关系，还是关系的两方，其“内涵”都更多了一些。人们知道了哪一方是决定的一方后，解决问题时，也就知道该从何入手了。如果硬要把这样一个更为深刻的规律合并到对应规律中，那么，现实联系所表现着的决定的一方与被决定的一方的区别和两方面间具有的决定与被决定关系也就要被忽略，以致散失。它的方法论意义，诸如认识要由标求本，以求知道怎样才能使标再现或不能再现；要由本去预测其标，以便未雨绸缪；要弄清本的构成，以便找出解决问题的方法；要弄清构成本的主要因素，以防止平分精力；要从根本上解决问题，以求彻底解决问题；要通过改变本的量去改变标，以使标适合我们的需要，等等，也就会因缺乏根据而难以为人们所接受。因此这样做是不妥的。

那么，我们能不能因为表现着标本关系的那些具体的对应是由本的创造所引出的，就把对应关系归结到标本关系中，使它成为标本关系的一个子关系呢？笔者认为，这也是不可行的。这是因为，“标”与“本”在量的方面的对应虽然在表现着标本关系，但这并不意味着对应就不能离开标本关系而成为一个独立的关系。其实，对应规律所概括的标与本的对应仅仅是对应关系的一部分表现形式，尽管这是相当巨大的一部分，但也还是全部对应的一部分情形。前已说明，物质世界有多种类型的对应。虽然标本对应在共时性对应中也有表现，如牛顿第三定律属于标本关系类规律（作用力决定反作用力），又表现为共时性的对应。然而还有许许多多的共时性对应的两方之间并没有标本关系。诸如数学中的面积公式、体积公式所表示的空间尺度间的对应；物体下落的距离与时间的对应；化学元素的性质与核电荷数的对应；被爱因斯坦称作“一个钱币的两面”的质量与能量的对应；量子力学中的波函数 ψ（x，y，z，t）所表示的微观粒子的运动与三维空间（x，y，z）、一维时间（t）的对应；经济学中的劳动生产率表示的生产的产品的数量与时间的对应；等等，就未涉及哪一方是本的问题（人们因此也不问这些关系中有无标）。这些对应的双方是并驾齐驱的两方。我们可以用其中的一方来量度另一方，但却不能说其中的一方是由另一方所决定的。物理学虽常说某一方面是随时间变化的，但时间并不能决定这一方的变化。这一方的变化乃是这一方自身的变化，只不过是借助作为物质运动过程的持续性和顺序性的时间来量度它罢了。但对应规律却可以概括了所有这些对应。对应关系所以有资格被称为普遍规律，就在于它不仅存在于所有历时性关系的两端之间，而且还为内外型关系所直接表现着。正因为如此，它也就有了标本关系所不能给出的方法论意义。我们在下一节所要谈到的许多方法便是根据对应关系以及表现它的特殊规律提出的。这些方法虽早已被人们在实践中所应用了，但把它们与对应规律联系起来，对于这些方法为人们所自觉地运用，还是不无意义的。因此，若硬性地把对应关系归结到标本关系中，那么，不仅存在着彼、此与标、本不合，彼、此并不都是标、本的问题，而且会使物质世界的那些并不表现标本关系，而只表现着对应关系的大量具体联系失去了纲而成了无纲之目，以致又成了一盘散沙；而它的方法论意义也因此无从谈起了。这显然也是我们所不愿意看到的。

彼此对应与标由本定所以都不能够包括了对方，原因同样是由于这两个规律有如下两个根本性的不同：（一）有关系的两方面不同：标本关系的两方是标和本；对应关系的两方则是彼和此。这彼和此所概括的对象虽有不少就是标和本的表现形式，但彼、此并没有标、本所具有的内涵，且还有许多可以为彼此所概括的对象并不是标和本的表现形式。（二）两方之间的关系不同：本与标的关系是决定与被决定关系，彼和此的关系则是互相呼应、互相表现的关系。从外延方面说，对应关系的外延要大于标本关系的外延：有标本关系的两方在量上一定有对应关系，有对应关系的两方之间却未必一定有标本关系。但从内涵方面说，标本关系的内涵却要比对应关系多。两个关系的外延与内涵如下图：

对应关系与标本关系的外延与内涵对比图

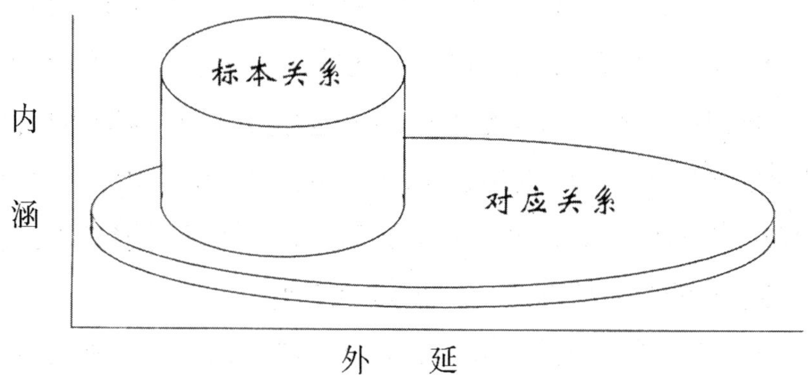

正由于两个规律有这样的不同，因此两个规律的形式表示也应有一定的差别。由于标就是本的构成因素的商或积，因而标和本两方可以不必通过别的中介而画上等号，只要本这一方的构成因素有恰当的单位即可。如果以自然科学所揭示的标本关系类规律的数学表达式为基础来给标由本定规律设计一个形式表示式，那么我们似乎可以用 B 来表示标，用“R · S/I”来表示本（R、S、I 为本的构成因素），那么，标由本定规律就可表示为：$B = R\frac{S}{I}$。“=”表示双方的量相等。如果我们用 y 和 x 来表示彼、此双方，那我们就不能笼统地在它们之间画等号了。虽然，数学和物理学也常用函数关系来表示标本关系，但在这类规律之外还有大量非标本关系类对应。这后一类对应的双方不仅在量上相等的时候很少，就是数值相等，单位也不同，因而人们无法笼而统之地说 y 和 x 是相等的。集合论和数理逻辑用“→”表示对应，用“⟷”表示一一对应，其原因可能就是由于我们不能简单地在对应的两个方面之间画上等号。对应规律似可用“$y=f(x)$ （$x\in A$，A为函数的定义域，即x的变化范围）”来表示。但$y=f(x)$并不表示彼等于此，而是表示彼等于它自身，y就是$f(x)$，$f(x)$就是y。这一公式能说明y是x的函数，y是随x的变化而变化的，y与x有对应关系，但却未说y与x是否相等。这种既表明两方有对应关系，又不武断它们是否相等的表示方法，正是对大量不同的对应情形的一种正确的反映。

讨论了上述三个最一般关系的区别后，关于三个普遍规律的覆盖范围问题也就可予以说明了。我们在前面曾说过，物质世界有前后，左右和内外三种类型的关系，并且已指出，标本关系所概括的主要是前后型的关系，矛盾关系所概括的主要是左右型的关系，对应关系所概括的则既有内外型的关系，也有前后型的关系。需要回答的问题是，只概括了一类型或两类型关系的规律能否被称为普遍规律？笔者反复思考后的看法是，可以。原因是，虽然它们只概括了一类型或两类型的关系，但每一类型的关系所覆盖的都是整个世界，或者说是物质世界到处都有表现这类型关系的现象。如果我们把存在并运动、变化着的物质世界抽象为一个最一般的正方形模块，用它来代表世界，那么，可以概括了这个世界的联系的最一般的规律与世界的关系就如下图：

普遍规律与物质世界关系图

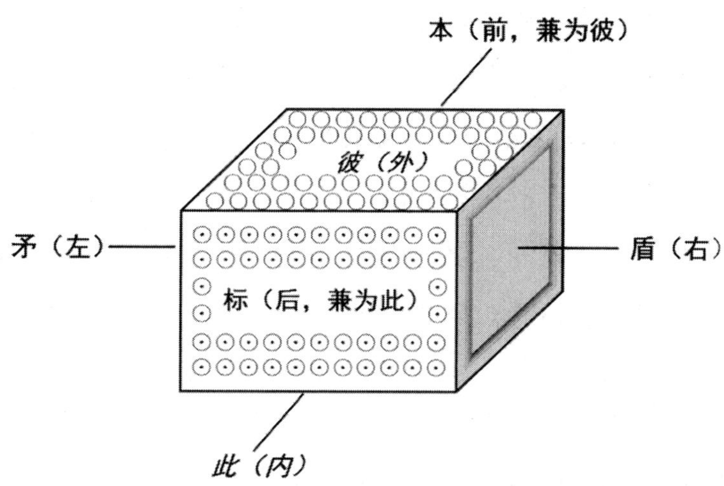

说明：⊙表示被决定的一方与决定的一方之间除了有标本关系，还有对应关系。

从上图可以看出，一类型的关系虽然只是从一个侧面来反映这个模块的，但却可以概括了整个模块。这个模块的 6 个面正好就是三个普遍规律的两端，每一端都概括了它所覆盖的那些特殊规律的一方。这也就是我们认为这三个最一般的关系可以被称之为普遍规律的原因。

六　彼此对应的认识与实践启示

彼此对应规律可给予人们认识与改造世界的活动以重要的方法论启示。对应规律是对千百万表现着特殊对应关系的联系的概括，因而是客观的，这也就使得它能成为认识的一个前提与基础。俗话说："河有两岸，事有两面。"彼此双方就是事物、过程内部相辅相成的两个方面。两方是你中有我，我中有你，互为表里的。$y=f(x)$，不是彼等于此，而是彼等于它自身。但这一关系式又表示“y是x的函数”。y的值由x规定，是随x的变化而变化的。$f(x)$既依赖着x，又表现着x。这也是物质世界的任何事物和过程都具有的特性。思维要正确地反映世界，就须如实地反映这两方及其关系。这两方及其关系并不只是认识所要解决的困难和问题，它首先是认识能够有科学成果的基础和前提。我们都知道，比较是人类认识世界的一个基本方法；而比较在许多时候就是以对应为基础的。试想如果没有体积与质量的对应，我们就无法知道物质的密度，就无法判断是金子的密度大，还是银子的密度大。同样，如果没有时间与物体运动的路程的对应，我们也无法计算出物体运动的速度，在兔子、乌龟不在同一个地方运动时，就不知道是前者跑得快，还是后者跑得快。正由于世界时时处处都在表现着对应，我们才能够认识了世界。

对应又是认识的途径和渠道。随着人对世界认识的深化，人们发现，物质世界不仅存在着历时性的前后型对应，而且还有共时性的内外型对应。因此，人的认识不仅可以从后到前或从前到后，而且可以从外到内或从内到外。而在相互对应的两个方面之中，相对来说，又总有一方是较易知的。因此，人的认识就可以从已知的或易知的一方入手，去找出另一方，进而求出两个方面之间的关系。门捷列夫在谈他怎样发现元素周期律时说：“最初在这方面所做的尝试是这样：我从最小的原子量选取了元素，并把它们按原子量大小的顺序排列，发现元素的性质好像存在着周期性，甚至元素的化合价也是一个接一个按它们原子量的大小形成算术的序列。”① 这就是通过整理对应的一方从而暴露出对应的另一方乃至发现规律的一个好例子。我们还可以通过考察在此方的元素多次出现的情况下，哪种元素是如影随形地随之出现的；考察当此方发生变化时，什么情况在跟着发生变化；由此来探求因之果或果之因、标之本或本之标。而当我们实现了由此达彼后，就可通过进一步的实验和研究，概括出对应双方相互对应的“通项公式”，也即从具体对应进到一般对应。有了这种一般的“通项公式”后，知道了一方，也就可以根据公式计算出另一方。此时，由此达彼也就如同过桥一样容易了。例如，通过自由落体定律的数学表达式：$h = gt^2/2$，可以很容易地算出落体在已知时间内下落的距离。知道了球的半径，通过球的体积公式：$V = 4\pi R^3/3$，也就可以求出球的体积。借助于历时性对应的关系式，还可以根据现在去预见未来。只要对现在的了解符合客观实际，对不远的将来的预见也会是有一定的可信度的。

对应规律还表明，当着彼此双方作为两个集合相对应着时，两个集合的每一个元素也都对应着。如果把彼此两方比作两条线，那我们就可以说，当着两条线相对应着时，两条线上的每一个点都对应着。因此，当着我们想了解包含着对应的事物或过程在某一点的状况时，我们便可以通过此方求出彼方并求出双方的比值，然后再使此方趋于一个点而使彼方也趋于这个点，从而求出两方在这个点的比值来达到目的。而当我们只知或只能通过划

---

① 转引自凌永乐：《化学元素周期律的形成和发展》，科学出版社1979年版，第36页。

整为零的方法知道彼此两方在每个点上相对应的值，而不知或无法直接计算出彼此双方所表现的整体的值时，我们又可以通过积每个点对应值之“零”为整的方法求得这种值，或通过原函数的方法来求得这种值。这就是牛顿和莱布尼兹发明的微积分告诉给我们的方法。微积分的发明乃是人类认识史上的一大创举。恩格斯指出：“只有微分学才能使自然科学有可能用数学来不仅仅表明状态，并且也表明过程：运动。”① 有了微分法，函数的最大值、最小值也可以很容易地求出了。这可以回答怎样使“产品最多”、“用料最省”、“效率最高”、“成本最低”之类的问题。有了微积分，用常微分方程和偏微分方程来描述运动并通过解这种方程去求未知函数的方法也创造了出来。这些方法所以能够在科学与技术中屡试不爽，处处灵验，发挥出巨大作用，也就在于它们所根据的对应关系乃是物质世界的一个极为普遍的关系。

对应规律还告诉我们，只有当两个方面是相互对应着时，我们才能用其中的一方来量度另一方，这时的量度也才是可以信赖的。这一点，对于我们的认识也有重要的启示。我们的认识的直接目的是要如实地反映客观世界，既然如此，我们最终求得的作为结果的认识（即作为名词的认识）就必须与客观实际相对应。爱因斯坦就有这样的主张，他说：“虽然概念体系本身在逻辑上完全是任意的，可是它们受到这样一个目标的限制，就是要尽可

---

① 《马克思恩格斯全集》第20卷，第616页。

能做到同感觉经验的总和有可靠的（直觉的）和完备的对应关系”①。一种理论只有达到与可以再现的实验事实或实践经验相对应以至可以互译的程度,才能称得上是严密、科学的理论。马克思主义者主张从实际出发、实事求是,从物到感觉和思想,其目的就在于使认识、理论与客观实际相对应。

对于实践，对应规律也有不同于它对于认识的方法论启示。对应规律表明，在固定对应一类的情形中，当着作为自变量的此方发生了变化时，作为因变量的彼方也要发生变化。因此，同认识可以由此达彼相似，实践也可以通过改变一方来达到改变另一方的目的。以后的事物既然是由以前的事物所引出的，以后的事物的量总是与以前的事物的量相对应着，那么，要使以后的事物的量合乎人的要求，那就要从改变、调整以前即当前的事物的量去入手。这也就是说，人可以从改变现在的事物入手去影响未来，使将要出现的事物或它所具有的量合乎人的需要。同样，由于反应总是与作用相对应着的，因而要使事物表现出符合我们愿望的反应，我们就应给予事物以能够引出这样的反应的作用。要使自然或社会产生有利于人的变化，我们就必须给予能使自然或社会发生这样的变化的作用。事物的外在表现既然总是与其内在根据相对应着，那么，要使其外在表现能够使我们感到满意，就要设法去改变其内在根据。例如，要使一系统具有了我们所需要的功能，就要去改变其要素和结构；要使一个人有符合社会需要的行为，就需要使他具有能够导致这种行为的思想。既然一定的

① 《爱因斯坦文集》第1卷,第5—6页。

质总对应着一定范围的量，我们就可以通过改变与质相对应的量去实现改变质的目的。改变了量的序列（集合）中的某个元素的量，也就改变了质的序列中与此量相对应的元素的质；这种方法所以有其意义，是因为相互对应的两方并不总是同样容易加以改变的；而往往是一方较易改变，另一方则较难改变，甚至无法直接加以改变。例如，整体与部分两方面中，改变构成整体的一个又一个的部分就比一下子去改变整体要容易得多。“集中优势兵力，各个歼灭敌人”的战术所以能够在革命战争中屡建奇功，就在于它是从改变、减少敌方的部分入手的。今人的努力所以能够影响未来，在于未来是以现在为依存的。我们虽不能直接地去改变未来，但却可以抓住今天，奋发努力，从而使未来变得更加美好。

人的实践活动对对应关系的表现是多方面的。实践的价值可说就是实践主体在实践中所付出的劳动量 W，实践的价值系数 U（$U = d \times c$，d 为实践的复杂程度，即最简单劳动的倍数，$d = 1, 2, 3 \cdots n$；c 为此种实践的社会需要程度，其值拟为：$-1 \leqslant c \leqslant 1$）和实践方式的科学程度 M 的函数，若用 E 表示实践的价值，则实践的一般规律也就是：

$$E = WUM$$①

拿这一函数与时间作比（因为实践始终与时间相对应着），就可得出实践的单位时间价值。这种价值可说就是实践效益的数值表示。显然，完成一项任务所用的时间愈短，实践的效益也愈好。

---

① 参见拙文《不同人生的共同规律及其启示》，《晋中学院学报》2015 年第 5 期，第 16 – 21 页。

因此，当今世界到处都在争时间、抢速度，力求以较少的时间投入获得较多的收入。至于个人或团体在较长时期内为社会所做的贡献的价值，则可以认为是实践的单位时间价值与时间的乘积。在实践的单位时间价值确定之后，贡献的多少也就要取决于活动时间的长短了。因此，谁要想为社会做出较多的贡献，谁就应当在有可能的情况下对实践进行选择；就不仅应当奋发努力地去行动，而且应当力求以科学的理论和方法去指导行动；并且还须强化理想、增强体质，以争取能以充沛的精力为社会持续工作较长的时间。

七　结束语

数学在自然科学和社会科学的许多学科中的卓有成效的应用，已使人们敢于断言："我们生活在受精确的数学定律制约的宇宙之中"①。"自然界是可以想象到的最简单的数学观念的实际体现。"② 贯穿在数学全部内容中的对应关系，可说正是哲学所要寻找的普遍规律。这一关系在这么长的时间里未被人们确认为普遍规律，大概与人们的下面这种不当的看法有关，这就是认为规律愈普遍，也就愈复杂。这种看法恰恰违背了人们所发现的规律应当符合的简单性原则。爱因斯坦说过："把表面上复杂的自

① 引自王梓坤《今日数学及其应用》，载《自然辩证法研究》1994年第1期，第3—17页。

② 《爱因斯坦文集》第1卷，第316页。

然现象归结为一些简单的基本观念和关系……是一切自然哲学的基本原理”。[①] 这也是我们建立普遍规律所应遵循的一个基本原则。怀特海曾说过：“有限本质上涉及一个无限的背景。”[②] 对应关系虽然简单，但它所涉及的事物、现象的范围却是任何一个特殊规律都无法比拟的，因此，我们也应当让它在“关于自然、人类社会和思维的运动和发展的普遍规律的科学”[③] 的辩证法中占有一席之地。

---

① 《爱因斯坦文集》第 1 卷，第 375 页。

② 转引自《数学与文化》，北京大学出版社 1990 年版，第 9 页。

③ 《马克思恩格斯选集》第 3 卷，第 484 页。

第六章　矛盾形式论

在近代，当着自然科学与社会科学在攻克一个个难关而艰难地行进着时，离开了具体内容而纯粹形式化了的数学则像铁人三项赛中的那个最先游出大海并已开始飞车疾驰的运动员一样，把其他学科远远地抛在了后面。以致在科学史上，曾多次出现过这样的情形：当着人们经过艰苦的探索做出了全新的发现，进而去寻求这种发现的数学表达式时，方才发现，数学早已为这种发现准备好了形式。笔者在近年来的学习中发现，对于对立统一规律，作为“辩证的辅助工具和表现方式”① 的数学和形式化程度比较高的自然科学也可以提供这种形式化的服务。在笔者看来，这种形式化尝试，非但可以加深我们对于这一规律的理解，而且还能够使它提供出更多的方法论启示。

一　矛盾方面的构成与形式表示

要用一种形式来表示对立统一规律，首先应当弄清矛盾的两个方面是由什么构成的，应当用什么样的形式来表示。而要弄清楚矛盾方面的构成，首先需要回答的一个问题是：矛盾方面是实

① 恩格斯语，《马克思恩格斯选集》第 4 卷，第 259 页。

体呢，还是倾向（或趋向）呢？毛泽东在《矛盾论》一文中，既把无产阶级、资产阶级、地主、雇农、原告、被告等实体看作是矛盾方面，也把胜利、失败、作用、反作用、顺利、困难、生、死、祸、福等倾向或趋向看成是矛盾方面。新中国成立后，国内哲学界曾有过关于矛盾是实体还是关系的讨论，但关于矛盾方面究竟是什么的问题，笔者却未见有过讨论。其实,弄清楚这一问题还是有意义的。这不仅是因为规律是“本质的关系或本质之间的关系”①,理解规律首先需要理解本质,而且还由于我们要解决矛盾,就必须清楚矛盾方面究竟是什么及其构成怎样。

现在我们已经知道，一事物或事物内部的一个方面所以会与别事物或另一个方面发生矛盾，是由于这一事物或这一方面在一定的条件下产生了某种倾向或趋向。这种倾向或趋向实质上是事物或方面内部的各要素在一定条件下发生相互作用的表现。如化合就是原子或化合物发生电磁相互作用的表现。这种相互作用的发生和进行总是在创造着对立倾向的根据，从而导致对立倾向的产生。以致可以说，只要有一种倾向产生，也就意味着矛盾产生。甚至就连一事物或事物的一个方面自己所引出或创造的事物或方面，也会反过来与自己相矛盾。恩格斯就曾指出：“一种历史因素一旦被其他的、归根到底是经济的原因造成了，它也就起作用，就能够对它的环境，甚至对产生它的原因发生反作用。”②化合所产生的生成物反过来要分解而与化合相对立，也是实例。

---

① 《列宁全集》第55卷,第128页。

② 《马克思恩格斯选集》第4卷，第728页。

因此，我们说，没有倾向就没有矛盾；倾向或趋向是矛盾方面之成为矛盾方面的一个基本条件。

但是，如果我们像有的哲学论著那样，把倾向理解为矛盾方面的全部，那也就走向了片面。任何一种倾向都不是无源之水，无本之木，而是与物质实体密切地联系着的。正如没有物质也就没有什么力一样，没有物质实体，也不会有什么倾向。倾向首先是物质实体的本性的表现，这种表现始终是以物质实体为根据的。例如，化学中的化合就是以单质或化合物为根据的，分解则一定是以化合物为根据的。万有引力定律表明，两物体的互相吸引是以两物体的质量为根据的。两物体间的排斥也同样是有根据的，如卫星离开地球，就须以火箭的能量为动力。侵略战争的根据是帝国主义和霸权主义，而和平的根据则是爱好和平的各国人民。前人谓："一切事物都有其充分的根据。"① 矛盾着的两种倾向也都是有根据的，这也是大家已经承认了的。

但是，在是否应把倾向的根据看成是矛盾方面的组成要素的问题上，意见就未必一致了。高清海主编的《马克思主义哲学基础》，探讨并回答了不少哲学教科书所不敢正视和回答的许多问题，该书正确地指出："对立面不能脱离实体存在，也不能在实体以外存在。"② 然而在实体是不是矛盾方面的构成部分的问题上，该书却也认为："对立面本身并不是实体"③，而"应该是

① 转引自［德］黑格尔：《逻辑学》下卷，第73页。

② ③高清海主编：《马克思主义哲学基础》上册，第402、402页。

两个相反的倾向、成分和因素。"[①]，笔者认为，这是值得商榷的，虽然它所列举的矛盾方面的例子还是正确地包括了"剥削阶级和被剥削阶级"、"进步势力和反动势力"等实体。其实，主张辩证法的哲学家们并未否定过实体是矛盾方面。黑格尔曾指出："普遍的经验本身就证明，至少有着许多矛盾的事物、矛盾的结构等等，它们的矛盾不仅存在于外在的反思中，而且也存在于它们自身中。"[②] 可见，他未必就主张把作为倾向根据的实体排除在矛盾方面之外。列宁所说的"事物（现象等等）是对立面的总和与统一"[③] 中的"事物"、"现象"，似也不能理解为只是倾向、趋向的"总和与统一"。因为他在提出辩证法的十六条要素之前就先提出了三条"辩证法的要素"。其中第（2）是："事物本身中的矛盾性（自己的他物），一切现象中的矛盾的力量和倾向；"[④]这里就指明了"矛盾性"是包含着"力量和倾向"的。毛泽东在《矛盾论》中所说的"由小变大"的"新的方面"和"由大变小"的"旧的方面"[⑤]，显然也不能理解为不包括实体的倾向。因为他在这个观点之后所举的矛盾方面的例子就有"封建势力"、"资产阶级"、"无产阶级"、"共产党领导的人民力量"等实体。因此，笔者认为，严格意义上的矛盾方面既不应是无倾向的实体，也不应是脱离了实体的倾向，而是以实体和倾向为内容的东西，即是有确定倾向的事物或力量。其中，实

① 高清海主编：《马克思主义哲学基础》上册，第401页。
② 转引自《列宁全集》，第55卷，第116页。
③ ④《列宁全集》第55卷，第190页。
⑤ 《毛泽东选集》第1卷，第323页。

体是倾向的根据，倾向是实体在一定条件下的表现。没有了根据，也就没有了倾向，矛盾的一方也就不成其为一方了。如在战场上，敌人被消灭了，也就没有了敌对的倾向，也就不成其为敌对的一方了。而根据若没有了倾向，同样也不再是矛盾的一方。如投降了我方的敌人，也就不再是与我方相对立的一方。既有根据又有倾向的方面才称得上是矛盾的一方。

我们所理解的倾向或趋向的根据，在自然界中是物质、能量；在社会领域内则是人、团体、阶级、政党等；在思维领域内则是思维着的人脑及以人的头脑为载体的精神与意识。应当说明的是，作为根据的物质并不像有的同志所理解的那样，在原子内部，原子核和电子就是矛盾的双方。衡量一因素是否是矛盾一方的根据，要看它能否表现出一种倾向。若两种因素相互结合才能表现出一种倾向，那么这两种因素便都是这种倾向的根据。在原子内部，带正电荷的原子核与带负电荷的电子互相吸引才形成吸引这种倾向，因而它们都是吸引这种倾向的根据。而电子绕原子核高速运动所具有的动能则是电子与原子核互相排斥的根据。从自然科学的实例中，我们可以看到，不仅矛盾方面有根据与倾向这样两个侧面，就连根据都是由分离着或结合在一起的两种或两种以上的要素构成的。例如，有化合倾向的反应物总是两种或两种以上的单质或化合物。有分解倾向的反应物虽可以是由一种化合物构成的，但这种化合物也是由两种或两种以上的单质或化合物结合而成的。吸引必须是两个物体之间的吸引，排斥也一定是两个方面之间的排斥。因此，若一定要说矛盾运动中还有什么“二体”问题的话，那就只有在倾向的根据内才能找到。倾向的根据是由分离着或结合在一起的两种或两种以上的要素构成的，根据的倾向则不过是这些要素在一定条件下相互作用的表现罢了。胡荣山所谓：“对立统一表征的是非实体性联系”① 的话值得研究（对立统一关系其实是对具体联系的概括），但他所谓“相互作用表征的则是实体性联系”②的话，笔者却认为是有道理的。

鉴于集实体和倾向于一身的矛盾方面所具有的量是由各方根据要素在一定条件下相互作用所形成的，因此，我们仿照化学教科书表示可逆反应中正反应速度和逆反应速度的公式来表示矛盾的两个方面。化学教科书指出，如果可逆反应为：

$$mA + nB \rightleftharpoons pC + qD,$$

其速度公式为：$\upsilon_{正} = k_{正}\ [A]^{m}\ [B]^{n}$，$\upsilon_{逆} = k_{逆}\ [C]^{p}\ [D]^{q}$。

这两个公式较为准确地表明了矛盾的每一方都是由根据和根据在一定的条件下产生的倾向所构成的，因此很适合用来表示矛盾的两个方面。我们就用“I”（英文矛的第一个字母）表示矛盾着的两个方面中的一个方面即矛这一方，用“S”（英文盾的第一个字母）来表示盾（即$\bar{I}$一方，$\bar{I}$读作非I）这一方。仿照反应速度公式，使$I = C\ [A]^{m}\ [B]^{n}$（C为$[A]^{m}\ [B]^{n}$的倾向和倾向所具有的量的符号表示），$S = Z\ [X]^{p}\ [Y]^{q}$（Z为$[X]^{p}\ [Y]^{q}$的倾向和倾向所具有的量的符号表示）。式中的A、B，X、Y就是矛盾双方的根据要素，C和Z则是双方根据要素在一定条

① ②胡荣山：《“对立统一”与“相互作用”辨析及其意义》，载《社会科学》（沪）1988年第9期，第6－9页。

件下所表现出的倾向及所具有的量。$k_{正}$、$k_{逆}$ 作为反应速度常数是单位浓度的反应速度。它们的大小既决定于参加反应的物质的化学性质，又决定于温度等条件。$I = C \times [A]^m \times [B]^n$ 表示矛盾的一方是由根据要素及其在一定条件下表现出的倾向所构成的（倾向是根据要素在一定条件下发生相互作用产生的，因此它的量是根据要素的每一个组成单位都具有的量）。式中的“×”号从运算的角度看指的是相同的数的连加，但它所反映的却是要素间的相互作用（C 与 $[A]^m$ $[B]^n$ 之间的“×”号所体现的除了有根据要素对于倾向的根据（内因）作用外，还有条件对于 $[A]^m$ $[B]^n$ 的作用；“×”号所表示的并不都是相互作用，但相互作用的形式表示却一定要用“×”号）。I 和 S 则是矛盾双方在各个时刻所具有的量（I 就是 $C[A]^m[B]^n$，$C[A]^m[B]^n$ 也就是 I）。$I = C[A]^m[B]^n$，$S = Z[X]^p[Y]^q$ 表明，每一个矛盾方面都是由若干要素有机结合而成的系统（正如仅包含有一个矛盾的系统只是包含着众多矛盾的系统的一个子系统或要素一样，作为一个矛盾方面的系统也只不过是单一矛盾系统的一个子系统），I 和 S 就是这样的系统及其量的符号表示。从量的角度说，它们是要素的量的乘积，而不是要素的量的加和。

二　对立统一规律拟采用的形式

用上述两个数学表达式来表示矛盾的两个方面如果可行，那么，对立统一规律应当用什么样的形式来表示的问题就可归结为这样一个问题，即应当用什么样的形式把矛盾的两个方面联系起来。我们关于矛盾方面的形式表示既是依照化学教科书中反应速度公式拟定的，现在我们就来看看化学教科书是如何把这两个公式联系在一起的。化学教科书指出，当可逆反应达到平衡时：

$$\upsilon_{正} = \upsilon_{逆}$$

$$k_{正}\ [A]^m\ [B]^n = k_{逆}\ [C]^p\ [D]^q$$

即

$$\frac{[C]^p\ [D]^q}{[A]^m\ [B]^n} = \frac{k_{正}}{k_{逆}}$$

$k_{正}$ 与 $k_{逆}$ 是两个速度常数，两个常数之比，仍是常数，以 K_c 表示：

$$\frac{[C]^p\ [D]^q}{[A]^m\ [B]^n} = K_c$$

这个关系式虽是对可逆反应过程中正反应速度与逆反应速度处于平衡状态时的描述，但却蕴含着深刻的辩证内容。这也就在于它表明了：（一）物质世界事物的不同个体或要素，出于它们自身的本性，能够在一定条件下发生某种形式的相互作用，从而表现出一定的倾向。矛盾的每一个方面都是由根据和根据在一定条件下表现出的倾向所构成的。没有根据的倾向的是不存在的，而不能在一定条件下表现出一定倾向的事物个体也是不存在的。上述反应速度公式中的 $[A]^m$、$[B]^n$ 就是这样的要素，而 $k_{正}$ 则是它们的组成分子在一定条件下相互作用所表现出的倾向所具有的量。（二）每种事物要素的相互作用都能创造或引出能够产生并表现出相反倾向的要素，从而招致这一新的方面与自己的对立。如 $[C]^p$、$[D]^q$ 就是 $[A]^m$、$[B]^n$ 在一定条件下相互作用生成的。但 $[C]^p\ [D]^q$ 产生以后，又能发生相反的相互作用，

形成 $k_{逆}[C]^p[D]^q$，而与 $k_{正}[A]^m[B]^n$ 相对立。这也就如马克思所说的生产和消费，“两者的每一方由于自己的实现才创造对方，把自己当作对方创造出来。”①（三）$k_{正}[A]^m[B]^n$ 和 $k_{逆}[C]^p[D]^q$ 两方面可以凭借一定条件在量的对比上发生变化，由不平衡而达致平衡，又可因为条件的变化而由平衡变成不平衡，并在新的条件下趋向于新的平衡。平衡是有条件的平衡，转化也是有条件的转化。

遗憾的是，平衡常数关系式表达的仅仅只是正反应与逆反应处于动态平衡下的关系式，而矛盾运动却不只限于平衡。就是可逆反应，也不仅只有 $\upsilon_{正}=\upsilon_{逆}$ 的情形，而且还有 $\upsilon_{正}$ 与 $\upsilon_{逆}$ 不相等的情形。由于有不相等的情形，因而有化学平衡的移动。这种不相等的情形正是矛盾的两个方面有主次之分的表现。然而这种不相等的情形却不是平衡常数关系式所能够概括了的。不过，平衡常数关系式却可以给予我们拟定对立统一规律的形式以一定的启发。既然正反应速度与逆反应速度相平衡时，其公式表示是：

$$k_{正}[A]^m[B]^n=k_{逆}[C]^p[D]^q,$$

那么，不平衡时的公式表示也就应当是：

$$\upsilon_{正}>\upsilon_{逆}$$

或者是：

$$\upsilon_{正}<\upsilon_{逆}$$

由于这后两种情形也是大量存在着的情形，因而我们可以由此得出一个结论：在拟定对立统一规律的形式时，我们是不能在

① 《马克思恩格斯全集》第46卷（上），人民出版社1979年版，第30页。

矛盾的两个方面之间用等号的。矛盾着的两个方面的关系从量的角度讲应当是对“ = ”、“ > ”、“ < ” 乃至“≫”（远大于号）、“≪”（远小于号）等情形的概括。什么样的符号可以概括了这些情形呢？从平衡常数关系式中，我们可以得到的一个启示是，“ ： ”（比）号（在数学中，比表示两个数之间的一种关系；在现代汉语中，比和对比有相同的引申义：就是比较同类数量的倍数关系，其中一数是另一数的几倍或几分之几[①]；本章就用“:”表示比和对比，所用的就是它们的这种引申义）可以担当此任。既然矛盾双方的量并不总是相等的，那么，从量的角度看，双方就只剩下了对比关系。当两方的量相等时，它们是相对比着的；当两方的量不相等时，它们也还是相对比着的。由杨一之所译的黑格尔的《逻辑学》，把曾经被译为“规律就是本质的关系”[②]这句话译成了“规律就是本质的对比”[③]。笔者不懂德文，不知这两种译法，哪一种更准确。但笔者认为，若是定义规律，当然是把它说成是本质的关系要好一些。因为“关系”一词的外延比“对比”一词的外延要大得多，可以涵盖了所有特殊规律和一般规律。若仅仅是说对立统一规律，则从形式和量的角度看，说它是本质的对比，还是可以的（黑格尔称“规律就是本质的对比”，是否是以对立统一规律为根据说的，是否是针对对立统一规律说的，是值得研究的）。对立双方之间的关系，定性地考

---

① 见袁晖主编：《现代汉语多义词词典》（修订本），书海出版社2001年版，第34页（比）、第172页（对比）。

② 参见《列宁全集》第55卷，第128页。

③ ［德］黑格尔：《逻辑学》下卷，第154页。

察，就是矛盾关系，即对立统一关系；定量地或形式地去考察，双方所具有的则是对比关系。对矛盾作定量的研究同定性的研究一样都是非常必要的。只有通过定量的研究，才能判明矛盾双方是处在平衡状态中，还是处在非平衡状态中；才能判定何者是主要方面，何者是次要方面，抑或是平分秋色的；这样才更有利于我们找到解决矛盾的方法。基于这样的认识，笔者认为，似可把对立统一规律表示为如下这样一种形式：

$$Z\,[X]^{p}\,[Y]^{q} : C\,[A]^{m}\,[B]^{n}$$

或：

$$\mathrm{S} : \mathrm{I}$$

当着我们把对立统一规律表示为上述公式后，我们可以发现，这一公式所表现的内容更像是脱胎于浓度商表达式的。浓度商的表达式：$\frac{[C]^{p}\,[D]^{q}}{[A]^{m}\,[B]^{n}} = Q_c$ 与平衡常数公式是相同的，两者都是对立统一规律的表现形式。但平衡常数表达式中的物质浓度是平衡状态下的浓度，所反映的只是矛盾双方处于平衡时的情况。而浓度商表达式中的物质浓度却是任意态的浓度，它既概括了对立双方处于平衡时的情况，也概括了对立双方处于不平衡时的情况。平衡常数 K_c 与浓度商的区别在于，对于给定的反应，在一定的温度下，K_c 是一个定值，浓度商却有无限多个值。两者的联系是，在无限多个浓度商中，只有一个与 K_c 相等，那就是平衡时的浓度商。只有当 $Q_c = K_c$ 时，体系才处于平衡。由于

上述公式包括了 $k_{逆}[C]^p[D]^q$ 小于、等于、大于 $k_{正}[A]^m[B]^n$ 等情形，因此把它理解为是脱胎于浓度商表达式的是更恰当的，虽然我们拟定对立统一规律的形式表示最初是从平衡常数公式那里获得启发的。

然而，倘若我们直接套用一个普遍规律的表现形式（特殊规律或一般规律）的形式表示来表示这一普遍规律，便可能是让大人穿小孩子的衣服，未必会是十分合适的。对立统一规律乃是一个普遍规律，因此它的形式表示自然也应比特殊规律的形式表示要简单一些。由于上述表达式中的 $[A]^m$、$[B]^n$、$[C]^p$、$[D]^q$，从本质上说所代表的都是一种要素的量，因此笔者在用这一公式表示对立统一规律时，认为应当去掉 m 等指数及作为摩尔浓度的符号表示的括号，让 X、Y、A、B 既各代表一种要素，又代表这种要素所具有的量。这样，对立统一规律也就成了下面这样一种形式：

$$XYZ : ABC$$

不过，矛盾的每一方面的根据要素虽然以“二体”的情形为多，但也不限于两个，而是还有 3 个、4 个、5 个乃至更多个的情形，因而我们还需对上述公式再作一点补充，使它成为如下形式：

$$XYZ\cdots : ABC\cdots$$

或：

$$S : I$$

这样，它就不仅可以概括二体、三体等情形，而且可以概括了五体、六体乃至更多体等情形了（当矛盾一方的根据要素有 3 个或 3 个以上时，其倾向可用根据要素以外的另一个符号即最后一个符号来表示，如当 AB 方有 3 个根据要素——A，B，C——时，其倾向就可用“D”表示：I = ABCD。其他情形，可以此类推）。

应当在此予以说明的一点是，即便我们说矛盾方面是由实体和倾向所构成的，也并没有违背了本质、规律是非实在的东西这一判断，因为我们在这里所说的“实体”、“倾向”和恩格斯所说的“物质”、“运动”[①] 一样，都是对形形色色、无穷无尽的具体对象的概括。用 ABC、XYZ 所表示的实体、倾向和它们之间的对立统一关系与量上的对比关系都不是实在和实存，只有表现着它们的那些具体的矛盾统一体才是实在和实存。在这样的统一体内，矛盾的每一个方面，都不仅具有确定的质，而且具有确定的量；因此，矛盾的两个方面之间，所具有的也不是抽象的对比关系，而是或大于或小于或等于甚或是远大于或远小于的关系。公式：ABC…：XYZ… 和 S：I 就是对如下一些具体情形的概括：

$$\text{XYZ}\cdots \ll \text{ABC}\cdots \quad (S \ll I)$$

$$\text{XYZ}\cdots < \text{ABC}\cdots \quad (S < I)$$

$$\text{XYZ}\cdots = \text{ABC}\cdots \quad (S = I)$$

$$\text{XYZ}\cdots > \text{ABC}\cdots \quad (S > I)$$

$$\text{XYZ}\cdots \gg \text{ABC}\cdots \quad (S \gg I)$$

---

① 见本书第 50 页所引恩格斯语。

在上述情形中，矛盾双方之间的矛盾关系和量上的对比关系是始终具有的。矛盾的某一方面也可能要经历由次要方面变为主要方面，甚至还可能由主要方面再变为次要方面，然而它的量却始终可与另一方面的量相比。至于具体矛盾的双方的地位的变化情况，则只能在知悉了不同时间各个因素所具有的值后才能判明。对于包含有许多矛盾的大系统，则笔者以为可用如下的形式来表示：

EFG… ： XYZ… ： ABC… ： HJK… ： LMN…

至于这些矛盾中的那一种矛盾是主要矛盾，则需要分析矛盾者根据实际情况具体判定。

三 条件在矛盾运动中的作用与表现

上述形式表示虽有一定意义，但对它的诠释却还是不完全的。因为任何矛盾运动都是在一定条件下发生和进行的；且当条件不同时，矛盾的结果也往往不同，因此，不说明条件在矛盾运动中的作用，那我们的形式表示还是难以服人的。因此，探究对立统一规律的形式，还必须说明条件在这种形式中的位置。

为了要说明条件在上述形式表示中的位置，首先需要弄清楚条件在矛盾运动中所起的作用。笔者认为，条件在矛盾运动中至少有如下几种作用：

（一）条件是根据产生倾向的凭借，或者说是一种根据需要在一定条件下才能产生和表现出某种倾向。高清海主编的《马克思主义哲学基础》指出："根据是规定事物所发生的变化的性质的原因，条件则是根据得以实现出来所凭借的各种因素的总和。"① 这是说，根据是事物发生变化的内部原因或根本原因，条件则是根据能成为现实的原因的凭借。和条件在矛盾运动中所实际发生的作用比较一番，我们可以发现，这种说法是可取的。我们承认，没有根据，也就不会有倾向，根据是倾向成为现实的倾向或趋向的根本原因。例如，没有反应物和生成物，也就不会有化合和分解，没有统治阶级和被统治阶级，也就没有压迫和反抗。但是，即使一种倾向是某种根据的本性的反应，这种反应也还是需要有一定的条件的。一定的条件不具备，这种倾向就无法成为现实的倾向。例如，鸡蛋要表现出产生鸡子的倾向，就需要有一定的温度。反应物要表现出化合或分解的倾向，也需要有一定的温度条件。温度条件不具备，化合、分解就很难发生甚至不会发生。如氢、氧的化合反应，在常温下就极慢，以致几年都观察不出反应的发生。因此，毛泽东说："一定的必要的条件具备了，事物发展的过程就发生一定的矛盾，而且这种或这些矛盾互相依存，又互相转化，否则，一切都不可能。"②

（二）有利于矛盾的一方的条件可使这一方处于较为有利的境况中。矛盾双方的量虽也有相等之时，但我们却不能因此而在双方之间画上等号。这是因为，矛盾双方的量又有不相等之时，

① 高清海主编：《马克思主义哲学基础》上册，第273页。

② 《毛泽东选集》第1卷，第332页。

且不等之时还不见得就比相等之时少。但是，矛盾的双方的量的不相等并不意味着双方就不能处在平衡状态中。矛盾的双方在它们的量并不相等之时也常常可以处在平衡的或势均力敌的状态中。上面的叙述表明，矛盾总是在一定的条件下发生和存在的，而条件对于矛盾双方也并不总是同样有利的，而是既有同样有利之时，也有只有利于一方之时。当条件并不只有一种时，则往往是既有对双方同样有利的条件，也有只有利于其中一方的条件。当着条件有利于矛盾的主要方面时，主要方面所占据的支配地位不但难以摇动，反而还会进一步扩展其力量，即要进一步削弱次要方面，使其愈来愈弱。而当条件有利于矛盾的次要方面时，则次要方面可在其量小于主要方面之时，借助条件的作用与主要的方面处于平衡状态中。例如在化学反应中，若反应为吸热反应，那么，提高温度后，平衡常数也增大，生成物的产量也愈多，到达平衡时，生成物的浓度可达到反应物浓度的十倍、百倍甚至千倍。但反应物却可借助较高温度条件的支持使自己的反应速度与生成物的反应速度处在平衡状态中。社会领域内也有类似的情形。例如毛泽东在1928年10月初所写的《中国的红色政权为什么能够存在?》一文中，在分析“中国红色政权发生和存在的原因”时就曾指出，一国之内，在四围白色政权的包围中，一小块或若干小块红色政权的区域所以能够长期地存在，就是由于当时的中国有军阀之间的战争，民主革命的影响，全国革命形势的发展，正式红军的存在，共产党组织的有力量和它的政策的不错误等条件在起着作用。[①]

（三）条件的变化可以改变对立双方的力量对比，促成矛盾的转化。矛盾双方的量或力量的对比状况总是建立在一定的条件基础之上的。主要的方面所以为主要方面是以一定的条件为凭借的。而矛盾双方各自的量的发展、变化，如次要方面的量的增长，也是借助一定条件实现的。不过，在无人参与的自然过程中，由于条件的变化是缓慢的，因而矛盾双方的量的对比的变化也是极其缓慢的。以致于双方的量相当后会长久地处在动态的平衡状态中，直到条件变得有利于其中一方后，这种平衡才会被打破而进到不平衡状态中。而在有人参与的过程中，由于人能创造条件，改变条件，因而能够较快地改变矛盾双方的量，使双方的量的对比发生较快的变化，矛盾双方的地位会较快地发生转化。如在化学反应中，人可以通过改变反应物中的浓度、温度、压力等条件，通过使用催化剂等方法，使化学平衡发生移动，以提高生产率。战争中，参战的一方通过集中优势兵力，选择敌人的一部分来加以歼灭；借助有利于自己一方的政治（如群众条件）、经济、自然（如地形）等条件来歼灭敌人；也是通过改变条件以达到改变矛盾双方的量的办法来实现自己的目的的。事实证明，当矛盾双方处于平衡状态时，改变条件，使之有利于其中的一方，即可使这一方占据优势地位而成为矛盾的主要方面。改变条件的目的和作用，说到底是为了改变矛盾双方的量的对比。若矛盾的一方的量在有利的条件之下有了较大的增长，超过或远远

---

① 参见《毛泽东选集》第1卷，第48—50页。

超过了对立方，也就可以支配和控制了过程的发展，实现了转化的目的。因此，毛泽东说："矛盾着的对立的双方互相斗争的结果，无不在一定条件下互相转化。在这里，条件是重要的。没有一定的条件，斗争着的双方都不会转化。"①

那么，我们拟定的上述形式是否已体现出了条件的上述几种作用呢？回答是肯定的。上述公式中的C和Z，脱胎于平衡常数公式中的 $k_{正}$ 和 $k_{逆}$。$k_{正}$ 和 $k_{逆}$ 都属于质量作用定律 $\upsilon = k\,[A]^{m}\,[B]^{n}$ 中的 k。k 是反应速度常数。化学教科书指出，不同的反应有不同的 k 值，同一反应在不同的温度下也有不同的 k 值。这也就是说，k 值的大小除了决定于反应物的性质外，还决定于温度等条件。而对于某一特定的反应来说 k 仅是温度的函数，与反应浓度无关。因此，当着人们把 k 的两种具体表现形式——$k_{正}$、$k_{逆}$——表述在反应速度公式 $\upsilon_{正} = k_{正}\,[A]^{m}\,[B]^{n}$ 和 $\upsilon_{逆} = k_{逆}\,[C]^{p}\,[D]^{q}$ 中时，$k_{正}$ 和 $k_{逆}$ 所表现的除了反应物性质的根据作用外，还有温度这种条件的作用，虽然它同时表现出 $[C]^{p}\,[D]^{q}$ 产生了与 $[A]^{m}\,[B]^{n}$ 相反的倾向。同样的一种条件，对于 $[A]^{m}$、$[B]^{n}$ 这两种反应物的相互作用的作用与对于 $[C]^{p}$、$[D]^{q}$ 这两种生成物的相互作用的作用可能是相同的，也可能是不同的，因此有 $k_{正}$ 与 $k_{逆}$ 之分。在反应物的浓度已经很小时，反应物若在继续反应而生成生成物，所凭借的就是由 $k_{正}$ 所体现的温度条件的作用。不过，笔者在这里用来证明观点的论据还有不足之处，这也就是只让 $k_{正}$、$k_{逆}$ 表示了温度这一种条件

① 《毛泽东选集》第5卷，第398页。

的作用。在化学反应过程中，压力、浓度、催化剂等因素也能够改变反应速度。因此，作为对立统一规律形式中的 C 和 Z 也不应当只是一种条件作用的表现，而应当是多种条件作用的结果（在化学教科书中，关于平衡常数与温度的关系，有一个颇为复杂的公式：

$$\ln \frac{K_2}{K_1} = \frac{\Delta H}{R}\left(\frac{T_2 - T_1}{T_1 T_2}\right)$$

这一公式也表明，$k_{正}$、$k_{逆}$ 是温度的函数，与温度有严格的对应关系）。为此，我们用函数关系式表示矛盾双方的倾向 C、Z 与条件的关系。我们用 w 表示条件，用 w_a 表示 I 方的条件，用 w_x 表示 S 方的条件，如此则对立统一规律也就具有了如下的形式：

XYZ…　：　ABC…

$$Z = f\ (w_{x1},\ w_{x2},\ w_{x3} \cdots w_{xn})$$

$$C = f\ (w_{a1},\ w_{a2},\ w_{a3} \cdots w_{an})$$

这也就是用各项条件的积来表现这些条件对于 C、Z 的决定作用。如此，则在矛盾运动中起到作用的条件就都可以得到体现了。

包含了条件在内的对立统一公式，也可以用来表现社会领域内的矛盾。毛泽东在《论持久战》一书中对中日双方的特点进行的对比可说就是对立统一公式的一种表现，他说：“日本的军力、经济力和政治组织力是强的，但其战争是退步的、野蛮的，人力、物力又不充足，国际形势又处于不利。中国反是，军力、经济力和政治组织力是比较弱的，然而正处于进步的时代，其战争是进步的和正义的，又有大国这个条件足以支持持久战，世界的多数国家是会要援助中国的。”① 这也就是说，“在强弱对比之外，就还有小国、退步、寡助和大国、进步、多助的对比”②，他说：“这些就是中日战争互相矛盾着的基本特点。这些特点，规定了和规定着双方一切政治上的政策和军事上的战略战术，规定了和规定着战争的持久性和最后胜利属于中国而不属于日本。”③他在书中还指出：“战争的胜负，固然决定于双方军事、政治、经济、地理、战争性质、国际援助诸条件，然而不仅仅决定于这些；仅有这些，还只是有了胜负的可能性，它本身没有分胜负。要分胜负，还须加上主观的努力，这就是指导战争和实行战争，这就是战争中的自觉的能动性。”④这里所说的“日本的军力，经济力和政治组织力”就可用“A”表示，而日方对于战争的指导和实行则可用“B”表示，AB 倾向可用“C”表示，也即日本侵略的规模和程度，它既与 AB 有关，也与 AB 所凭借的条件 w_a 有关，w_a = 小国 × 退步 × 寡助。中国方面的因素则可用“XYZ”来表示。“Z”为“XY”的倾向，也即中国方面反抗侵略的规模和程度。Z 也与 XY 和 XY 所凭借的条件 w_x 有关，w_x = 大国 × 进步 × 多助。这特殊的 XYZ 和 ABC 已如毛泽东所说，呈对比关系。

需要加以说明的一点是，我们肯定条件在矛盾运动中的作用，绝不是说条件的作用是无限的，可以是随心所欲的。在现实

---

① ②③④《毛泽东选集》第 2 卷，第 449－450、452、450、478 页。

的运动过程中，由于条件本身的量总是有限的，因而它所能起到的作用也是有限的。就拿合成氨的生产来说。从理论上看，压力愈大愈有利于氨的合成，但过高的压力设备条件并不容易达到，且动力消耗大，生产成本高。因此现在许多合成氨厂采用的反应条件，都是限制在一定范围内的大气压。由于各个条件的作用是有限的，因而各项条件所起到的总的作用也一定是有限的。这种情况迫使人们不得不同时改变能够影响了最终结果的多种条件。多种条件的有机结合所产生的作用、功能要大大超过个单项条件作用的机械相加。这是我们要用各个条件造成的作用的积来表示条件作用的原因之一。然而，就是在这样的情况下，条件的作用也还是有限的。不过这种有限的量往往已能够使人们感到比较满意了。

四　矛盾运动的结局

矛盾双方相互斗争所导致的结局并非只有互相转化这样一种，而是有许多种。矛盾双方的地位是可以转化的，但不是一定要转化。主次双方能否实现转化要看矛盾方面的根据和矛盾运动的条件的变化是否足以导致转化。转化只是矛盾双方相互斗争导致的种种结局中的一种情形，而不是全部情形。从矛盾双方的量的对比的状况相对于一定的时间长度看，矛盾双方的相互斗争所导致的结局大致有如下几种：

（一）矛盾双方的地位在相当长的一段时间内保持不变。这是因为矛盾双方的根据要素及其所凭借的条件虽有变化，但变化所增加或减少的量还未能使双方的量达到相当的程度，矛盾双方的地位仍未有变化：

	A	·	B	·	C	:	X	·	Y	·	Z
t_0:	4	·	12			:	0		0		
t_1:	3	·	11	·	1	:	1	·	1	·	1
t_2:	2	·	10	·	1	:	2	·	2	·	1

从表列的变化趋势看，对立双方也是在走向平衡，但从 t_0 到 t_1，再到 t_2，所间隔的时间却是有长有短。间隔时间很长的情形在自然界和社会领域内也是普遍地存在着的。例如，石油的生成需要几十万年，恒星的演化则要以亿年乃至百亿年计。在有机物质变为石油以前，恒星由主序星变为红巨星以前，矛盾双方的地位就一直未变。在社会领域内，此类情形也很多。如在几十甚至上百年内，地主还是地主，农民还是农民；执政党还是执政党，在野党还是在野党。列宁说过，对于反动腐朽的政府，“如果不去‘推’它，即使在危机时代也决不会‘倒’的”①。在思维领域内，也有这样的情形。例如，在一些人那里，数十年内乃至一生都是积极向上的思想占据主要地位；而在有的人那里，则一直是落后的思想占据主要地位。这类情形的大量存在告诉我们，客观世界虽然会发生一些有利于人的变化，但也能在很长的一段时间里未能发生恰如人意的变化，甚至还会发生一些不利于人的变化。它发生有利于人的变化和不利于人的变化一样都是无意识

① 《列宁选集》第2卷，第461页。

的。至于满足人，则谈不上，因此，当世界不能满足我们的需要时，我们就要像列宁所说的那样："以自己的行动来改变世界。"① 事实也早已证明，对于人来说，只有当他们去行动了时，才能导致有利于自己的结果产生，才能使自己的需要得到满足。

（二）矛盾的主次双方因所凭借的条件发生变化，或双方的要素的量发生反向变化，由不平衡而达致平衡。

这种结局包括两种情形，一种是矛盾双方的要素的量并不相等，但条件有利于要素量小的一方，这一方借助条件而与要素量大的一方处于平衡状态中：

	A	·	B	·	C	:	X	·	Y	·	Z
t_0:	10	·	5			:	0		0		
t_1:	7	·	3.5	·	2.25	:	3	·	1.5	·	1
t_2:	4	·	2	·	2.25	:	6	·	3	·	1

另一种情形是，次要方面的量增大，主要方面的量减少，双方的量相等后，在相当长的一段时间内不再变化，矛盾处在平衡状态中：

	A	·	B	·	C	:	X	·	Y	·	Z
t_0:	4	·	8			:	0		0		
t_1:	3	·	6	·	1	:	1	·	2	·	1
t_2:	2	·	4	·	1	:	2	·	4	·	1

应当说明的是，在不少的矛盾运动中，由于 X、Y 是从 A、

① 《列宁全集》第 55 卷，第 183 页。

B那里转化来的。平衡后，AB仍在创造X、Y，XY也在创造着A、B，由于互相创造的速度相等，因而双方一直处在平衡状况中，直到根据和条件有了重要的改变后才有改变，因此说这种平衡往往是一种动态平衡。

这种情形在自然和社会领域内有许许多多的表现。如在化学中，除了一般化学反应的平衡常数外，还有电离常数、水解常数、溶度积常数、溶剂的自由离常数，络离子的稳定常数，等等。这些常数就都是矛盾双方的量在平衡时的比值。在社会领域内则有所谓相持不上、势均力敌、互有胜负、平分秋色、平起平坐、相互妥协等情形。

我们所以要把平衡看作是矛盾运动的一种结局，不仅是因为实现平衡是矛盾的次要方面所拼力争取的目标，而且是因为矛盾双方的平衡也往往是可以长期保持的。我们承认，在社会领域内，平衡往往是暂时的，但在自然界中，情形就有些不同了。在这里，虽然也有一些平衡是暂时的，但也有许多平衡却是相当长久的。如地球的运动而产生的惯性离心力与太阳、地球间的吸引力相平衡，已使地球围绕太阳旋转了几十亿年。我们解决矛盾在许多时候正是要使不平衡状态趋向于平衡。

（三）经过斗争，矛盾的次要方面成了主要方面，矛盾的主要方面则变成了次要方面。这种结局，毛泽东及一些哲学工作者已有详细论述，此处不再赘述。

（四）由于根据要素的量或条件的变化，次要方面变为主要方面后，又变为次要方面：

	A	·	B	·	C	:	X	·	Y	·	Z
t_1:	4	·	3	·	1	:	2	·	1	·	1
t_2:	3	·	2	·	1	:	3	·	2	·	1
t_3:	3	·	2	·	1	:	3+1=4	·	2+1=3	·	1+1=2
t_4:	3+2=5	·	2+1=3	·	1+1=2	:	4	·	3-1=2	·	2

说明：表中+、-号表示人为的增加和减少。

这种结局，毛泽东也已指出过，他说："革命斗争中的某些时候，困难条件超过顺利条件，在这种时候，困难是矛盾的主要方面，顺利是其次要方面。然而由于革命党人的努力，能够逐步地克服困难，开展顺利的新局面，困难的局面让位于顺利的局面。……在相反的情形之下，顺利也能转化为困难，如果是革命党人犯了错误的话。"① 当然，一个方面由次要方面变为主要方面，又由主要方面变为次要方面后，还有可能东山再起，成为主要方面。但这种情形是比较少见的。较为多见的情形倒是，矛盾方面由主要方面变为次要方面后，大都从此便一蹶不振，再无回天之力。中国历史上就有许多这种类型的例子。

（五）矛盾的一方彻底克服、战胜、消灭了另一方。这种结局也可区分为两种情形：

一种情形是，矛盾的主要方面未等次要方面与自己相平衡，就挖掉了次要方面的根据即要素，使次要方面不再成为一个方面。平常人们所谓"把问题消灭在萌芽状态中"，就是指这种情形说的。在化学反应中，人们人为地使两种生成物中的一种从反

① 《毛泽东选集》第1卷，第324—325页。

应的容器中逸出，使逆反应无法发生，正反应得以进行到底，也属于这类情形。

另一种情形是，次要方面成为主要方面后，又一鼓作气，穷追猛打，彻底消灭了次要方面。生物界生存竞争中劣种的被淘汰；战争中一方消灭另一方残存的力量；资本主义消灭封建主义；真理战胜谬误，使这种谬误无人再相信；人生病后，经过治疗，完全康复；等等，就都属于这类情形。

20 世纪 80 年代，曾有同志列举出了矛盾解决、矛盾转化的多种形式。现在来看，所列举的形式有的是可以成立的，有的则是不能成立的。如有一种形式是融合型或融合式，是说矛盾双方相互渗透，融合为一种新的事物。所举例子有，在化学中，两种或两种以上物质中的原子相互结合，生成一种新的物质，如氨和氯化氢化合，生成细小的氯化铵晶体。其实，这是矛盾一方中的根据要素相互作用的结果，而不是矛盾的两方。因此，“融合”这种说法是不能成立的。还有一种说法是，矛盾双方相互分裂或分解，转变为另一新的事物。所举的例子有，一个政党或一个集团、一个学派分裂为两个新的政党、集团、学派。这仍是仅仅把实体或实物当作了矛盾双方，这也是不当的。其实，一个政党分裂为两个政党，是党内主张分裂的力量及其分裂的倾向成了矛盾的主要方面的结果，是分裂的力量和倾向战胜了主张团结的力量和倾向，而不能认为是没有主次、胜负的一种表现。还有一种说法是，矛盾双方继续存在，协同发展，产生出适合于矛盾双方在其中运动的适当形式。所举的例子有，太阳系的各个行星和太阳之间存在离心力和向心力的矛盾斗争，就是采取各行星围绕太阳的椭圆运动而解决的。显然，这实际上就是矛盾双方经过斗争而处于平衡状态的那种情形。

五　解决矛盾的方法

形式化了的对立统一规律，可给予我们一些更为具体的方法论启示。国内哲学界关于矛盾解决的类型已有种种划分。这种划分在使人们认识矛盾的结局和解决矛盾所要实现的目的可以是多种多样的方面是有意义的。但在实践着的人们面前的最主要的问题，还不是矛盾解决可以有些什么类型，而是应当采用些什么方法去解决矛盾。关于这一问题，直到现在，我们所提出的除了“斗争”这一较为明确的说法外，余下的就是诸如“结合”，“平衡”，“合作”，“调和”等含糊不清的说法。所以说它们“含糊”，是因为它们担当不起解决矛盾的重任。有的同志把工业与农业、民主与集中，领导与群众等两方理解为矛盾双方，然后认为，把这类型的两方结合起来，就是解决了矛盾。所以会出现这种说法，是由于对“矛盾方面”缺乏正确的理解造成的。领导和群众可以有矛盾，但他们却并非天生就是对立的双方。领导和群众有了相反的倾向后，才能成为矛盾双方。解决这种矛盾的方法，就是用正确的倾向克服错误的倾向，而不是简单地把领导和群众结合起来。至于平衡，则如前面所说，有时正是我们所要达到的目的。若我们要使矛盾双方趋向于平衡，那么，问题就是如何达到平衡。若目的不是要达到平衡，那么，采用平衡的方法就是错误的。可见，这些说法是不能使人明白应该怎么去解决矛盾的。

马克思主义的对立统一学说表明，对立双方是可以转化的。但次要方面转化为主要方面，我们却不能全部把它理解为是可以自然而然地实现的事。转化不仅需要有条件，而且需要矛盾方面为此付出艰辛的努力。毛泽东已明确指出，“新的方面由小变大”和“旧的方面则由大变小”是“斗争的结果”[①]。因此说斗争是解决矛盾的一个基本方法。遗憾的是，长期以来，我们关于解决矛盾的方法却一直停留在“斗争”上，停留在斗争能促成矛盾转化上。至于斗争为什么能促成矛盾转化，则未见有过进一步的探讨与说明。笔者认为，这主要是由于对矛盾和矛盾方面的内部构成缺乏研究造成的。其实，斗争所以能促成转化，就在于它可以改变矛盾双方的量，从而改变对立双方的量的对比。在政治、军事领域内，一方对于另一方的斗争，就是想方设法减弱和缩小对立方面的力量，增强和壮大自己一方的力量。毛泽东在《论持久战》一文中就曾指出：“一切想要缩短战争时间的人们，惟有努力于增加自己力量减少敌人力量之一法。”[②]“战争的目的不是别的，就是‘保存自己，消灭敌人’……”[③]。自己一方的力量一旦超过了敌方，自己一方也就成了矛盾的主要方面。当自己一方的力量远远超过了对立的另一方后，事物的发展方向也就处在自己一方的控制之下了。

既然斗争成为解决矛盾的方法的实质在于它能够改变矛盾双

① 《毛泽东选集》第1卷，第323页。

② ③《毛泽东选集》第2卷，第470，482页。

方的量，那么，我们就可以说，还有许多方法可以使人们达到这样的目的。例如对于非对抗性的矛盾，就可以采取批评、说服、关怀、鼓励、动员、奖励、引导等方法来使矛盾的发展合于我们自己的目的。如果说“批评”还可以划到哲学意义上的斗争范畴的名下的话，那么，把“关怀、奖励、引导”再归结到“斗争”范畴中，就无法让人理解了。由此，可以说，解决矛盾的方法除了斗争外，还可以有其他种形式的方法。至少，工作，就是解决矛盾的主要方法之一。虽然，毛泽东曾说过，“工作就是斗争”①，但“工作”这一覆盖范围更大的范畴在许多情况下不是“斗争”这一范畴所能替代的。例如，我们就常说，“做好矛盾的转化工作”，“做好矛盾的化解工作”。把这些话中的“工作”换为“斗争”，显然是不妥当的。而当解决矛盾的我们并不是矛盾的一方时，我们则还可以通过人为地增加、减少或壮大、削弱矛盾双方要素的量的方法来促成矛盾的解决。在上述形式中，矛盾统一体由两个方面、四个根据要素和要素的倾向所构成的。由于矛盾的结果与这些要素密切地关联着，因此，改变了对立的两个方面中的任何一个方面或任何一个要素，都能够使矛盾运动的结果有了改变。例如，保持生产某种产品的原有成本水平，提高该产品的功能，也就提高了这种产品的价值。再如，在电压不变时，增大给定线路的电阻值，通过该线路的电流就会减小。在化学反应中，若提高两种反应物中的一种反应物的浓度，使其过量，便可提高另一种反应物的转化率。而在进行分解反应

① 《毛泽东选集》第4卷，第1161页。

时，若使生成物中的一种成分不断地逸出，则可使反应物完全分解。因此，当着我们要改变矛盾的一个方面的量，而不能同时改变其两要素或同时改变两要素不利于己方时，可先行改变其一个要素。而在可以改变两要素、三要素或四要素，且这样做于自己有利时，就应从多方入手加以改变。同时改变矛盾双方的要素，就是双管齐下。实践中的人们，其实常常就是这样做的。例如，社会活动中的“兴利除弊”、“扶正祛邪”，工作中的发扬成绩、纠正错误，等等，就是这样的做法。中国共产党在新民主主义革命时期运用“统一战线、武装斗争、党的建设”这三个“战胜敌人”的“法宝”[①] 去实现目标也是这样的做法。在今天的建设时期，如果我们能够努力搞好物质文明建设、精神文明建设和政治文明建设（包括法治建设和民主政治建设），那么我们便也是在实行这样的做法。这样的做法似乎可以概括成为这样一套方法：通过斗争、工作或人为地改变矛盾双方要素的量等方法，使矛盾运动的结果合乎自己的目的。笔者认为称这种方法为解决矛盾的基本方法是合适的。

解决矛盾的另一个重要的方法是改变矛盾双方所凭借的条件。前已指明，矛盾总是在一定条件下发生和发展的。但是，如果解决矛盾者未做过工作，那么，矛盾运动所凭借的条件很少有能使自己感到满意的情形。要使矛盾的结果合于自己的目的，解决矛盾者就必须通过实实在在的工作去改变条件。改变条件虽不是直接改变矛盾双方根据要素的量，但由于条件可以促成、促进

---

① 《毛泽东选集》第2卷，第606页。

或阻碍、延缓矛盾的一方或两方的根据要素的相互作用，因而可使矛盾双方的量的对比发生变化。如改变温度，就可使平衡常数发生变化，使化学平衡发生移动。在战争的具体战役中，参战的一方若占据了有利的地形，也有利于它战胜另一方。可见，改变条件与改变矛盾双方的量不仅目的是相同的，就是导致的结果也可以是相同的。

矛盾运动所凭借的条件一般都有多种，若不改变其中的某一项条件即可达到目的，那就不必再改变这一条件。如在生产二氧化硫时，虽然增大压力有利于 SO_2 的生成，但在常压下，SO_2 的转化率已经很高，因此，不需要采用加压措施。然而，这种情形只是说明了在所凭借的条件中，已有的某一项条件已经达到了要求，因而不必再加以改变，而不是说这种运动就不需要这一条件。恩格斯曾指出："运动的转移当然只是在所有各种条件齐备的时候才会发生，这些条件常常是多种多样的和复杂的……如果缺少一个条件，那末在这个条件产生以前，转移是不会发生的。"① 矛盾运动所凭借的条件有多种，解决矛盾所需改变的条件往往也有多种。如解决社会治安问题就需要综合治理；使一地区的人民脱贫，也须采取多方面的措施。这时，就需要动员各个方面的力量去从多方面加以努力。一旦各项条件都达到了要求，那么这些条件结合起来所起的作用，要大大超过这些条件单独作用的加和。唯一应当注意的是，对于所起作用大小不同的条件应

① ［德］恩格斯：《自然辩证法》，人民出版社 1971 年版，第 260 页。

使用大小不同的力量去加以改变。这主要是指，对于能起到关键性作用的条件，应下较大的功夫，花费较多的力量，首先加以改变。然后再使用相应的力量去改变其他的条件。

六　关于对立统一规律的新表述

在对对立统一规律作了形式化的尝试后，我们似可对它做出如下表述：物质世界的事物与事物或事物内部的不同方面之间在一定条件下会发生一定的矛盾。矛盾的双方就是具有相反倾向（或趋向）的两方，其中的每一方的倾向都是其根据要素在一定条件下发生相互作用生成的。每一矛盾方面的量都是由其组成要素的量与这些要素在一定条件下产生的倾向的量所构成的。“矛盾着的对立面又统一，又斗争，由此推动事物的运动和变化。”① 但不论在矛盾运动的哪一阶段上，矛盾双方在量上都呈对比关系。事物的运动和发展就表现为矛盾双方的量的对比的变化（包括转化）。

这种表述同样是一种尝试，是否妥当，还得请方家予以指教。

---

① 《毛泽东选集》第 5 卷，第 372 页。

第七章　人与规律论

从依靠经验寻找方法去改造世界到通过认识规律的途径去确定方法、改造世界，是人类的一大进步。近代数百年来世界所取得的辉煌成就也已表明，后一途径的确是一条光明大道。然而，像在现实生活中有一些人常常从一个极端跑到另一个极端一样，在对规律所起作用的看法上，也有类似现象。例如，规律支配运动说，在笔者看来，就同亚里士多德的“力决定物体的运动速度”歪曲了力所起的作用一样，夸大了规律的作用。但这一点一直未被人们所觉察，以致就有了下面这样的说法：“规律同物质一样，是不以人们的意志为转移的。不管人们认识它还是没有认识它，喜欢它还是不喜欢它，它都存在着，都在起作用。……人们在自己的实践活动中，一定要尊重客观规律，按照客观规律办事。如果违反了客观规律，不按客观规律办事，其结果必将一事无成，并且必然要受到客观规律的惩罚。”[①] 翻开 20 世纪 80 年代后国内的一些哲学教材，可以发现，这种观点在当时还是得到了一些学者的认同的。但这种说法其实是一种误解，是由于我们的理智倾向于把规律当成是一种不可抗拒的强制力所造成的。

---

① 肖前、李秀林、汪永祥主编：《辩证唯物主义原理》，人民出版社 1981 年版，第 159 页。

这种理解不仅把规律看得像传说中的神一样大都是有利于人的，而且认为规律有无比巨大的威力——它不仅能够支配了运动、控制了发展，而且还能够决定了未来。这些误解导致了盲目依赖客观规律的心理。近些年来，在我们的一些国家工作人员中出现的那种墨守成规、不思进取、消极无为、等待观望的现象，固然与我们的有缺陷的体制不能给予干部以较大的压力和动力有关，但也与干部普遍地缺乏危机感有关。而危机感缺乏的可能的原因之一，似可说就是由于有的同志认为，客观规律能自动地给我们送来一个美好的明天。这种以为规律能带来好结果的观念同宿命论者所认为的世界服从着强大的必然性法则的支配、人的命运早已被确定了的观点很难说有什么本质的区别。不同之处恐怕仅在于，宿命论者悲观失望，认为规律能起好作用的人则是盲目乐观。但两者在行动上还是相同的，即都是消极无为。这种心理无疑是应当克服的。这就需要弄清楚规律究竟是什么，它能不能发生实际的作用，会不会被违背，事物存在和运动的状况决定于什么，人们在实践中犯错误所违背的是什么，发现和掌握规律的意义是什么，我们能否按照着客观规律去办事以及我们究竟应当按照着什么去办事。弄清楚这些，对于我们明确怎样实现最终目标无疑是有重要意义的。

一 规律决定不了运动

在本书的第一章至第三章，我们除讨论了什么是本质和规律外，还指出，不论是本质还是规律都不是实在、实存，而是人对现实世界的事物、现象、过程、联系的认识与概括。那么，作为人对必然联系的认识与概括的规律还是不是客观的呢？回答是肯定的。被人们所发现的规律，只要是经过实践检验并肯定了是符合客观实际的规律，就应当说是客观的。我们承认，人们在揭示规律的过程中的确曾发挥过自己思维的作用，这就是发明、创造抽象的概念和关系式来概括现实的联系。但这种概括是以现实的联系为根据的，而不是以主观臆想的什么东西为根据的。这种概括虽使概念和关系式的内涵相对于它所反映的对象的属性说是少了，但却大大地扩展了由它们所构成的规律所覆盖的范围，并且使它们对于客观现实的反映更加全面更加深刻了。例如，牛顿第三定律中的没有具体量的作用力和反作用力就概括了所有大小的作用力和反作用力。这也是由于规律所要表明和所能表明的只是不同（事物、现象、过程、联系）所表现的相同，变化所表现的不变、特殊所表现的普遍。正由于规律把握住了相同的、不变的、具有普遍性的一面，作为对于与它对应的现实联系的反映，因此应当承认它是客观的。自然，这客观是“指观察、认识的客观性，从客观实际出发、客观地看问题”① 这种意义上的客观说的。

然而，说规律是客观的，并不等于说它是一种实存或是什么能够控制了运动、发展、变化的强制力。“规律和合乎规律发生

① 胡曲园主编：《哲学大辞典·马克思主义哲学卷》，第228页。

的现象之间的关系，是一般和个别的关系。”① 一般的东西从外延上说包含着个别，但这并不等于说它是由个别组成的整体。具体的个别（事物、现象）是实存或实际发生的过程，一般则是个别所属于的类或类与类的关系。一般“只能通过个别而存在”②，如若没有了个别，一般也就不能成立了，好似没有了物质，也就没有了时间、空间一样。说规律是客观的，只是说现实世界中有具体的现象和联系在表现着它，而不是说它是有质有量有形状的实体。现实世界既不存在赤裸裸的规律，也不存在由什么东西包裹着的非赤裸裸的规律，而只存在着规律的具体的表现形式。规律就是这些具体的形式所表现出来的一般的关系和形式，也即具有“普遍性的形式”③。有的人看到现象和联系总是在表现着规律，便误以为是规律在决定着物质和运动，物质和运动在服从着规律；规律让它们怎么样，它们就得怎么样；规律规定着不同方面如何联系，事物会发生什么样的变化。其实，事情恰恰相反。法拉第曾说过：“物质不能在它不存在的地方发生作用。”④ 同样，规律也不能在没有事物、现象和联系的地方表现自己。这也就是说，是联系决定着规律之为规律，而不是规律决定着联系之所以联系，正如是地球绕着太阳转，而不是太阳绕着

---

① Ю. В. БАЛАШОВ：《自然界的基本规律能否进化》，中国人民大学复印报刊资料《自然辩证法》1990 年 5 期，第 35 页。

② 《列宁全集》第 55 卷，第 307 页。

③ 恩格斯语：“自然界中的普遍性的形式就是规律。”《马克思恩格斯全集》第 20 卷，第 577 页。

④ 转引自邱仁宗主编：《成功之路》，人民出版社 1987 年版，第 269 页。

地球转。地球上没有人以前，没有社会发展规律；至于太阳系内的别的行星，则直到现在也还没有动物、植物的发展规律。说现象和联系表现着规律，是因为它们总是合乎规律地产生、存在和消失的，总是在证明着规律，而不是说规律是先于现象和联系而存在着的。由于规律“生”于事物的存在和运动，因此它根本决定不了事物怎样存在和运动，正如泛指了世上所有人的“人”这一概念根本决定不了一个人会怎样发展一样。规律不是实物和强制力，它起不到使物质发生运动和变化的作用，决定不了任何事情，因此我们也不能指望它做出什么有利于我们的事。

二　规律不会被人所违背

说规律决定不了什么，并不是说物质世界就不需要有决定的东西。现实世界的任何一种事物，它的形式、性质、功能，物质间的相互作用及其量的大小，物质的运动及其规模和结局，等等，就都是或都曾是被决定的。它们是由什么决定的呢？对此问题，我们只能回答说是决定的一方。考察已被各门科学所揭示的规律，可以发现，所有属于前后型关系的规律中可以说都有决定的一方和被决定的一方（参见本书第四章）。事物存在和运动的状况就是由决定的一方所规定的。决定的一方可能是已经逝去的那些因素，如通过反应已生成某种新的化合物的原来的那些反应物；也可能是与被决定一方同时出现或存在于空间中的另一方，如引出反作用力的作用力；还可能是外部表现的内在根据，如使两物体之间有了相互吸引力的两物体的质量。但是，不论决定的一方属于哪种类型，它都不等于是规律。现实的决定一方虽只是由规律的一端所概括的一个、两个或若干个因素所构成的，但它却是实存。它虽不具有它的本质那么大的普遍性，但却因具有特定的质和量、内容和形式而拥有力量。唯有它才能够决定事物存在和运动的状况。应当承认，在无人参与的过程中，决定的一方所导致的结果、趋势，有许多并不是有利于人的。这可能是由于这些标之本本身就是不利于人的。但这并不是不可改变的。自从地球上诞生了人类后，在地球这个行星上，决定的一方就不再纯粹是由自然所造成了，而是也常由人所造成或组成。为了使事物的存在和运动符合人的愿望，人们常常通过改变决定的一方的办法来达到改变被决定的一方的目的（这是人类改造世界的基本方法之一）。如降低成本、增加功能以提高产品的价值；发展教育、培养人才以加快社会经济、政治的发展；改革政治、经济体制以达到政通人和、强国富民的目的，等等，就是如此。但是，所有这些联系中的被决定一方所呈现的合乎人的目的的情形，都是人们创造、组合或改变决定的一方的结果，而不是规律起作用的结果，因此，我们也不能把功劳记到规律的账上。

不过，不论决定的一方的力量多么强大，也不论它所引出的结果怎么出乎人的预料，规律都是违背不了的。其原因也就在于规律是本质之间的关系，它为大量不同的联系所表现，反过来又概括着这些联系，因而是联系所无法违背的。举例来说，核反应后，质量会有亏损。所谓质量亏损，实际是实物质量转变成了辐射出去的场的质量，因此它仍未违背了质量守恒定律。因为这一定律中的“反应后生成的全部物质的质量”不仅包括“静止质量”，而且包括“运动质量”。体育运动员的竞赛成绩除了取决于他平时训练的刻苦程度与科学程度外，还取决于运动员自身的生理、心理和思想素质（此即竞技运动所表现的关系、规律）。这已为体育界所公认。但一个运动员在比赛中因心理失常而导致比赛成绩下降，也并没有违背了这一关系，而恰恰是证明了这一关系。这样说，当然不是说任何一个规律所覆盖的联系都是无限的。除了普遍规律是放之四海与过去、现在、未来而皆准的外，一般规律、特殊规律所概括的范围都是有限的。然而，就是后两者也不是可以违背的。一种类型的联系属于哪一规律所覆盖的范围是确定的，不属于这一关系者，即属于别的关系。例如，不属于经典力学规律概括范围的微观粒子的运动，就属于量子力学规律所概括的范围；而属于这一规律覆盖范围的联系的发生并谈不上是对别的规律的违背。这也就是说，任何联系都跑不到规律之外。既然如此，对规律的违背也就是根本不可能的了。规律也不是什么力量能够违背了的。

那么，人们在实践中由于主观上的错误而遭受挫折、失败是违背了什么呢？笔者认为，是违背了人们在实践中已经掌握了的或还未掌握了的认识与改造世界的科学方法，包括正确的措施、决策、路线、方针、政策、战略、策略、手段、办法、途径、窍门，等等。人不论是认识世界还是改造世界，都是以一定的方法去进行的。人们的实践与认识总是对一定方法的实行，不是实行正确的方法，就是实行错误的方法。其实，做任何一件事情都有科学的方法，虽然其科学性总是相对的。但在未认识规律之时，人们还不知道什么方法是最好的。在此情况下，人们有可能通过较长时间的摸索，找到比较好的方法。但在找到这样的方法之前，就有可能采用不科学的甚至是反科学的方法。而采用反科学的或不科学的方法，即是对科学方法的完全的或不完全的违背。举例来说，物理学中的压强公式表明，压强与压力成正比，与受力面积成反比。如果我们想达到增大压强的目的，那么，增大压力、减小受力面积，就是科学的方法；倘若我们采取了减小压力、增大受力面积的办法，那么，尽管我们没有违背了规律，却违背了根据规律和目的两个方面来说是应当采用的科学方法。同样，战争中的一方因为不了解敌人和自己而打了败仗的将领所违背的也不是规律，而是“知彼知己”这一可使自己立于不败之地的方法。规律包括一切反常的行为。错误的做法引出不利于自己的结局与正确的做法引出使自己满意的结局正如热胀和冷缩是同一规律的两种表现形式一样，表现着同一规律。正由于不论人们怎么做都违背不了规律，因此规律也不会惩罚人。规律仅仅只是一种关系，它也无力惩罚人。惩罚人们的大都是人类自身，包括旧势力、旧文化、旧制度和个人自身。“天无绝人之路”这句评价自然界与人关系的话，从总体上说是对的。但人有绝人路，人能绝人，也能绝己。

三　规律不能为人所按照着办

指出规律决定不了事物的存在和运动，并不是说规律对于人是没有意义的。规律对于人的意义并不因为它决定不了什么而减弱，因为它们对于人的意义本来也不在于此。规律对于人的意义只在于它们对于世界（包括人的实践活动）的说明上，在于它们表明了物质世界形形色色的现象中，哪些是决定的因素，它们能够引出、导致和决定了什么；哪些是被决定的方面，它们决定于哪些因素；从而表明了客观事物的存在和运动以及人们的实践活动“是怎样”、“是如何”和在某些条件下“会怎样”、“会如何”。这种说明对于人的意义非同小可。因为人们知道了这些，也就知道应当用什么方法去实现目的了。例如，知道了化学反应速度与温度、浓度、压力、催化剂等条件有关后，也就可以通过改变这些条件来达到加快或延缓化学反应速度的目的。清楚了国民经济的发展取决于哪些因素后，也就可以通过改变这些因素的状况来加快经济的发展。掌握了规律也就获得了自由，也就具有了驾驭自然、社会中那些人可以控制、改变的事物及其发展、变化的能力。这是人类从原始社会以来就一直梦寐以求的境界。现在看来，到达这种境界的捷径就是认识规律。

但是，尽管规律对我们的认识和实践有如此重要的意义，它仍然不是我们所能够按照着办的东西。这是因为被我们所发现的规律说到底也还是一种关系，也还是关于世界“是怎样”、“是如何”的一种说明，而不是关于我们怎样才能够改造了世界的方法、手段、措施。不论是无人参与的物质运动过程所表现着的那些规律，还是作为对人的实践活动的概括的实践活动规律，都是客观的，虽然它们的被揭示是与人的意志有关的，但它们所表示的那种关系却是不以人的意志为转移的。这种关系并没有包含人的愿望、意志、目的和利益，它也没有说明人怎样办才能达到目的，因为它根本就不知道人会有什么样的目的。它可以作为人们制定方案的重要根据，但它本身还不就是一个现成的方案。恩格斯和列宁都说过，一旦我们认识了自然和社会的发展规律，我们也就成了自然和社会的主人。这一论断肯定了认识规律对于人类的意义，同时也表明：认识了规律只会使我们成为主人，而不会使规律成为我们的主人。

我们所谓“办事”，主要是指实践说的。而实践总是一种有目的的活动。这也就是说，活动所要取得的结果在活动开始前就已观念地存在于人的头脑中了。由于每一次实践活动都只能是指向具体客体的具体活动，因而其目的也总是具体的、特定的。马克思曾说过：“一个目的如果不是特殊的目的，就不成其为目的，正如同行动如果没有目的就是无目的、无意义的行动一样。”① 由于目的是具体的、是具有特殊内容的，因而人所要按照着办的东西也必须具有具体、特定的内容，而不能是抽象的。但规律却不是这样具体、确定的东西。任何规律都是对许多不同情形的概括。一个规律不仅是对好的方法引出好的结果的联系的概括，而且概括了不好的做法引出了不好的结果这种情形；不仅概括了当人们希望结果有较大的量，而实际联系中由于因的量很大因而果的量也很大以致结果合乎人的需要这种情形，而且也概括了由于因的量很小因而果的量也很小以致结果不能满足人的需要这种情形。如价值工程中的价值（V）、功能（F）、成本（C）三者的关系（规律）式：$V=\frac{F}{C}$，就不仅概括了较多的功能和较

① 《马克思恩格斯全集》第1卷，第287页。

低的成本使产品具有了较大的价值这种情形，而且概括了较少的功能和较高的成本决定了产品只具有较小的价值这种情形。规律概括了这两种情形，使自己具有了普遍性，但也因此而舍弃了具体联系所具有的那种人所喜爱与不喜爱的、有利与不利于人的倾向性，成了对于人来说是无所谓有利还是有害的“中性”的东西。它既不会向人献殷勤，也不会对人生坏主意；既不会损坏人，也不会帮助人。但我们所按照着办的，却只能是于我们有利的、能使我们实现了目的的东西。规律既是抽象的、一般的，对于我们来说是无所谓有害还是有利的关系，那就不是我们所能按照着办的。

规律作为一种关系，唯一确定的就是两个方面（其中的一个方面可能是由若干个因素构成的）所具有的那种关系。至于这些方面所概括的事物、现象、因素具有多大的规模、速度、数值，规律本身并未说明。表现着同一规律的不同联系，在量上可以是十分接近的，也可以是异常悬殊的。地球与太阳的联系表现着万有引力定律，一个篮子里的两个苹果之间的相互作用也表现着这一定律。规律是对不同量的联系的概括。它概括了不同的量，因此也就没有了具体的量。黑格尔指出：“知道自然的经验数字，如星球彼此间的距离，是一个巨大的功绩；但是，使经验的定量消失，并把它们提高到量的规定的普遍形式，以至成为一个规律或说一个尺度的环节，则更是不朽的功绩”[①]。舍弃了具体方面的具体的量正是规律成为具有普遍性的关系、形式和具有

---

① ［德］黑格尔著：《逻辑学》上卷，第373页。

了应用价值的先决条件。但是，人所要实现的目的却同客观世界的任何事物一样具有质和量的规定。人不仅要求被改造成为适合自己需要的东西具有某种确定的质，而且要求它具有确定的或是限定在一定范围之内的量（有了确定的量才能有确定的质）；不仅要求运动朝某一方向发生，而且要求它具有某种规模和速度。导弹、卫星的发射有速度上的要求，产品、材料的制造和研制则有数量、精度和纯度等方面的要求。而要使结果具有确定的量，我们所要按照着办的东西便不能没有量的规定和限制，而应当有明确的规定，至少也要有一个确定的范围。由于规律没有这样的规定和范围，人们也就无法按照着它去办了。

“按照客观规律办事”在很长一段时间内被认为是一种正确的说法，一个重要的原因大概是由于我们把一些并不是规律的东西当成了规律。如“国民经济有计划按比例发展”、“按劳分配”等，就曾被看作是规律。这些本来是人们根据客观规律和人们的目的而提出的战略和政策，既然我们把这些东西当成了规律，“按照客观规律办事”的主张也就很容易被提出了。

四　我们应当按照什么办事

说客观规律不能为我们所按照着办，绝不是说，我们工作、办事用不着依照什么东西，而可以随心所欲，想怎么办就怎么办。毛泽东在《论持久战》一文中说过：“一切事情是要人做的，持久战和最后胜利没有人做就不会出现。做就必须先有人根据客观事实，引出思想、道理、意见，提出计划、方针、政策、战略、战术，方能做得好”。[①] 人只有在有了可供按照着办的东西时，才会去做、去行动，也才能够做得好。

具备什么条件的对象才能为我们所按照着办呢？我们所按照着办的东西，应当是基于现实又高于现实的东西。我们承认，作为指导和决定我们行动的东西，仅仅包含有主观的愿望和意志是不行的。因为我们所要改造的是客观世界的事物，所以需要有对于客观实际的正确认识和把握，这样我们才能找到达到目的的正确途径、方法。同样，仅仅有被我们所发现了的规律也是不够的。因为我们所要实现的是我们自己的目的，而这目的是具有特殊性、现实性和具体的质和量的要求的，因此还必须有体现主体利益和愿望的内容，这样我们才不至于盲目行动，枉费精力。不懂得规律，不知道如何去办；而如果没有目的，则什么也不会去办。要办事并知道怎样去办，就要有明确的目的和对规律的认识。高清海在《论哲学观念的转变》一文中曾谈道：“支配人类活动的有两个尺度，一个是对象的尺度，一个是人的尺度。”“只看到前者而否认后者，人的活动将失去主体性质；只看到后者而否认前者，人的活动会失去客观基础。”“只有使二者统一起来，人的活动才能实现目的。”并且指出：“哲学不能只讲规律而不讲目的，当然只讲目的不讲规律也不行。只从规律观点看待人的活动的那种理论，并不能指导人们在行动上合于规律性。”[②] 我们所按照着办的东西，必须是既体现和反映了主体利

---

① 《毛泽东选集》第2卷，第477页。

② 见《哲学研究》1987年第10期，第24页。

益和愿望，又体现了对客观实际的正确反映和认识的东西；必须是这两个方面的有机结合。我们所要按照着办的正是这样的“化合物”，而不是纯粹的关系、规律。这样的“化合物”就是科学方法。

所谓科学方法，就是人们根据目的和规律确定的或是通过实践摸索到的能够正确地认识和有效地改造世界的手段、办法。我们过去所说的科学方法是专指那些能够揭示和发现客观事物本质和规律的主观手段。仔细分析一下这些方法，我们就会发现，它们都是以人的目的和客观规律两方面为根据的。以目的和规律为根据的认识方法是科学方法，以目的和规律为根据的实践方法也应当称之为科学方法。因为后者也是一种手段，也是技巧、窍门、办法、途径。科学方法应当是既包括科学的认识方法又包括科学的实践方法的一个外延较广的范畴。因此，不仅人类用以认识自然改造自然的技巧、手段是科学方法这一范围内的东西，就是人类用以认识社会、改造社会的有效手段和措施，如决策、计划、决定、方案、办法、方针、政策、战略、策略、战术等也应归入科学方法这一范畴。从适用范围上加以区分，科学方法可分为具体（用来解决具体问题的）方法、一般（可在某一个或某几个领域内广泛使用的）方法和哲学（适用于一切领域的）方法三种类型。从类型上加以区分，则可分为定型的和不定型的两种类型。即是说，不仅那些经过实践证明是有效的从而定了型的方法是科学方法，就是那些由人们在实践中根据自身的目的和客观规律做出的决定、决策，只要它（经过实践证明）是有效的、正确的，便也应当承认它是科学方法。

科学方法是与纯粹的主观愿望有差别的东西。它虽然也体现了人的意志和愿望，但同时又反映了人对客观规律的认识和把握。它既合乎人的需要和利益，又是具有可行性和现实性的；好似远行的人听取了向导的介绍而找到的到达目的地的最近途径。它也不同于客观规律。规律不仅有两端，而且有两端之间的关系。科学方法（相对于规律说）则只是一端，是人们用来引出理想结果的措施、窍门、原因、条件。规律是抽象的、一般的、具有普遍性的，科学方法则是具有特殊性、具体性和现实性的。规律是人从客观过程中抽象、概括出来的，是为客观事物和现象所表现着的关系，对人来说是无所谓有害有利的。科学方法则是人根据自身的需要和客观规律提出的，是有利于人的。科学方法以人的目的为目标，却又强于目的，人应用它可使目的变为现实。它以客观规律为根据，却又高于客观规律。它不仅具有现实性和可行性，而且具有创造性和合目的性。因此只有它才具有让我们挑选来指导自身实践的功能。科学方法就是我们认识世界改造世界的锐利武器。按照科学的认识方法办事，我们才能够认识了世界；按照科学的实践方法办事，我们才能够改造了世界。中国革命和建设事业的成功既是实事求是的结果，也是严格按照科学方法办事的结果。而我们在新中国成立后发生的失误则是由于违背了实事求是和按照科学方法办事这两个原则所造成的。今天，我们仍然应当大力提倡实事求是与按照科学方法办事，这才能够使我国成为富强、民主、文明、和谐的社会主义现代化国家的奋斗目标早日变成现实。

五 实现目的要依靠自己的努力

由于规律既非实存与强制力，又不是有利于人的好的做法，因此我们在实际工作中，除了在决策和确定方法时应当以它为根据外，不能再指望它发挥什么作用。夸大规律的作用，误以为它能起到它实际上起不到的作用，以致产生了依赖规律的心理，是会贻误我们的事业的。规律表明了事物存在和运动的“真相”，然而就是这一功劳也应归功于发现规律的人。即使是已被发现出来的规律也只是交通图，路还得我们自己去走。生活在尘世中的人们，事实上并没有多少可供依靠的东西。规律不能靠。决定的一方又如何呢？应当承认，现实中的那些并非由人所造成的“本”（本带引号，见本书第72页的说明）之中确有一些是可以为人所依靠的，如太阳供给我们以源源不断的光和热；万有引力使我们牢牢地站立在大地上而不至于飘浮到空中，无依无靠；大气中有大量的氧气供我们呼吸；地下和河道中有可供我们饮用的水源等等。但是，自然界所提供的这些条件，就连美国心理学家马斯洛所说的人的最低级的需要——生存需要也满足不了。正如人们制造不出不耗费能量就能转动的永动机一样，人不劳动、创造，自己的需要也得不到满足。因此，任何人都必须树立“要靠自己”的观念，以实际行动去改造世界，而不应有依赖别人的侥幸心理。毛泽东早就说过：“一切不经过自己艰苦奋斗、流血流汗，而依靠意外便利、侥幸取胜的心理必须扫除干净。”①所以必须如此，是因为我们所面对的是一个无神无仙无救世主和上帝存在的物质世界，其中的任何一物都需要我们用超过它的抗改变力的力量去作用于它，才能够改变了它。而我们所以必须去改变它们，就在于它们不适应我们的需要，而规律则既没有也不可能为我们着想并发生有利于我们的作用。因此，我们需要通过劳动去改造自然和社会已有之“本”，以使其“标”能适合我们的需要。我们更需要依靠自己的智慧去组合、创造自然和社会未有之“本”，以引起自然和社会还未有的运动，以满足社会的物质与精神需要。当然，在现实世界中，有一些条件是我们在短期内还造不成的。这类事情也就不是我们在短期内所能决定的。但是，同样有许多事情是我们可以通过努力而决定了的。因此，当着我们遇到了自己暂时还决定不了的事情时，不应当望洋兴叹，消极等待，指望有人来做出什么有利于我们的决定或干出什么能使我们获得渔翁之利的事，而是应当努力地去做自己所能决定了的事。这样的事情做得多了，我们的力量也就壮大了，能力也就增强了，原来所决定不了的许多事情，也就可以决定了。人类社会其实就是人们通过先做能决定了的事而积累了力量、增强了能力后逐步地扩大决定的范围而发展的。那种在顺利时看不到困难，盲目乐观，无所事事；不顺利时又怨天尤人、破罐子破摔而不思奋起、不去努力的态度是不足取的。

现在我们都已经知道，社会运动也是表现着一定规律的。但

---

① 《毛泽东选集》第4卷，第1181页。

是，社会运动的规律也同自然界的规律一样，对于人来说是“中性”的，它既不会帮助人，也不会对人有妨碍。因为这种规律也是对大量不同情形的概括，它不仅概括了人们付出了正确的努力因而推动了社会的进步这种情形，而且概括了人们没有付出努力以致社会没有进步的情形和虽付出了努力却因这努力是错误的以致延缓甚至阻碍了社会进步的情形。社会能否有进步，就取决于人们是否努力和如何努力。正如毛泽东所说：“中国的前途如何，靠我们大家的努力如何来决定。”① 今日中国社会进步的可能要变为现实，也要靠我们大家去努力。如果我们付出了最大的努力，且这努力是正确的，进步的可能就会成为现实。如果大家都坐着不动或虽动了但却不是积极主动、全力以赴，而是消极怠工、应付差事；或者，虽然付出了艰苦的努力，但这努力却是错误的，那么，延缓了社会发展的可能就可能变为现实。高尔基说得好：“现实是人创造的，如果现实不好，那么除了我们之外，谁也没有罪过。”② 一时期社会发展得快慢主要就取决于这一时期的人们是否努力和如何努力。

社会主义制度的建立，为我们向着既定目标的迈进提供了极为有利的条件。但是，由于社会主义体系在其建立之初，在世界范围内还处于劣势，刚刚掌握政权的工人阶级及其政党还缺乏现成的经验可资借鉴，因此，要想取得社会主义建设的成功，还须

---

① 《毛泽东选集》第4卷，第1161页。

② ［苏］高尔基著：《论文学》，人民文学出版社1978年版，第224页。

付出极为艰苦的努力，而且必须是正确的努力。如果有不好的制度、政策，而又不予改变，导致失误过多过大，就还有可能失败。毛泽东在谈到矛盾的主次两方面相互转化时就曾说过，如果革命党人犯了错误的话，“顺利也能转化为困难”①。他的这话告诉我们，我们的前途完全取决于我们自己做得怎么样。这种根本不把希望寄托于规律和别人身上的态度才是彻底唯物主义的态度。苏联、东欧的剧变就是他这话的又一极好的证明。因此，工人阶级政党及其所领导的人民在社会主义建设时期还必须居安思危、奋发努力。现在看来，进行这种努力首先应做的就是要不断完善适合生产力发展的政治、经济和法律制度，把包括执政党在内的所有党派、团体和人的所有活动都纳入到科学的制度、完善的法律的管辖之下。只有这样，才能够保证我们的路线、方针、政策和决策不至于有大的失误，而保持基本正确。只有这种正确，才是我们的事业取得胜利的最可靠的保证。社会主义制度只有做到了不仅在政治上比资本主义更民主，而且做到了在经济发展速度上也比资本主义要快，在精神文明建设方面也做得比资本主义要好，才能在与资本主义制度的竞争中立于不败之地。

---

① 《毛泽东选集》第1卷，第325页。

第八章　利用规律论

哲学观点也有落后于实践的时候，如国内有的哲学论著和教科书关于如何利用规律的说法便可以认为是一个实例。这一问题虽然在实践中早已为人们所解决了，但在哲学上却还没有被解决。

规律能否为人所利用呢？笔者也认为，回答应当是肯定的。但国内有的哲学论著和教科书中的关于如何利用规律的一种说法却是我们不敢苟同的。这种说法认为：“充分发挥主观能动性，就能够创造条件使客观规律向着有利于人们的方向起作用”[①]。还有的作者认为：“人可以使用自己的躯体和物质工具作用于客观世界，引起自然界的某些变化，并能有目的地引发、调节和控制自然界中的物质、能量和信息过程，使各种客观规律共同作用的结果发生有利于人的变化或保持有利于人的稳定性。”[②] 现在看来，这些说法都是值得商榷的。遗憾的是，国内哲学界至今还未有人对这些说法进行过推敲，以致在现今的大学毕业生那里出现了对于这一问题的种种错误的理解。因此，对于这一问题现在还大有提出来予以讨论的必要。

---

① 北京大学哲学教研室组编：《马克思主义哲学原理》，第605页。

② 《中国大百科全书·哲学Ⅱ》，第1259页。

一 人以规律为指导去做出新发现

从上述如何利用规律的说法中，我们可以看到一个共同之点，那就是认为，物质世界中能够发生作用的，除了人、物质、能量以外，还有规律。规律能否发生作用呢？我们在前面的第二、三、七章已经说明，由于规律是本质之间的关系，因而不是实存、实在，就如同“地图不是领土”① 一样。规律仅仅是人对于物质存在和运动的种种不同情形的概括，是人的思维对应现实世界进行的观念性的建构。这些建构可以表现为由概念、范畴、符号组成的公式、判断，但却不是独立的存在或强制力。说现象、联系总是在表现着规律，是因为规律是对同一类联系的高度概括，是覆盖了众多具有特殊性的联系的一般形式，是因为现象总是像人根据规律所预料的那样产生、存在和消失（这说明人们所发现的规律是符合现象世界的，是能够概括已经发生和尚未发生的那一类现象和联系的），总是在证明着规律，而不是说规律是先于现象和联系而存在着的。由于规律只是人对于现实联系的概括，就像地图只是真实的地理状况的一种摹写一样，因此它根本不可能发生任何一种作用。以为规律能发生什么作用，就如同古代的人们以为人的生死祸福和未来是由子虚乌有的命运所决定的一样。

---

① 阿尔弗莱德·考茹伯斯基语。转引自弗兰克丁·布鲁诺著，王晶译：《通向心理健康的7条路》，上海文化出版社1998年版，第48页。

规律既不能发挥触动、影响事物的作用，那么人又是怎样利用规律的呢？从科学史上的实例看，似可认为有两种方式。现在我们先来分析一下第一种方式。

人利用规律的第一种方式是以已被人们发现和认可了的规律为根据去判断未知，以规律为指导去发现新规律。根据已发现的规律去判断未知的实例有：英国的亚当斯和法国的勒维烈根据牛顿的万有引力定律计算出了未知行星的位置；门捷列夫根据他所发现的元素周期律预言了尚未发现的新元素以及这些元素的原子量及其性质；麦克斯韦根据他所建立的电磁场的基本方程——麦克斯韦方程组——预言了电磁波的存在；爱因斯坦根据他所建立的广义相对论预言了光线在引力场中的偏折和光谱的红移。这些预言都为后来的观察、实验和发现所证实。

根据已被发现和认可了的规律去发现新规律的实例则可分为两种情形。一种情形是以普遍规律和一般规律为指导去认识、发现新的特殊的规律。毛泽东以“对立统一”和“阶级斗争”观点为指导去进行调查研究[①]，终于对中国社会有了深刻的认识，是我们大家所熟知的一个实例。科学研究中，人们以因果观念为指导去揭示具体结果的原因，进而概括出属于因果关系类型的特殊规律的例子，也是俯拾皆是。爱因斯坦说：“普遍的因果关系的深刻知识具有头等重要的意义。”[②] 他所看重的正是因果观念

① 《毛泽东文集》第2卷，人民出版社1993年版，第380页。

② 《爱因斯坦文集》第1卷，第518页。

对于认识、发现的意义。函数关系（“函数关系的本质就是对应。”①函数关系所表现的普遍规律是彼此对应规律，见本书第五章）可说是与因果关系一样普遍的一种关系。现代的科技人员“根据事物的直接数量关系建立函数关系”，或者“根据几何或物理概念建立函数关系”，或者“通过观察、实验建立函数关系”②，并且根据实验数据和经验曲线建立函数关系的近似表达式即经验公式，也是以一般规律为根据去发现特殊规律的实例。

另一种情形是以特殊规律为“参照物”去发现新的特殊规律。西德科学家M·V·劳厄说：“库仑假设两电荷之间的作用力与电量成正比”，“与它们之间的距离的平方成反比”，“这纯粹是对牛顿定律的一种类比”③。傅立叶把热现象与力学现象相类比，借鉴力学规律的数学表达式，建立起了他的热学理论。安培又把电流的传导同傅立叶的热传导定理相类比，推导出了电传导的数学公式。德布罗意把物质粒子与光相类比，提出了物质波假说，建立了德布罗意公式。这些都是借助类比发现规律的好例子。

规律为什么能够作为人们判断未知的根据？原因就在于规律乃是一般。这一般总是对一大类型的具体联系或具有普遍性的联系（必然联系、规律性）的概括。这种概括不仅揭示了联系的两个方面的本质，而且还表明了这两种本质之间的关系。这种关

---

① 王小铭，徐启荣著：《一元微积分浅析》，第3页。

② 吴海明编著：《变量与函数》，上海人民出版社1975年版，第73—78页。

③ ［德］劳厄著：《物理学史》，商务印书馆1978年版，第43页。

系乃是不同所表现出的相同，变化所表现出的不变，特殊所表现出的普遍，以致人们掌握了它以后，在了解并掌握了联系的一个方面的量之后，也就可以借助这种关系很容易地计算出另一方面的量（包括大小、多少、规模、程度等等）。例如，在经典力学中，当质点在某一时刻的状态为已知时，由质点的运动方程（牛顿方程）就可求出以后任一时刻质点的状态。甚至就连在只能用波函数来描述的微观领域，由于已经认识了微观粒子运动的规律，因而只要我们知道了微观粒子在某一时刻的状态，通过同一方程（薛定谔方程），也可以求出以后时刻粒子所处的状态。

普遍规律和一般规律能够作为人们发现特殊规律的根据的原因在于它们所概括的范围远大于特殊规律。尽管这种概括是人们根据已经发现的大量联系做出的，但尚未发现的这一类型的联系仍然是无穷无尽的。概括这些未知的联系，还可以建构出很难说还会有多少的特殊规律。尽管这些特殊规律一定还要有自己的特殊性，但它们所概括的联系仍然在普遍规律和一般规律所覆盖的范围内。如凡是因果关系类型的特殊规律，就一定有一方面属于因，有一方面属于果。尽管构成原因的因素的多少可能不同，因、果的内容也不同，但总还是可以称之为因和果的。由于这个原因，以因果观念为指导（如发现一新现象后，即去追溯其原因），就可以发现属于它这一类型的特殊规律。而以函数关系为指导，则可以发现对应关系类型的特殊规律。列宁说，辩证法也是“认识的规律”①，其原因可能就在于此。

---

①《列宁全集》第55卷，第305页。

那么，相对于一般规律来说已是最低层次规律的特殊规律何以也能给予人们发现新规律以帮助呢？这是由于物质世界中作为同一普遍规律的表现形式的现象、联系乃至它们最先表现着的特殊规律在形式上具有很大的相似性。由于这些表现形式一定要有相似性，因而人们可以试着用已发现规律的框架、构成、形式去概括新发现的现象、联系。这种概括未必会是完全合拍的，但根据新的发现对原有规律的框架、构成、形式作一些相应的修改，往往就可以使这种经过修改的形式适合新内容。库仑定律与万有引力定律所以会有完全相同的形式，也就在于它们都是标本关系（见本书第四章）的一种表现形式（它们所表现的都是事物倾向的量与其根据的量之间的关系）。

二　人根据目的与规律确定实践与认识方法

人利用规律的第二种方式是根据自己的目的和已发现的规律确定实践与认识的方法。根据规律与目的去确定实践方法、发明技术的实例很多，此处仅择几例：

法拉第根据自己所发现的电磁感应现象（具有普遍性的联系）发明了世界上的第一台发电机。

英国外科医生利斯特根据巴斯德“细菌是腐败的真正原因”的学说，发明了在手术前后用石炭酸消毒的方法，使手术后病人的死亡率大大降低。

爱因斯坦于1917年提出原子系统与辐射场相互作用时会产

生受激发射的理论。根据这一理论，美国的一些科学家于 20 世纪中期制成了激光器并很快就应用到了技术中。

以量子力学、固体物理学、能带论、扩散理论、导电机理模型等科学理论为基础，肖克莱、巴丁、布拉坦等人发明了晶体管技术，为微电子技术、通信技术、电子计算机技术奠定了基本的技术原理，使人类进入了网络时代。

20 世纪 70 年代，以现代分子生物学、细胞生物学等科学为基础，兴起了通过基因重组、细胞培养、细胞融合和酶反应等人为控制改变生物遗传性状、按照人类的需要创造出新产品或新生物的以基因工程为核心的现代生物工程，现已波及到工业、农业、医学等部门，正在对社会发生着深远的影响。

规律能够作为人们确定实践方法和发明技术的根据的原因在于每一个规律都是对大量有差别的现实联系的概括。与它作为人们认识的根据和“参照物”所不同的是，它在作为人们确定实践方法的根据时，只是全部根据的一个部分或一个方面。人们确定用什么样的方法去实现目的同时还必须以人自己的目的为根据。这是由于“人本是一个依照目的而活动的东西，他没有一个目的，就什么事情也做不出来。”① 没有目的，人们就不知道该做什么，更不知道应该怎样去做，也无法利用已有的条件，正如小塞涅卡所说：“如果一个人不知道他要驶向哪个码头，那么

---

① 《费尔巴哈哲学著作选集》（下卷），三联书店 1959 年版，第 627 页。

任何风都不会是顺风。”①　当然，仅以目的为根据，人们也无法确定出达到目的的正确方法。这是因为目的只是以观念的形式预先存在于人们头脑之中的活动的结果。它只拟定了目标，而没有说明怎样才能实现了这种目标。要确定出正确的方法，还需要知道观念形态的结果变为现实所需要的条件，甚至还需要知道这种结果不能变为现实的原因。其原因是人们必须借助具体的事物、事物的本性、物质的力量、能量才能实现了自己的目的。诚如列宁所说：“人在自己的实践活动中面向客观世界，以它为转移，以它来规定自己的活动。”②　什么因素可以担当除了目的之外还必须有的另一种根据呢？历史上，人们长期用以作为确定方法、技术的根据的是经验。所谓经验，就是指人们在同客观事物直接接触的过程中通过感官获得的关于客观事物的现象和外部联系的认识。经验虽然还有片面性的局限性，但以它为根据就好似一个人到某一个地方以曾经走过的路为途径一样，还是可以确定出实现目的的方法的。因此，以目的和经验为根据比起只以目的为根据的主观主义的做法来，还是一个巨大的进步。然而，由于经验主要是人们以别人的特别是自己的亲身经历为基础的认识，因而，以它和人的目的为根据确定的方法和发展出的技术未必就是最好的，甚至很少是最好的。而且由于人们在以经验为根据时，对经验以外的情形并不了解，以致往往会固守于经验所提示的方

① 转引自陈绪万、晓晴编：《说话 · 演讲 · 写作 · 处世妙语辞典》，陕西人民出版社 1991 年版，第 91 页。

② 《列宁全集》第 55 卷，第 157 页。

法而不敢轻易越雷池半步。至于到了自己所未经验过的领域，则更是一筹莫展。可与目的一起作为确定方法、发明技术的最理想的根据是规律。规律能够肩负此项重任的原因在于它不仅表明了作为预设结果的目的的实现与什么因素、条件有关，而且还表明了它们之间具有什么样的关系。这种关系可以表明有关的因素、条件达到什么样的规模或程度时才能使人们自己感到满意。规律总是对大量不同情形的概括。在这些不同的情形中，既有符合人的目的的情形，也有不符合人的目的的情形。符合人的目的的情形是由能造成这种情形的条件所引出的；不符合人的目的的情形则是由只能造成这种情形的条件所导致的。因此，当着人们的目的已经确定了时,创造能够引出理想情形的条件就是最为理想的选择。而这也就是实现目的的方法、措施、窍门。规律就好似交通图,人们掌握了规律,也就像汽车司机因为有了交通图而能够知道通过哪条道路到达目的地最近一样,知道应当用什么方法去实现目的了。如当人们知道了一个企业经济的发展取决于哪些因素后,也就知道应当采取什么措施去促进企业经济的发展了。正因为如此,主要以科学发现为基础去发展技术的 20 世纪,技术的发展速度就远远超过了主要以经验性的发明去发展技术的 19 世纪。

同样，在人类积累的认识方法的宝库中也有相当多的方法是人们根据规律和人自己的目的两方面所选择、确定的。诸如，以对立统一规律为根据的矛盾分析法，以因果关系为根据的由果求因法，以函数关系为根据的函数分析法，以系统规律为根据的系统方法，以经典力学规律为根据的天体力学方法，以物质组成规律为根据的分析化学方法，以量子力学规律为基础的量子化方法，以比尔定律为基础的比色分析方法，等等，就是这样的方法。认识的方法也必须以人的目的为根据这一点是显然的。人们愿意采用科学的方法去认识世界，而不愿意采用不科学的方法去认识世界，就表明人所选定的方法是体现着人自己的目的的。至于认识的方法也要以规律为根据，则是由于规律本质上是关于世界的说明。这种说明虽然是抽象的、一般的，但这种抽象却如列宁所说，是“更深刻、更正确、更完全地反映自然”① 的。由于有了这种说明，人们的认识因此可以从一开始就站到一个较高的起点上，即知道应当用什么方法去认识同一类型的现象了。如当人们知道了物质世界的任何事物和过程内部都有互相依存、密不可分的两个方面，且这两个方面是始终对应着（如质对应着量，果对应着因，质量对应着能量，功能对应着结构，物体的位移对应着时间的变化，等等）时，也就知道可以由此及彼，用此方的量去量度彼方的量了。克劳斯说：“理论确定实际情况是什么，方法则说明人们的认识活动和实践活动是如何根据实际情况进行的。”② 他的这话所隐含的一个意思是，方法应当根据反映了实际情况的理论、规律去确定。其实，当今时代的方法更多的是对于客观真理和已有知识的运用。一个规律的被发现，往往就是一个乃至多个认识方法的被发现，就是一个乃至多个实践方法的被发现。人们在哲学层面上把关于世界的根本观点运用于认识

---

① 《列宁全集》第 55 卷，第 142 页。

② 转引自王雨田主编：《控制论、信息论和系统科学与哲学》，中国人民大学出版社 1986 年版，第 275 页。

世界，形成了哲学层次的认识方法。在研究不同领域共同的问题时，把这些领域都在表现着的规律运用于认识，形成了一般的科学方法，诸如系统分析方法、信息方法、反馈方法、形式化方法、统计学方法、功能模拟方法等。在研究具体领域的问题时，把关于该领域已知事物的知识运用于认识该领域的未知事物，形成了特殊的、具体的或专门的认识方法。这些方法的运用不仅使愈来愈多的人增进了对于世界的认识，而且使世界被人们认识的范围正以前所未有的规模在扩展着。

综上所述可知，所谓利用规律，实质上就是人以已被发现的规律为根据去判断未知，以已经掌握的规律为指导为参照去发现新规律，就是以人自己的目的和规律为根据去确定实践与认识的新方法，去发明创造。规律在人们利用它的时候，它的角色就是作为人们认识、判断、推理、确定方法乃至决策的根据。由于它已是经由人们的实践检验过的真理,因而是一种较为可靠的根据。人们在用它作根据时,需要注意的,就只是要明确它所适用的范围。可以说,以规律为根据去判断、认识、决策、实施,就是人类获得事业成功的秘诀,至少也是获得事业成功的秘诀之一。

近现代以来，许多由人们根据规律提出的认识方法、实践方法在经过实践的反复检验后已经积淀成为定型的方法。这些方法中，不仅有许多是以普遍规律和一般规律为根据的方法，而且有许多是以特殊规律乃至具有普遍性的联系（具有普遍性的联系是指规律的基本表现形式说的，如热涨、冷缩，电磁感应现象，光电效应，杂交优势现象等）为根据的方法，这些方法已经与人类通过经验摸索到的方法一起被吸收进了人类的方法论宝库中。但是，随着人类认识的规律的数量的增加，以规律为根据的方法的增长速度将会远远超过经验方法的增长速度，人类认识与改造世界的能力也将因此而大大增强。

三　利用规律的思维推理

人利用规律去实现目的，第一步是在头脑中进行的。人总是先根据规律和人自身的目的去进行推理，认为结论合乎自己的目的时，才会根据这种结论去行动。这种推理的一般形式是：以规律为大前提，以目的为小前提，得出的结论为实现目的方法、措施、窍门。例如，当人们要增加产品的价值时，就是以自己的目的和价值关系（其公式为：$V=\frac{F}{C}$，V 代表产品的价值，F 代表产品的功能，C 代表产品的成本）为推理的前提的，其推理的形式如下（我们用“⊿”表示增大、增加或增强；用“◺”表示减小、减少或减弱；用“$⊿^2$”表示更大的增加或更大的提高；用“$◺^2$”表示更多地减少或更多地削弱；用“⋈”表示“改变”，用“△”表示“不改变”）：

大前提（规律）：V = F/C

小前提（目的）：⊿V

结　论：① ⊿F；◺C。

② △ F；◺C。

③ △ C；⊿F。

④ ⊿C；$⊿^2$F。

价值关系属于标由本定规律（标由本定规律的形式可表示为：$B=R\frac{S}{I}$其中，B 为标，即被决定的一方；R 为与 B 有关的常量因素，S 为与 B 成正比的因素，I 为与 B 成反比的因素，R、S、I 构成本，即决定的一方，参见本书第四、六章）的表现形式，根据标由本定规律的推理，除了上述模式外，还有：

大前提（规律）：$B=R\frac{S}{I}$

小前提（目的）：◺B

结　论：① ◺S ；◿I ，⋈R

② △S ；◿I ，△R

③ △I ；◺S ，△R

④ ◺I ；$◺^2$S ，△R

人们也常根据对立统一规律和人自己的目的进行推理。对立统一规律的形式可表示为：

XYZ… ： ABC…

XYZ…为矛盾的一方，我们让 S 代表它：S = XYZ…。ABC…为矛盾的另一方，我们让 I 代表它：I = ABC… 。XYZ…: ABC…即 S: I。XY、AB 分别为矛盾双方的倾向的根据要素，Z、C 分别是 XY、AB 在一定的条件下产生的倾向及倾向所具有的量。Z、C 主要决定于条件，是条件的函数。我们用 w_a表示 I 方的条件（$C=f(w_{a1}, w_{a2}, w_{a3}\cdots w_{an})$，用 w_x 表示 S 方的条件（$Z=f(w_{x1}, w_{x2}, w_{x3}\cdots w_{xn}$，参见本书第六章）。根据对立统一规律的推理形式如下：

大前提（规律）：S∶I（XYZ… ∶ ABC…）

小前提（目的）：使S由次要方面变为主要方面

结 论：①⊿X，⊿Y，

②◺A，◺B

③⋈w_x以⊿Z

④⋈w_a以◺C

在现实中，有许多同时改变矛盾的两个方面乃至条件的情形，就都是根据对立统一类型的特殊规律做出的推理，诸如战争中的“保存自己，消灭敌人”[①]；“发展进步势力、争取中间势力、反对顽固势力”[②]；政治活动中的发展民主，健全法制；弘扬正气，惩治腐败；经济建设中的加强企业管理，加快科技进步，提高经济效益；文化建设与发展中的“一手抓繁荣，一手抓管理”[③]；等等，就是实例。不过，实践中的人们，由于受每一特定时期力量总是有限的这一点的限制，因而，往往不能够做到同时改变上述诸种因素。尤其当自己一方是矛盾的一个方面，且自己的力量还小于对立方面时，更难于做到同时改变多种因素。但有限的力量可以办有限的事。在自己一方的力量有限，因而不能同时改变诸因素时，就只改变其中的一个因素，或者只改变其中一个因素的一部分。人们在学习时采用的“循序渐进”的方法，“八面受敌”、“每次作一意求之”[④]的方法，科学研究中的“因素分析

① ②《毛泽东选集》第2卷，第482、745页。

③ 温家宝：十届全国人大三次会议《政府工作报告》。

④ ［宋］苏轼：《又答王庠书》。

法”、“逐步逼近法”，战争中采用的“集中优势兵力，各个歼灭敌人”的方法，为提高企业的竞争力而提出的集中化战略（也称目标聚焦战略、专一化战略）①等等，就都是这样的方法。

除了以上述两类型规律和目的进行的推理外，还有以对应类规律和目的进行的推理。彼此对应也是物质世界的一个普遍规律，其形式似可表示为：$y=f(x)$，$(x\in A)$。其中，x 为自变量，为此方；y 为因变量，为彼方（A 为函数的定义域）。y 与 x 始终是相对应着的，这种对应是以它们的每一个元素的对应为基础的（参见本书第五章）。根据这一规律的推理，其形式如下：

大前提（规律）：$y=f(x)$

小前提（目的）：⋈y

结　论：⋈x

自变量还有二元、三元、四元等情形，这时此方就由多个变量构成。如波函数 Ψ（x、y、z、t）就是四维函数。这里，改变 y，往往就需要改变此方的多个变量，但其推理形式与一元时的情形是相同的。

现实生活中，根据对应关系类型的特殊规律推出应采取的措施的情形是常见的。为什么要大力发展科学技术？因为科学技术的发展水平是决定劳动生产率高低的主要因素。劳动生产率就是劳动者生产的产品数量与所用劳动时间的比值，两者是相对应着的。劳动生产率高，生产的产品的量就大；反之则小。商家为何常常要降低所出售商品的价格？因为消费者对商品的需求量与商

① ［美］迈克尔·波特《竞争战略》，华夏出版社 2005 年版。

品的价格有对应关系：价格上涨，需求量就要下降；价格降低，需求量则会增加。一定时期的行政总产出与同时期的行政总投入是相对应着的，行政效率就是这两者的比值：

$$\text{行政效率}=\frac{\text{一定时期的行政总产出}}{\text{一定时期的行政总投入}}\times 100\%$$

因此，减少冗员，多办事，节约财力、物力，才能提高了行政效率。

除了以规律和目的为根据的推理外，还有以作为规律表现形式的具有普遍性的联系（也即必然联系）和目的为根据的推理。例如，以汉代王符指出的一种具有普遍性的联系为根据的推理：

大前提（联系）："君子所以明者，兼听也；所以暗者，偏信也。"①

小前提（目的）：要达到明

结　论：兼听

再比如以《礼记》所概括出的一种具有普遍性的联系为根据的推理：

大前提（联系）："凡事预则立，不预则废。"②

小前提（目的）：立

结　论：预

毛泽东在抗日战争时期根据对国民党内的大地主、大资产阶级顽固派的认识进行的推理，也是这一类型的推理：

① ［汉］王符：《潜夫论·贤难》。

② 《礼记·中庸》。

大前提（联系）：“以斗争求团结则团结存，以退让求团结则团结亡。”①

小前提（目的）：为了取得抗战胜利要求团结

结　论：以斗争去求团结

这一类型的推理不论是在中国，还是在外国，也不论是在古代，还是在现代，都是非常之多的。具有普遍性的联系虽还不等于是规律，但已经是人对物质运动的规律性（规律性与必然性、必然联系、具有普遍性的联系是同等程度的概念）的认识和把握，因而，这一类型的推理，也应当归结到以规律和目的为根据的推理之中。

不过，为着改造世界而进行的决策，还不仅仅是以规律和目的为根据的，而是还需要以所面临的条件即客观实际情况为根据。因此，当着人们以规律和目的为根据得出结论后，还要看客观实际条件是否允许我们按照这种结论去做。如果条件不允许我们依照这种结论去做，我们就还得考虑采取别的措施。这也就是决策需要具有创造性的原因。例如，20 世纪的六七十年代，上海市水文地质大队经过深入细致的调查研究，发现了上海地面沉降的原因后进行的推理：

大前提（规律）：地面沉降是由于大量抽取地下水造成的。

小前提（目的）：要制止地面沉降

结　论：停止抽取地下水。

但工业生产和人民生活的需要规定了城市不能停止抽取地下

① 《毛泽东选集》第 2 卷，第 745 页。

水。怎么办？水文地质大队决定采取回灌地面水以提高水位控制地面沉降的试验活动。经过实践，证明向地下回灌等量的水可以控制地面的沉降。这是决策同时还需要以客观条件和社会、人民的需要为根据的一个好例子。

以规律、目的和客观条件为根据的推理属于形式逻辑的可靠推理。可靠推理所以可靠，一是由于其前提是真实的，二是由于推理的形式是正确的、有效的，即是说结论与前提之间的联系是合乎逻辑规则的。恩格斯指出："如果我们有正确的前提，并且把思维规律正确地运用于这些前提，那末结果必定与现实相符"①。其实，以人的目的和规律这种比事实、现象更深刻、更正确、更完全地反映了客观现实的东西为根据进行的推理，同时也是符合人们自己的目的和需要的。这种推理实际上是人们在决策时经常采用的一种推理。遗憾的是，这样的推理至今未被人们明确为可靠推理的一项重要内容。应当承认，即便是在今天，人们也还经常不得不在还未认识了对象规律的情况下进行决策。但是，伴随着人类认识的规律的数量的增加，以规律和人自己的目的为前提的推理在人们的决策中所占的比例将会愈来愈大。因此，现在就把这样的推理确定为可靠推理的一项重要内容，不仅对于逻辑学、决策学的发展是有益的，就是对实践中的人们的实际决策也是大有益处的。

---

① 《马克思恩格斯全集》第20卷，第661页。

第九章　认识规律论

认识的总规律是什么呢？有的同志说是“实践、认识、再实践、再认识”（毛泽东并未说过它是认识的规律）。这种说法是难以成立的。因为按照列宁的说法，“规律就是关系”，而且是“本质的关系或本质之间的关系”①，因此，揭示认识的总规律，也就是要揭示各种各样的具体的认识所表现着的关系。这样的关系的确还是需要我们去探讨的。

一　与认识的价值有关的因素

“认识”这一概念常被我们在不同的意义上加以使用：作为动词，它表示的是主体反映客体、获得知识的活动和过程；作为名词，它表示的则是主体反映和研究客体所得到的结果。前者的实质是研究、思考、思索，后者的实质则是经验、思想、观念、意识、理论。“实践、认识、再实践、再认识”中的“认识”是前一种意义上的认识。本文所探讨的就是这种意义上的认识的规律。然而探讨这种意义上的认识的规律，却需要以后一种意义上的认识为起点。因为这后一种意义上的认识正是前一种意义上的

① 《列宁全集》第55卷，第128页。

认识的终点，以它为起点就如同由果求因时以结果为起点。因而本章要同时用到这两种意义上的认识。后一种意义上的认识同实践活动所创造的结果一样是有价值的。这种价值，人们事实上是以它的社会效益来衡量的，而它的社会效益的大小就取决于它本身的科学程度和它的内容所涉及的事物的范围。也就是说，认识的价值量乃是由认识的科学程度和认识的社会效用面这两方面融合而成的。社会效用面指认识的适用性在空间范围上的广度和在时间长河中的跨度，两者就好似一长方形平面的宽和长。如果把社会效用面比作一长方体的底面积，那么，认识的科学程度就好似这一长方体的高度，认识的价值量则好似这个长方体的体积。

但是，指出了认识的价值构成，还仅仅只是说明了认识过程的一端，即结果这一端。摆在社会的每一认识主体面前的最重要的问题还不是认识的价值由哪些方面构成，而是怎样才能够获得有价值的认识。规律既是关系，那么，揭示事物的规律也就是要揭示这一方面与哪些方面、哪些因素有关。认识既是有价值的，那么，揭示认识的规律也就应当去说明，认识的价值与哪些因素有关，认识的价值的大小取决于什么。笔者以为，找出了这些因素并说明了它们与认识的价值的关系，才能算是发现了认识的总规律。

实践是已被肯定了的一个与认识有关的因素，认识依赖于实践。作为过程的认识所加工的材料主要依靠实践来提供。没有实践就难以获得已有的知识所不包含的信息，因而难以有新的认识。但是，当着我们把实践和作为结果的认识联系起来，看它对于认识的价值的贡献时，我们会发现，实践虽能引发认识，但不是所有的实践都能够引出有价值的认识。因此，决定的因素与其说是实践，不如说是实践获得的信息和它的认识价值。考察人们的一部分实践，可以看到，不同的实践所获得的信息往往具有不同的认识价值。虽然，有了有认识价值的信息也未必就一定能够产生出有价值的认识，但有价值的认识却一定是以有认识价值的信息为基础的。经验信息的认识价值虽然也决定于信息的量，但更为重要的是这种信息的内容。实践经验即主体通过实践获得的信息及其认识价值乃是决定认识的价值的主要因素之一。

然而，认识也正如爱因斯坦所说的“科学”一样，“不能仅仅在经验的基础上成长起来”。[①] 经验信息虽是人们对客观事物和自己实践活动的真实反映，但它却同矿石一样是有待加工的材料。经验信息对于认识的价值的意义不仅在于它已经表明的东西，而且在于它尚未表明但却蕴含着的东西。要把它所蕴含的东西提炼出来，认识主体就要肯动脑筋进行思考。认识也依赖于思维[②]。许多杰出的科学家如牛顿、爱因斯坦等都曾指出，对问题进行长时间的连续思考，乃是获得发现的基本方法之一。但是，说认识取决于思维，还不能说已抓住了根本。人人都有一个能思维的大脑，为什么有的人能动脑筋思考，有的人却不能？有的人开动脑筋能结出硕果，有的人冥思苦想却无结果。研究一下这些问题，便可发现，思维还不是认识的价值的最终决定因素。主体

---

① 《爱因斯坦文集》第1卷，第309页。

② 参见李绍南：《认识依赖于思维》，中国人民大学复印报刊资料《哲学原理》1985年第6期。

要通过思维获得有价值的成果，除了需要拥有有认识价值的信息，还需要有高超的本领；正如要从一群看似普通的人中识别出未来的英雄，除了要求在这群人中的确有人具有成为英雄的品格外，还要求识别者要独具慧眼一样。决定认识的价值的那些更为重要的因素还在思维的背后。

智力在认识中的作用，早已为人们所肯定。但智力究竟是什么，直到现在也还是一个众说纷纭的问题。笔者倾向于同意我国已故著名心理学家杨清教授的看法：智力是指人的聪明智愚程度而言。[①] 那么，可不可以因为人人都有智力，就否认智力是制约认识的一个因素呢？不可以。因为智力水平的高低决定于人的天赋素质和后天环境与教育等方面的因素，这些因素由于不同的人所处的条件不同，决定了他们的智力水平也是有差别的。智力当然不是决定人在认识上能否做出成绩的唯一因素，国内外的许多心理学调查已经表明，仅有较高的智商并不一定能够在日后出类拔萃。但是，较高水平的智力对于主体获得科学的认识肯定是有利的。在其他条件相同的情况下，智力水平高的人的适应性要比智力水平低的人强一些，头脑要更灵活一些，思维要更敏捷一些，因此他们能够在信息的接收、储存、加工、输出等方面捷足先登，胜人一筹。这也是已为大家所公认的。

然而，即便是智商很高的人，要在认识上做出成绩，也必须拥有较为丰富的知识。知识在认识中的作用很早以前就为人们所认识到了。如《吕氏春秋》中就有“其知弥精，其所取弥精；

---

① 杨清著：《心理学概论》，吉林人民出版社 1981 年版，第 595 页。

其知弥粗，其所取弥粗”的说法。知识一经为主体所掌握，也就成了主体理解、接收、加工、整合新信息的工具。作为过程的认识就是理解、接收、加工新信息的活动（它的本质就是活动）。因此，你的知识愈丰富，所能接收到的有价值的信息也愈多，“你过去的知识越正确越广泛，那末猜到正确答案的可能性就越大”。[①] 认识的价值除了与认识者的知识总量有关外，还与他的知识结构状况有关。知识结构有合理不合理之分。知识结构合理的人有可能抓住机遇，做出科学发现。知识结构不合理的人则难免在实践中把最有价值的信息漏掉，以致错过发现的机会。

过去一直未曾被重视过的非智力因素，近些年来也成了人们议论的热点。许多同志在肯定智力或逻辑因素作用的基础上，强调了理想、需要、价值观和意志、情感、性格、兴趣等非智力或非逻辑因素在认识过程中的作用。这些心理方面的因素虽不能构成认识的具体内容，但对认识的产生、形成及具有价值却有着十分重要的作用。这种作用主要就是动力作用。人们在认识上能否取得成绩和成绩的大小，许多时候并不是由于智力因素上的差异，而是由于非智力因素的状况不同。认识史表明，认识主体只有具有以揭示物质世界奥秘为己任的高尚价值取向，才会献身于可能是得不偿失的科学研究工作；具有批判精神同时又具有顽强毅力者才有可能取得比较彻底的认识；热爱真理的人才会坚持不懈地去探索真理。至于那些缺乏动力、做什么事都需要别人去推动的人，在认识上也同在其他事情上一样将是一事无成。这两方

---

① 杨振宁语，引自《世界科学译刊》1979 年第 1 期，第 3 页。

面的情形都是心理因素影响、左右认识的表现。因此爱因斯坦说，“科学作为一种尚在制定中的东西，作为一种被追求的目的，却同人类其他一切事业一样，是主观的，受心理状态制约的。”① 有价值的认识是在和谐、健康的非智力因素的支持下形成的。

技能在认识中的作用也被提出来了。已有同志指出，智力技能可“提高认识的质量和速度”，“使人的智力活动自动化”②。技能虽不能构成认识的具体内容，但它却影响乃至决定着认识能否及时产生。技能水平不高，认识的形成和形成速度也要受到影响，因此，要想有先于别人的发现，认识主体就要努力掌握科学的思维方式与方法，有意识地加强思维训练。

二　认识的总规律及其形式表示

上节所说主体方面的因素虽都在认识过程中发挥着作用，但这些因素并不是独立发生作用的，而是凝结为主体系统的整体的功能来起作用的。已有同志提出，主体的认识结构是由“驱动系统”、“反映系统”和“操作系统”三个子系统组成的。这三个子系统分别附着在苏联学者鲁利亚经过数十年的研究认定存在于人脑中的“保证调节紧张度或觉醒状态的联合区”、“接受、加工和保存来自外部世界的信息的联合区”和“制定程序，调

---

① 《爱因斯坦文集》第 1 卷，第 298 页。

② 聂世茂著：《心理学表解》，重庆出版社 1987 年版，第 93 页。

节和控制合理活动的联合区”这三个基本机能联合区之上。[①] 笔者认为，这种说法是可取的。可否认为，非智力、智力、技能就是相互重叠、相互影响着的驱动系统、反映系统、操作系统的功能，值得我们大家来共同探讨。但是，整个认识主体系统由这三个子系统与主体的其他功能系统构成，却是可以认同的。从总体上说，认识主体系统是天赋人体机能系统通过后天的生活、实践、学习而逐步形成的，是能够自组织、自调节、自控制的高度完善的生理意识系统。认识主体具有这样的要素、子系统和结构，是它所以能够认识与改造世界的根本原因。

认识主体既是一个系统，那它就一定要有功能。由整个生理机能系统通过后天的实践、学习而具有了精神意识的整个主体系统的功能又是什么呢？笔者认为，如果要用一个概念来表示这种功能，那么，在现有的概念中，没有比“能力”这一概念更合适的。现行的不少心理学教科书把能力说成是个性心理特征的一种。笔者认为，把能力放在这种位置上，真是有些贬低了它。教育上强调既要注重传授知识，也要重视发展能力，毛泽东也曾说过，战争的胜负“还决定于作战双方主观指导的能力”[②]。这都是把能力当做主体系统的功能来看待的。基于我们在实际生活中对于能力的这类应用，笔者认为下面这些说法是可取的，即“人的任何能力都是一定知识、技能和他的概括化的心理活动的

---

① 张富昌、张正军：《论主体的认识结构》，《哲学研究》1987 年第 1 期。

② 《毛泽东选集》第 1 卷，第 182 页。

融合物”[1]。“能力 = 智力因素 + 非智力因素 + 心智技能 + 动作技能”[2]。能力有实践能力、认识能力、决策能力和专门能力之分。主体的认识能力就是认识主体系统的主要功能之一。这种功能同时也是建立在主体反映系统所储存的知识、经验基础之上的智力、非智力和技能的有机“合成”和集中体现。

生活于社会领域内的每一个精神正常的人都具有一定的认识能力。但是，这种能力的强弱却要因不同认识主体的生理、心理素质，知识、经验的多寡以及主体系统结构的状况而异同。要素素质和系统结构状况大致相同的人，其认识能力也大致相当。科学史上有所谓“偶合现象”[3]，即不同的认识主体各自独立地在不同的地方同时或不同时地完成了相同的科学发现。社会领域内也有所谓“英雄所见略同”等情形。这些情况出现的客观原因是在彼时彼地和此时此地都有表现某一规律的现象、联系发生，主观的原因则是由于这些不同主体有大体相当的认识能力，或是在对某一或某些问题的认识上都达到了某种水平。如果不同主体系统的要素素质或系统的结构不同，那么他们的认识能力也就会有差别。

认识上的机会或机遇对现实中的不同认识主体来说，并不是均等的。但是，这种不均等在许多时候并不是由认识主体所不能

---

① 韩进之、张丽华：《现代心理学关于能力的研究》，《辽宁师范大学学报》1989 年第 4 期。

② 杨昌勇：《非智力心理因素辨析》，《教育论丛》1990 年第 3 期。

③ 参见周慧超：《科学创造中的偶合现象》，中国人民大学复印报刊资料《哲学原理》1988 年第 2 期。

控制的条件造成的，而往往是由主体的能力和努力的不同所造成的。这是因为不论是获得有价值的信息还是实现对于信息的科学加工都不仅需要主体付出艰苦的劳动，而且要求主体要有较强的认识能力。主体的认识能力对认识的价值的决定体现在认识的全过程中。对实践，它能够起到选择和指导的作用。人生的十字路口无穷无尽，需要我们不时做出选择。但是，只有那些认识能力较强的人才有可能自觉地去选择从事那些虽极其艰难却具有较大认识价值的实践，以求获得有较大认识价值的信息乃至有较大价值的认识，从而实现对于社会来说是有较大意义的认识上的突破和对于客观世界的有较大意义的改造，而不像那些没有见识的人一样或是随波逐流，或是只找一些容易做的事情去做。实践要取得成绩，还需要有思想的指导。近现代科学中大量出现的“假说——实验”这种事实表明，思想对实践的指导与主体对实践的选择一样重要。没有正确思想指导的实践是盲目的实践，而盲目的实践是难以有成绩的。因此，以什么样的能力水平进入实践，关系到个体在认识上能否取得成绩。过早地进入实践，虽能较早地开始积累经验，但若无较强的认识能力而又不注意在实践中学习，就会如同那些因缺乏先进设备而无法把矿石中最有价值的东西提取出来的工厂一样，无法通过加工经验做出有价值的发现。

但是，上述两种作用还只是认识能力对于认识价值的间接决定。认识能力的更为重要的作用还是体现在主体对新信息的鉴别、收集和加工上。现代认知心理学的实验和研究表明，主体因素在感觉、知觉、表象阶段就已经开始发生作用了。究竟什么样的信息能够引起主体的注意并为主体所接收，要取决于主体的知识结构、知识水平以及需要、志趣和价值取向等方面。“对于没有音乐感的耳朵说来，最美的音乐也毫无意义”[①]。只有那些有足够鉴别能力的人才能够做到对于接触到的信息的意义有较为准确的鉴别。这种鉴别能力就是我们中国古人所说的见识。所谓见识，就是指明智地、正确地作出判断及认识的能力。巴斯德说：“在观察的领域里，机遇只偏爱那种有准备的头脑”[②]。这种" 有准备的头脑"，就是发现者能够有见识的基础之一。贝弗里奇在谈到这种“有准备的头脑”时指出：“有时，机遇带给我们线索的重要性十分明显，但有时只是微不足道的小事，只有很有造诣的人，其思想满载着有关论据并已发展成熟适于作出发现，才能看到这些小事的意义所在。”[③] 这种“很有造诣”和“思想满载着有关论据并已发展成熟适于作出发现”的状况，就是主体具有或是在某一个问题上具有较强认识能力的表现。

到了对信息进行加工的阶段，认识能力的作用就表现得更为明显了。“认识是人对自然界的反映。但是，这并不是简单的、直接的、完整的反映，而是一系列的抽象过程，即概念、规律等等的构成、形成过程”[④]。相对于认识主体最终形成的认识说，主体的认识能力对于它的贡献还要表现在主体运用思维加工信息

---

① 《马克思恩格斯全集》第 42 卷，人民出版社 1979 年版，第 126 页。

② ［英］转引自贝弗里奇：《科学研究的艺术》，第 35 页。

③ 贝弗里奇著：《科学研究的艺术》，第 37 页。

④ 《列宁全集》第 55 卷，第 152 页。

的科学程度上。认识史已表明，认识能力强的人，对信息加工的科学程度就高；而认识能力弱的人，对信息加工的科学程度则较低。因此，认识主体要想获得有价值的认识，就必须有较强的理论思维能力。刻卜勒、牛顿、麦克斯韦所以能够在科学上取得那样辉煌的成就，就在于他们都有很强的抽象思维能力。近代中国的科技所以会落后于西方，一个重要的原因也就在于这种抽象思维能力在近代中国还没有真正地发展起来。当然，在科学已从宏观向宇观和微观两个方向迅猛扩展的今天，即使我们有较强的抽象思维能力，也已显得不够了。而在科学发展的早期不大被重视的猜测、怀疑、直觉、想象等创造性思维能力的强弱却愈来愈成了衡量主体认识能力强弱的重要标志，成了决定主体能否做出发现的关键。大家知道，爱因斯坦就是从对经典力学基本概念的怀疑开始创立相对论的。而道尔顿、法拉第、凯库勒、卢瑟福、玻尔等人则主要是凭借他们丰富的想象力做出重要发现的。可以说，在实践经验的多寡和经验信息的认识价值大致相同的情况下，主体的认识能力愈强，所能获得的认识也愈多，所获得的认识的价值也愈大。这也就是说，主体的认识能力还决定着主体所拥有的信息的认识价值的实现。正如商品只有通过交换，商品的价值才能得到体现一样，只有当主体从信息中发现或提取出有价值的东西，这信息对于他来说才是有价值的。否则，再有价值的信息对于认识者来说，也是没有意义的。认识上的悲剧，既有因无实践而使能力无用武之地以致白白浪费掉的；也有因无能力以致未能从所积累的大量宝贵的实践经验中提取出有价值的东西致使这些经验付诸东流的。主体的认识能力和主体为获得有价值信息而去进行的实践一样是主体获得有价值认识的必要条件，离开了这两方面中的任何一方，主体都难以获得有价值的发现。

综上所述，似乎可以认为，认识的价值取决于主体所获得的一定量信息的认识价值和主体加工信息的科学程度，就是认识的总规律。如果我们用 K 表示一种认识的价值，用 I（p）表示作为信宿的认识主体所获得的关于某一事物或现象的信息量（P＝（$P_{(x_1)}$，$P_{(x_2)}$，……$P_{(x^n)}$，是事件 X 的概率分布，其值范围拟为：$0<p<1$），用 V 表示 I（p）这种信息的认识价值（其值范围拟定为：$0\leqslant V\leqslant 99$），用 C 表示认识主体对所获得的信息加工的科学程度（其值范围拟定为：$0\leqslant C\leqslant 1$；它就是主体认识能力强弱的数值表征；当 $C=1$ 时，表示主体对所得到的信息的加工是完全科学的，所得到的认识是完全正确的认识），那么，认识的总规律就可表示为如下形式：

$$\mathbf{K=(I(p)+V)\times C}$$

从上面所拟定的各要素的数值范围看，认识的价值是以 100 为范围且一定是小于 100 的。因此，不同认识的价值可通过比较它们的绝对值而看出它们的价值的大小。当着我们比较对同一对象的认识时，因为我们所获得的关于这一对象的信息，它的认识价值是一定的，因而对于它的理性认识的价值是一定高于对于它的感性认识的价值的。但当我们比较对于不同对象的认识时，因为我们所获得的关于不同对象的信息，它们的认识价值是不同的，因而对于其中一对象的感性认识的价值甚至还可能会高于对于另一对象的理性认识的价值。其原因就在于我们所得到的前一对象的信息，它们的认识价值是比较大的。尽管这种认识还没有完成，但这种感性认识可能是一种较为重要的发现。这种发现有可能被后人加工而成为一种有较大价值的认识。自然，这是以这种感性认识公之于世为前提的。倘若这种认识并未公之于世，而是随着个体消亡而消失了，那它也就没有价值了。一种认识有无价值要由世人来评价，若世人并未知晓，自然也就谈不上有什么价值了。

三　认识的总规律对认识与决策的启示

关于认识总规律的以上表述，笔者自以为要比以前的说法要好一些，但这一表述仍然是一种猜测，它或许仍可能是人们迈向更科学表述所要超越的一个表述。但是这种表述，已可以给我们的认识以一些新的启示。上述公式表明，认识主体获得一定的信息乃是思维运行的前提。大脑若无新的信息输入（即 I（P）=0），就会处于思维滞留状态。而要获得信息，主体就必须去实践。公式同时还表明，主体认识世界，没有实践固然不行，可是仅有实践而其通过实践获得的信息没有认识价值（即 V=0）也不行（当 V=0 时，由于主体从所获得的信息中发现不了什么，因而 C 也就只能等于 0）。主体所获得的信息本身具有认识价值是使认识有价值的关键因素。因此，谁想在认识上有所贡献，谁就不应当一直待在书斋中。毛泽东曾说过：“书斋中不能发展理论”[①]。即便是在科技已很发达的今天，要在书斋中发展理论也还是很困难的。要想发展理论，就得去捕捉有价值的信息，为此，就一定要去实践。这种实践不应当是一年去进行一两周的那种实践，而最好是长年累月或每年至少有半年以上时间沉浸在实践活动中的那种实践。

要认识世界，就要去实践。这是前人已经千百次地强调过的主张。这也就是由于，只有去实践了，你的头脑才能够成为有米之炊。但我们也看到，有的人实践了一辈子，也未曾发表过什么有价值的观点。这种无言，在一些人那里，可能是由于文化水平不高，无法总结出真理。而在另外一些人那里，则可能是由于他没有从事了可以使自己有所发现的实践，或是由于没有使自己所从事的活动成为创造性的实践，而是如有的学者的分类所说的那样，只是进行了重复性、模仿性的实践。[②] 这可以说明，不是所有的实践都能够获得有价值的信息。因此，要有所发现，就不仅要去实践，而且要对实践进行选择。人们的社会实践有多种类型，你若选择从事了模仿性、重复性的实践，只是想生产出可供销售的商品而没有革新技术、改进工艺、提高生产效率的想法，你的确难以获得有价值的信息。想要有所发现和创造，就要选择并从事能够让自己实现了这种目的的实践。前人的实践已表明，你以创新为目标，你才能够有创新；你有发现的强烈愿望，你才

① 《毛泽东哲学批注集》，中央文献出版社 1988 年版，第 421 – 422 页。

② 蔡英田：《论创造性实践与重复性实践》，《吉林大学社会科学学报》1993 年第 2 期。

能够有发现。立志“要为人们解除痛苦”[①]，消灭天花的詹纳，终于发明了牛痘接种法。已经成了名画家的莫尔斯要发明电报，真的就发明了电报。[②] 即便是从事生产产品的实践，你若能够有革新技术，改进工艺的想法，你也能够从生产的过程中发现有价值的信息。个体能否有所创造的关键，首先就是要看他有无这样的想法。历史上的那些在认识与实践上有创新的人物所以能够有所建树，就是由于他们坚持选择了创造性的实践，法拉第出名后，法院聘请他去做鉴定，他为了专心进行科学研究，放弃了这项可得年薪25000英镑的工作，甘愿只拿每年500英镑的报酬，坚持在英国皇家学会做他的研究工作。他所过的生活是简朴的，但却为社会做出了重大贡献。[③] 以毛泽东为代表的老一辈无产阶级革命家没有走没有什么风险的人生之路而坚定不移地投身到了中国革命这一伟大而艰险的事业中；在争取革命胜利的过程中，他们坚持把马克思列宁主义的普遍原理与中国革命的具体实践相结合，创造性地发展了马克思列宁主义，终于领导中国革命取得了胜利。毛泽东在新民主主义革命时期的著述就是认识了中国社会和中国革命的规律性的佳作。

个人能否从事了创造性的实践，一是要取决于他有无进行这

① 李辉等编写《机遇垂青有准备的人》，商务印书馆2011年版，第78页。

② 李辉等编写《自古英杰多磨难》，商务印书馆2010年版，第71－77页。

③ 《世界名人画传》（B册），江苏少年儿童出版社1989年版，第296页。

种实践的强烈愿望，二则是要取决于他有无充分的自信。巴尔扎克曾说过："没有伟大的愿望，就没有伟大的天才。"[①] 伯纳德·马拉默德也认为："一个人如果认为自己在一生中能干一番不寻常的大事，就比没有远大理想的可怜虫有更多的成功机会。"[②] 爱默生则颇为肯定地说："自信是成功的第一秘诀。"[③] 他们的这些观点，早已被许多人的实践证明是真理。因此，倘若你觉得自己还缺少热情和自信，那么，你如能够下一番确确实实的功夫去增强自己的自信心和事业心，使自己有了充分的自信和干一番更有价值事业的强烈愿望，你也一定能够有所作为、有所发现。

主体认识世界，除了自己要勤于实践外，还要注意了解和研究别人的实践。我们决不能把获得有价值信息的希望寄托在别人实践的基础之上，等别人提供了经验材料后，自己再从这些材料中去发现真理。这样的态度，无异于是守株待兔。即便是得到了别人的经验，也正如毛泽东所说，不通过自己的实践，还不会变成自己的。[④] 只有经过亲身实践并有了一定的经验，才能对别人实践的意义、价值有了深刻的理解，才能够举一反三地理解了别人所从事而自己尚未亲历过的实践。但是，个人的实践毕竟是有

---

① 转引自江河主编：《世界名言大观》，黑龙江人民出版社，1996年版，第658页。

② 转引自林玲主编：《哲思妙语大全》，国际文化出版公司，1992年版，第232页。

③ 转引自陈绪万、晓晴编：《说话·演讲·写作·处世妙语辞典》，第142页。

④ 转引自习仲勋：《红日照亮了陕甘高原》，载《学习毛泽东》，上海人民出版社1979年版。

很大局限性的，因此有必要在自己亲身实践的同时，了解、研究别人的实践。我们不应当有依赖别人实践的心理，但也不应拒绝研究别人的实践。爱因斯坦曾经说过："一个人要是单凭自己来进行思考，而得不到别人的思想和经验的激发，那么即使在最好的情况下，他想的也不会有什么价值，一定是单调无味的。"①显然，我们的研究对象除了应包括别人已创立的理论外，还应包括别人的实践以及从这些实践中得到的经验。

应当坚持的是，我们在注意了解、学习别人实践和思想的时候，始终应把获得有价值信息的希望寄托在自己的努力上。历史上那些杰出人物的奋斗历程已表明，认识世界也同从事其他任何一种事业一样，只有那些没有丝毫依赖他人之心的人，才可望做出一些对社会的确是有价值的成绩。

在科学技术领域从事科学研究的人，不仅要勤于实验，而且要想方设法去争取利用最先进的科研仪器与设备。在人们的认识能力已有了普遍提高的今天，个人能否获得有价值的认识，最为重要的因素已不再是信息加工能力的高低，而是能否获得有价值的信息。而在当今时代，除了作为社会科学研究对象的少数几个领域可以例外外，在科学技术领域，不借助先进的科研装备，即使你有较强的思维能力，也难以有走在别人前面的发现，因此，在遥远的古代还只是认识过程中的一个并不十分重要的因素的认识工具，随着人们的认识向微观、宇观等深层次领域的进军和它们自身的现代化而成了认识过程中的一个愈来愈重要的因素。尽

① 《爱因斯坦文集》第3卷，第303页。

管它们帮助主体发现新的信息的作用直到现在也还是在主体的操纵和控制下实现的，但它们所发挥的作用已表明，不仅它们离不开主体，就连主体也难以离开了它们。近现代许多重要的科学发现已表明，运用最先进的科研仪器与设备去进行实验、观测，是最有可能获得有价值信息的。某些发达国家的科学家在科学技术方面的突破所以比不发达国家的科学家要多，科研装备先进就是一个重要的原因。但是，你若未能进入了拥有高级科研仪器与设备的科研平台，你是很难使用上这样的仪器与设备的；而要进入这样的平台，就如同想要获得高人的指导一样，也唯有艰苦攀登这一法。

当着我们能够坚持实践并能够付出不亚于那些毕生蹈厉奋发者的努力时，认识能力的强弱就成了能否有所发现的关键。前人强调认识者要去实践，是因为只有通过这一途径才能获得有价值的经验、事实。但是，认识，即便只是想要获得有一点价值的信息，都不仅仅只是实践和实践能力发生作用的结果，而总是有认识能力参与的过程。历史上，不论是在那个领域的认识上有所建树的人，都不仅是由于他们能够坚持不懈、不畏艰辛地去实践，而且是由于他们有较强的认识能力。这种认识能力，如前所说，不仅包括对于收集到的信息能够有科学的加工，而且包括加工者对所要从事的实践和所要认识的对象有正确的选择，对收集到的信息的意义有准确的鉴别。这也就是说，主体认识能力的强弱不仅决定着 C 值的大小，对于主体将会获得多大 V 值的信息也有至关重要的影响（主体能够获得多大 V 值的信息并不只是由实践决定的）。如果个体的认识能力不强，就有可能错过千载难逢的机遇。如在法拉第（电磁感应现象发现者）、伦琴（X 射线发现者）、汤姆逊（从实验上发现了电子的存在）、弗莱明（青霉素发现者）做出他们的那些最重要的发现之前，都曾有人发现过他们所发现的现象，但这些人不是由于囿于错误的观点，就是因为头脑缺乏准备以致未能看出所看到现象的意义，结果错过了做出重大发现的机会。有的人不是用新的事实去审查已有的观点，而是用已有的观点去裁判新发现的事实，结果就让这种观点妨碍了自己取得突破。这种缺乏见识和让错误的观点影响了自己的情形，都是认识能力有欠缺的表现。事实已经证明，你的认识能力不强，你就难以有新的发现；你在这个问题上缺乏洞察力，你就难以在这个问题上取得突破。因此，个人要想在认识上有所建树，在能够做到或已经做到了勤于实践时，就要努力设法使自己有了较强的认识能力。

那么，怎样做才能够使自己有了较强的认识能力？提高认识能力应从那些方面去努力呢？笔者在学习、比较了若干在认识上有成就的人物对此问题的解答后认为，诺贝尔物理学奖获得者朗道对 20 世纪上半叶的物理学家的分类可以给予我们以一些有益的启示。他把这些物理学家分为四类，并用了四个图形来表示：

第一类的图形是：△；这个图形表示头脑敏锐，基础宽厚。朗道说，这是最杰出的物理学家，能够做出杰出贡献，爱因斯坦、波尔、薛定谔、海森堡等就是这样的科学家。

第二类的图形是：◇；这个图形表示头脑敏锐，但缺乏宽厚的基础。这类人能够做出一定的贡献。朗道称自己就属于这一类。

第三类的图形是：⧖；这个图形表示缺乏敏锐的头脑，但被宽厚的基础所弥补。他认为大部分科学家就属于这一类。

第四类的图形是：▽；这个图形表示头脑迟钝，基础单薄，缺乏研究才能。朗道表示，他不能接受这种人当他的研究生。①

朗道的上述分类表明，个人要想在科学研究上有所成就，就不仅要有宽广扎实的基础，而且要有敏锐的头脑。他的这种观点正是对20世纪物理学领域许多人才成功原因的概括。日本著名物理学家汤川秀树也有非常相似的看法，他说："对以往知识的熟知和对新鲜事物及其发展前景的敏感，是一个人创造力的源泉。"② 因此，若你觉得自己知识还不够丰富，那么，需要去做的就是提高自己的知识水平。提高知识水平首先应争取精通所学专业，并要知晓与专业相关的知识，以使自己有了宽广扎实的基础。但是，仅仅学好专业知识也还是不够的。正如要写出好诗还必须在诗外下功夫一样，要有所发现，还必须掌握作为人的整个精神世界的核心的科学世界观和被弗·培根称为"是打开科学大门的钥匙"的"数学"③。近现代发现史表明：许多重要的发现之所以能够获得，一个重要的原因是发现者有正确的或比较正

---

① 参见王康、王通讯主编《人才知识手册》，湖北科学技术出版社1985年版，第108－109页。

② 转引自江玉安：《化学教学不妨多一些历史意识》，载《化学教学》2012年第3期。

③ 转引自《数学译林》第4卷，第2期，第163页。

确的哲学观点；另一个原因则是发现者掌握了数学这个极为有力的工具。这些发现的历程表明，个体只有在有了正确的哲学观点和较强的数学思维能力后才能够有了敏锐的头脑。当然，个体认识能力的形成，除了要靠学习，还要依靠实践。心理学家已指出："主体运用自己的智力去掌握知识和技能，通过实践活动的锻炼，才能够形成能力。"① 而"才能"则是"各种能力最完美的结合"②。因此，有意提高自己认识能力的人，应当在掌握了认识的方法后，经常运用这些方法去试着加工经验、事实材料。只要我们能够坚持有意识地训练自己，认识能力是一定能够有了提高的。从这样的经历中，我们会发现，为提高认识能力而进行的锻炼也离不开为获得有价值信息的实践。如果我们有扎实的专业知识为机身，有科学的世界观和数学为两翼，又有较强的认识能力为我们操纵飞机的技术和经验，那么，能否起飞去做出有价值的发现，就要看我们有没有可以成为动力源泉的志向、兴趣和恒心了。

综合以上所述，似可认为，个人要在认识上有所建树，需要做到的就是学习，实践，认识，需要增强的就是学习的自觉性，实践的主动性和认识的能力。而要使这三者有确实的增强，的确需要有远大的志向或伟大的愿望（抱负远大，精通专业，熟悉数学，有正确的哲学观点，并且能够做到勤于实践，就是个体在认识上能够有所建树所需具备的条件）。怎样才能够有了这样的

① ②苏常浚：《基础心理学讲话》，人民出版社 1982 年版，第 190、189 页。

志向与愿望？主要的手段还是学习。而要通过学习有了这样的志向和愿望，学习就不能仅限于专业方面的知识，而是还应当去学习历史特别是历史上的杰出人物。这是因为“只有伟大而纯洁的人物榜样，才能引导我们具有高尚的思想和行为。”① 这种学习仿佛是离开了发现与认识，但实际上是为认识提供最重要的条件：一个人只有具有了强大的动力，才有可能通过长久不懈的学习，实践，认识，再学习，再实践，再认识而取得让自己感到较为满意的成绩。

人类的认识史还表明，个体的认识如果只建立在本人的实践之上，那么它很有可能是片面的；如果它是建立在群体的实践和认识的基础之上的，那么它一般都是可靠的。这后一种建立可以通过学习和交往来争取。经验愈丰富，知识愈渊博，主体的认识便愈可靠。因此，几乎所有在认识上有成就的杰出人物都告诫下一代人要刻苦学习、勤奋实践。然而，不论单个的认识主体怎样刻苦勤奋，他也还是不可能没有局限性的。因此，如何在既定的社会历史条件下，克服个体所必然要具有的局限性，取得当时所能取得的最科学的认识，也就成为摆在每一认识主体面前的一个永恒的课题。那么，除了博览群书、勤奋实践、积极进行学术交流、多渠道输入信息外，还有没有别的方法呢？上述规律表明，还有一个好方法是我们应当采取的。这就是要发挥群体的智慧优势，以集体的力量去认识世界。决定认识价值的两个方面的因素，既可以是由个体的努力所造成，更可以是由集体、集团或群

① 《爱因斯坦文集》第3卷，第37页。

体的努力所造成。而群体优于个体之处也就在于群体的局限性远比个体要小，所拥有的经验、信息、智慧远比个体要多。前人的实践早已证明，坚持在认识与决策的过程中发挥集体、群体的智慧，不仅可以减少乃至避免失误，而且还是使事业兴旺发达的成功之道。因此，不论是什么行业的领导者，都应当像毛泽东所倡导的那样，坚持“从群众中来，到群众中去”的群众路线，在认识与决策的过程中充分发扬民主。大量的事实早已表明，领导如不发扬民主，那他就无法摆脱错误的纠缠。一个领导要想保持正确，就必须发扬民主，集思广益。而要使领导干部都能做到这一点，就必须有保证决策能够做到民主化、科学化的制度。因此，建立健全这样的制度也就成了摆在我们面前的一个亟待完成的历史任务。

第十章　规律发现论

20 世纪 80 年代以来，国内发表和出版的有关科学方法、科学发现方面的论文、著作已呈汗牛充栋之势，但直至今天，人们对于如何发现规律仍觉不甚了了，有的人甚至还视为畏途。究其原因，笔者以为主要是由于：（一）究竟什么是规律的问题，在一些人那里还没有真正解决。而不懂得什么是规律，是谈不上发现规律的。（二）许多关于科学方法、科学发现的论著，或者是离开发现的对象孤立地去谈方法，或则是对发现的对象不加区分，笼统地提出一种或数种发现模式。至于发现某一种对象要用到哪些方法，发现某种对象要经历哪几个阶段，所用方法的次序孰先孰后的问题，等等，则只能由读者自己去意会了。相比之下，关于科学发现的个例研究要具体得多，因而给人的启发也多。不足之处只在于，相当一些个例研究所揭示的发现步骤、方法就像古希腊人用来求面积、体积的穷竭法缺少一般性一样，又失之于过于具体；一个个例一种途径，以致使人看了后，还难以抓住要领。有鉴于此，以规律为对象来单独谈谈发现它的一般途径，在今天看来，还是有必要的。依笔者对前人发现过程进行考察后得出的管见看，发现规律大致要经历以下所列的几个阶段。

一　准备阶段：立发现之志并知什么是规律

在近代科学史上，曾有过许多激动人心的发现，但也有许多人因为功亏一篑而痛失良机。为什么有的人能够抓住机遇，捷足先登，有的人却碌碌无为，遗恨终生？根本原因在于他们自身的主观条件不同。发现规律，要求发现者要有能够引发发现过程并完成这种发现的能力，简称之为发现能力，这种能力主要隶属于认识能力但又包含一部分实践方面的能力。这种能力应是以精深的专业知识、正确的哲学观点、较强的理论（逻辑）与数学思维能力和优良的语言修养等条件为基础的。这是因为，“你过去的知识越正确越广泛，那末猜到正确答案的可能性就愈大。”① 而正确的哲学观点所以也应作为重要的一条，则是因为，哲学“可以被认为是全部科学研究之母”②。至于理论思维能力与数学思维能力则和语言表达能力一样是做出发现所必须有的武器与工具。有发现能力的表现是：（一）具有较强的批判思维能力，敢于怀疑，善于发现和提出问题。“只要我们没有提出正确的问题，那么我们就永远也不会获得对于问题的正确答案。”③ （二）善于想象，敢于猜测，敏于假设。规律总是对于联系乃至低层次

① 杨振宁语，转引自《世界科学译刊》1979 年第 1 期，第 3 页。

② 《爱因斯坦文集》第 1 卷，第 519 页。

③ 《维纳著作选》，上海译文出版社 1975 年版，第 153 页。

关系的概括，但在发现之初，人们所掌握到的大都只是联系的一端。至于另一端则是它不肯轻易泄露的秘密，因此，“没有大胆的猜测就作不出伟大的发现。”[①] 至于实践能力，则是说要有能够适应了发现需要的观察、实践（实验）和调研能力。也许有人会觉得，这样的要求实在太高，无法达到，以致望而却步。不过，历史上的哲人并不仅仅只是提出了应当具备的条件，他们同时还指出了具备这些条件的方法和途径。这也就是要有发现的强烈愿望。爱因斯坦曾说过：“凡是有强烈愿望想搞研究的人，一定会发现他自己所要走的路。”[②] 日本教育家木村介一也说过：“天才就是强烈的兴趣和顽强的入迷。”[③] 这与蒲松龄所见——“书痴者文必工，艺痴者技必良”[④] ——是相同的。至于高尔基所说的“一个人追求的目标越高，他的才力就发展得越快，对社会就越有益”[⑤] 的话，则更是众所周知的。从他们的这些话中，我们似乎可以得出这样一个结论：只要有了发现规律的志向和兴趣，也就能够有了发现规律的能力，正如阿富汗的一句谚语所说：“决心攀登高山的人，总能找到通往山顶的道路”。

决心要发现规律，还须知道什么是规律。如果像有的人那样把规律理解为必然的趋势，理解为天体运行，草木在一定条件下

---

① 牛顿语，转引自贝弗里奇：《科学研究的艺术》，第153页。

② 转引自秦关根：《爱因斯坦》，中国青年出版社1979年版，第189页。

③ ［日］木村介一著：《早期教育和天才》，河北人民出版社1979年版，第88页。

④ ［清］蒲松龄著：《聊斋志异·阿宝》。

⑤ 高尔基著：《论文学》，人民文学出版社1978年版，第340页。

必然生长，那是谈不上发现规律的。关于规律，历史上曾有许多哲人予以说明。笔者综合前人的论述给它下了这样的定义：规律就是相互联系的两方面因素的本质之间的关系（参见本书第二章）。这一定义的核心是“本质之间的关系”。这是列宁在研究黑格尔说法（“规律就是本质的关系”）的基础上提出的[①]。而难于理解的也正是“本质”和“关系”。对于关系，笔者已经提出，关系就是联系的一般形式（参见第二章）。至于本质，笔者则认为可以定义为：本质就是它所概括的对象所属于的类（参见本书第一章）。这也就是说，本质是有层次的。事物、现象所属于的类是本质，这些类所属于的更大的也更一般的类也是本质。最低层次的本质以具体事物为对象，较高层次的本质则往往是以低层次本质为对象的，但它们都是对象所属于的类。规律既是本质之间的关系，那它也就是类之间的关系。正因为如此，它也就是联系的更为一般的形式。牛顿说过：“对于自然界中的同一类结果，必须尽可能归之于同一种原因。”[②] 这表明这位天才人物早已意识到了规律是类之间的关系。他以后的科学家以伽利略和他所发现的规律为样板去发现规律，揭示出了更多的为自然和人类实践活动所表现着的规律。因此，结合科学特别是自然科学所发现的规律去理解规律，是可以比较快地理解了什么是规律的。

① 《列宁全集》第55卷，第128页。

② ［美］H. S. 塞耶编：《牛顿自然哲学著作选》，第3页。

二 起步阶段：获得信息并提出问题

国内外都有一些学者认为，科学发现始于问题。这样强调提出问题的重要性，对于科学发现的事业是有益的，因为它有助于人们去发现并提出问题。但这种说法笔者认为是不全面的。毛泽东曾说过："一个闭目塞听，同客观外界根本绝缘的人，是无所谓认识的。"① 信息论也表明，人脑只有通过感官从外部世界获得了信息，才能进行思维，产生意识。科学问题也是人脑对所获得的信息进行加工的结果。没有信息的输入，大脑是加工不出什么东西来的。发现有时是由于先接触到某种事实（现象），再拿它与已有的理论相比较，发现理论不能令人信服，从而提出问题的。有时则是先接触到某种事实、现象，发现尚未有理论予以说明，而这种事实又需要解释，以致提出问题的。有时则是接触到了某种理论观点，然后用自己已有的经验和已掌握的事实去加以考察，发现这种观点难圆其说，从而提出问题的。创立了耗散结构理论的科学家普里高津总结出的七步科学思维方法的第一步就是"剖析旧理论，打开突破口"，第二步才是"提问"（即"不断提出要害性的新问题"）②。即使像爱因斯坦无意中想到的"追

① 《毛泽东选集》第1卷，第290页。

② 转引自刘蔚华、陈远主编：《方法大辞典》，山东人民出版社1991年版，第798页。

光悖论”，也不纯粹是思辨的产物，而是以斐索实验以及光行差观察为背景的。我们承认，接触到了事实与观点却未能提出问题，固然不能够有发现；但若未接触到事实或观点，就提不出问题。理论研究和社会实践的教训都告诉我们，不论我们想要创立或接受多么新的观点，唯物主义都是不能抛弃的前提。因此，笔者认为，较为全面的说法似应为：接触事实与观点并提出问题是科学发现的起点。或者说，科学发现始于在接触事实与观点的基础上提出问题。这种说法与汉弗莱斯关于科学发现的建议的第一步——“1，鉴别反常，即需要解释的事实”① ——是一致的。由于事实与观点都可以归结为信息，因此，这一观点可以更为简洁地表述为：科学发现始于获得信息基础上的提出问题。这一点所以应当辨明，是因为它对于发现有重要的方法论意义。这就是，要有所发现，就必须用心去发现和捕捉前人或别人尚未解释过或解释得不正确的事实；就必须注意去发现前人和别人理论中的那些不正确的或不完全正确的观点；就必须积极主动地去获取新的信息。在此基础上，才有可能提出导致发现的问题，才有可能解决了这一问题。

然而，获取信息，说来容易，做起来却难。这是因为，我们所说的可以据以提出有价值问题的信息，主要是指前人已发现的规律尚未概括过的那类信息，也即真正是有认识价值的信息。事实也表明，发现事实、现象容易，但要发现前人已创立的理论尚不能解释的事实、现象却比较难。而要发现新的规律，就只有在

① 转引自《今日科学哲学》（英文版），第104页。

发现了这样的事实或现象时才有可能。从历史上的那些在发现方面有所建树的人们的发现过程看，要想获得这样的信息，除了需要有发现的意识和能够识别信息价值大小的知识与见识外，还需要有长期深入的实践和处处注意留心这样两个条件。在科学发现这种事业中，不劳一定无获，劳也未必一定有获。辛勤实践是做出发现的必备条件，但也还是条件之一。因此，若我们能够在着手去从事寻求新的事实与现象之前，下功夫去研究一番在那个领域、那个方向有可能做出新的发现，从而选择了有可能做出发现的领域，那么，就不仅有可能避免误入徒劳无功的歧途，而且还有可能使获得有价值信息的可能性大为提高。

那么，发现规律要提出什么样的问题呢？由于“规律就是关系”[①]，因此，发现规律最终应是要弄清楚两个方面（其中的一方或两方可能是由多个因素构成的）之间有什么样的关系。然而，由于我们最初接触到的事实或现象仅只是两方之中的一方，而且还只是这一方的一种具体的表现形式，因此，发现规律首先要提出的问题就是：我们接触到的事实、现象与什么有关。简要地说，就是：什么与此有关。白居易有诗：“人间四月芳菲尽，山寺桃花始盛开。”宋代的沈括看到后提出山上的花开得为什么比平地上的晚的问题。这一问题其实就是问植物开花的迟早与什么有关？艾克曼探究脚气病的病因实际是在问：此病的发生与什么有关？美国科学家吉曼和沙里探讨脑垂体是受什么控制的，实际是想弄清楚脑垂体产生激素与什么有关。当然，由于许

① 《列宁全集》第55卷，第128页。

多科学发现最初的目的只是为了求得某种具有实用价值的方法，因而所提出的问题也是形形色色的。如有的发现者最初提出的问题就是此现象能否引出彼现象，如法拉第的“磁能产生电”的猜测就是设想磁也能引出电来，电与磁有关。但这类问题似乎也可以归结到“什么与此有关”这一大的问题范围中。

三　发现阶段：寻找有关因素，“发现现实的联系”

追问一现象或一事实与什么因素、什么方面有关并着手去寻求这些因素、方面，其实就是在实现恩格斯所说的“发现现实的联系”①，毛泽东所说的“找出周围事变的内部联系”②。作为规律的关系就是联系的一般形式。而要从联系中概括出这种一般的形式，首先需要揭示出现实的联系。法拉第电磁感应定律是建立在电磁感应现象（联系）的发现基础上的。由古德贝格和瓦格发现的质量作用定律则是建立在“增大反应物的浓度，反应速度就会加快；降低反应物的浓度，反应速度就会减慢”等联系的基础上的。《现代汉语词典》对联系的解释是：“彼此接上关系。”因此，发现了现实的联系，也就是找到了与此有关的因素或方面。自然，这种联系应当是在一定条件下，必然会发生的那种联系，而不是只能见一次，以后便再也见不到了的那种偶然

① 《马克思恩格斯选集》第4卷，第247页。

② 《毛泽东选集》第3卷，人民出版社1991年版，第801页。

的联系。发现了这样的联系当然还不等于是发现了规律，但是，隧道已经打通，最艰巨的任务已经完成，以后虽还有一些事情要做，但比起这一步来，要较为容易了。

怎样实现由已知的一方向未知的一方的跨越呢？历史上曾有人主张采用归纳法，即主张通过对所发现的若干种乃至数十种相同的或相似的“单线”联系（包括联系的两方具有特定的量的那种联系）进行概括，得出联系的两方有关的一般结论。例如，有的同志就认为巴斯德的“细菌致病”的一般原理这种假说，就是通过归纳、概括乳酸杆菌使啤酒变酸、细菌使蚕生病等联系得出的。其实，这样的例子并不能证明归纳法在由此及彼的过程中起到了关键作用，而仅仅只是证明了以下这样一点，即仅仅发现两个方面有过一次联系还不能判定两个方面是否有关。只有当我们发现这种或这类型的联系在相同或相似的条件下曾多次发生，或是我们能够通过实验使之反复地发生时，我们才能认定两个方面是有关的两方。但是，发现两个方面是有关的两方的最难之点并不在于能否从多种具体的联系中概括出一般的结论，而是在于我们能否发现可供我们概括的具体联系。对于实际上有关的两方的联系的第一次发现虽然还不足以使我们做出两方有关的判断，但这第一次的发现对于我们做出这样的判断却是至关重要的。因为若没有这第一次，便没有第二次、第三次乃至第 n 次的发现。而对于联系的每一次发现，用归纳法是无法奏效的，因为归纳总是以多次或多种联系为基础的。发现这样的联系就如同寻找奇石必须跋山涉水一块一块地找寻一样，也必须一次一次地去发现。有了这样的基础，归纳法才能发生作用。

用什么样的方法去发现实际上有关的两个方面之间的联系呢？从科学发现的历史看，“假说——实验”方法是一种较为有效的方法，也是为大多数科学发现者所肯定的方法。运用这一方法来发现联系、规律，其基本程序是：在提出已知现象与什么有关的问题后，根据已掌握的知识、经验与事实，提出此现象可能与某种因素或某个方面有关的假设（假设，即“假说”①），然后通过实验或其他方式的实践（如观察、调查等）予以验证。若实践证实了假设，则运用逻辑思维加工已被证实了的假设，得出两方有关乃至有什么样关系的结论。若实践否定（即证伪）了假设，则果断地放弃原假设，并以新发现的与原假设相矛盾的观察结果和实验事实为根据，运用逻辑思维或非逻辑思维如猜测、想象、直觉等方法提出新的假设，然后再交由实践验证。若实践再一次否定了假设，则再思维，再假设，再实践，直至找出有关的因素或方面。从科学发现史的实际看，这可以说就是发现联系乃至规律的主要途径。

科学发现需要假设。若无假设、猜测、观念，人们的实验、观察就会成为盲目的实践，而盲目的实践是很难有成绩的。已有学者研究指出：“实践是有思想领先的”②。这种思想可能是由前人或别人提出的，如赫兹的电磁实验就是以麦克斯韦的电磁波假说为先导的。也可能是产生于对别人发现的思索，如法拉第

① 冯契、徐孝通主编：《外国哲学大辞典》，第 787 页。

② 陈昌曙著：《自然科学的发展与认识论》，人民出版社 1983 年版，第 126 页。

“转磁为电”的设想就是对奥斯特“转电为磁”实验的反向思维。或者还可能是根据前人、别人或自己的无意识的或被动的、意外的观测、发现所提出的，如迈尔的机械运动可以转化为热的设想就是他听海员说暴风雨时海水温度较高后得出的想法。实验前的假设虽然未必一定是正确的，甚至很少是正确的，但“假说是研究工作者最重要的思想方法，其主要作用是提出新实验或新观测。确实，绝大多数的实验以及许许多多的观察都是以验证假说为明确目的来进行的。”① 19 世纪的法国著名科学家克洛德·贝尔纳也特别重视假说、理论的重要作用，他把新的启发性的观念看作知识的“种子”，而把实验及其方法看成是“土壤”。②这是极恰当的比喻。虽然种子种下去后可能不发芽，但却可以促使人去选择好种子，从而使自己在以后有了收获。若无种子则很难有收获。因此，恩格斯说：“只要自然科学运用思维，它的发展形式就是假说。”③ 可以说，假说就是人的认识由已知的此岸到达未知的彼岸的一座便捷的桥梁。

然而，同样是假设，它们的科学程度却往往是大相径庭的。虽说错误的假设偶尔也能导致发现，但没有一个研究者希望自己提出的假说是错误的。假说的科学程度取决于提出它的人的知识水平、经验的丰富程度和理论思维的张力。一个研究者在提出假设时，若知识、经验均不够丰富，那么，最初一段甚至很长一段

---

① ［英］贝弗里奇著：《科学研究的艺术》，第 49 页。

② ［法］克洛德·贝尔纳著：《实验医学研究导论》，商务印书馆 1991 年版，第 36 页。

③ 《马克思恩格斯选集》第 4 卷，第 336 页。

时间的“假设——实验”会变成一种丰富经验、收集事实的过程。虽然，“收集事实和假设还不是科学，它仅只是科学的初阶，但不通过这个初阶，就无法进入科学的殿堂。”① 因此这样的过程其实还是必须经历的过程。这种过程事实上就是以搜集材料为主的经验阶段。陈昌曙认为：“把科学认识的发展划分为以搜集材料为主的经验阶段和以整理材料为主的理论阶段，无论就个别学科或就自然科学的全局来看都是合乎实际的。”② 笔者认为，这种划分也符合科学家发现规律的实际。如开普勒发现行星运动三定律就既依赖了第谷所积累下的丰富的天文观测资料，又依赖了他自己的抽象思维与数学思维能力。正如要做到“慧眼识英雄”，既需要真正碰到英雄，又需要独具慧眼一样，一个研究者要想在发现方面取得成绩，也必须具备如下两个条件：其一是要拥有一定数量的有认识价值的经验或事实资料；其二则是要有较强的认识能力。因此，当一个研究者的认识能力还不够强时，他需要去提高这种能力；当他有了较强的认识能力后，积累事实、丰富经验也就成了头等重要的事。历史上的科学家乃至绝大多数的哲学家关于发现的主张中，一致的一点便是主张在科学发现中要坚持实验、观察乃至包括了实验、观察、实施、调查等活动方式在内的实践。早在文艺复兴时期，意大利的科学巨人达·芬奇就已提出：“……我们必须从实验出发，并通过实验去

---

① ［俄］门德列也夫语，转引自札布罗茨基：《门德列也夫的世界观》，三联书店1959年版，第87页。

② 陈昌曙著：《自然科学的发展与认识论》，第142页。

探索原因。"[①] 作为同一时代人的伽利略与弗兰西斯·培根对实验和观察的大力倡导，表明这两位巨人对于科学发现的"所见"是"略同"的。牛顿也认为："探求事物属性的准确方法是从实验中把它们推导出来。"[②] 就连特别重视直觉、想象等思维方法的爱因斯坦都认为："纯粹的逻辑思维不能给我们任何关于经验世界的知识；一切关于实在的知识，都是从经验开始，又终结于经验。用纯粹逻辑方法所得到的命题，对于实在来说是完全空洞的。"[③] 他还说过："只有通过那种以对经验的共鸣的理解为依据的直觉，才能得到这些定律。"[④]这话表明，直觉不仅是以主体的认识能力为基础的，而且是以所获得的经验为基础的。海森堡也曾说过，直觉是研究者"由于大量占有实际现象的材料，从而使他有可能直观地理解现象之间的联系，而不是从这些现象形式地推导出其间的关系"[⑤]。这些科学家所以如此重视实验、观察和经验，正如恩格斯解释的那样："在理论自然科学中也不是设计种种联系塞到事实中去，而是从事实中发现这些联系，而且一经发现，就要尽可能从经验上加以证明。"[⑥] 考察近现代发现者发现联系的实例，可以发现，他们大都是依靠了实验、观测等活动方式才实现了目的的。不同之处只在于，有的发现者的发现是

---

① 转引自《武谷三男物理学方法论文集》，商务印书馆 1975 年版，第 86 页。

② ［美］H. S. 塞耶编：《牛顿自然哲学著作选》，第 10 页。

③ ④《爱因斯坦文集》第 1 卷，第 313、102 页。

⑤ ［德］海森堡著：《物理学和哲学》，第 216 页。

⑥ 《马克思恩格斯选集》第 4 卷，第 288 页。

以自己的实践经验为基础的，有的发现者的发现则是以自己的和别人的经验为基础的。至于完全以别人的经验为基础的发现，则是很少的。可以说，有较强的认识能力并勤于去实践，就是一个人能够有所发现的秘诀。实践乃是我们发现联系乃至规律的一个极为重要的环节。要有所发现，就不仅要为验证假设而去实践，而且应尽可能地使自己长期置身于实践中，这才能够使自己的思维始终成为有米之炊。

诚然，最初的实践检验结果常常是让人感到沮丧的。因为人们最初提出的假设被实践证明是正确的情形是很少的。不过，最为重要的问题并不在于最初的假设是不是正确，而是在于：（一）所探索的问题是不是真有价值；（二）能不能把尝试（假设——实验）坚持不懈地进行下去。若所探索的问题确有价值，而探索者又能把尝试百折不挠地进行下去，那就很有可能能够取得突破。事实上，即使假设被实践证明是错的，这样的实践证明还是有意义的。爱因斯坦就说过："发现一条走不通的路，就是对于科学的一大贡献。"[①] 若实践证明我们所假设的与此现象有关的某种因素与此现象无关，那就排除了一个错误的认识，表明我们需要提出新的假设。若实践证明，已知现象与某因素只有部分相关，那就表明，与此现象有关的还有别的因素。物质世界虽然也有只与一种因素有关的现象，但绝大多数的现象是与多种因素有关，如经济发展的快慢，社会治安状况的好坏，化学反应的速度，植物的生长，等等，就都是与多种因素有关的现象。揭示

① 爱因斯坦语，转引自秦关根：《爱因斯坦》，第268页。

这类现象的规律，在发现了有关的一种因素后，还须去揭示有关的其他因素，因而还须提出新的假设。当实践证明已知现象与因素 A 无关，但却显示出它与因素 B 有牵连时，那就需要我们对实践所暴露的事实进行研究，以提出新的假设。这时，逻辑方法的运用也就是必要得了。法拉第在做电解实验时曾设想电解产物的数量与电压有关，但实验却证明无关。当他改变通过电解质的电量（电流）时，发现电解产物与电流成正比地增减。这就是在实验的基础上运用逻辑方法（契合差异并用法）以揭示规律的成功一例。在科学史上，既有借助直觉、想象提出科学假设的实例，也有借助归纳、概括、演绎、类比（包括数学类比）、比较等逻辑方法提出科学假说的实例。以为只要掌握了逻辑方法就能做出科学发现的想法固然会使人误入歧途，但完全摒弃逻辑的方法的主张也不可取，因为这不符合科学发现史的实际。当着我们经过实践积累了一定的经验材料后，逻辑方法的运用也就成为必要得了。强调要通过实践积累经验、事实材料，正是为了给我们的掌握了逻辑方法的头脑提供可供加工的原材料。要有所发现，就要在实践的过程中及时运用逻辑方法去加工所获得的经验材料，及时提出新的假设，然后继续通过实践加以验证。这种在获得信息并提出问题的基础上，假设，实践，再假设，再实践，如此持续不断的循环往复，直至假设被实践证明是可以成立的认识方式，就是揭示联系乃至规律的一个较为科学而有效的方法。

四 发明阶段：揭示双方本质，表述其间关系

发现了一方与另一方（可能是由若干因素构成的）的联系，便可说是完成了发现中最关键最艰巨的任务。但是，发现了联系，还不能说是完成了发现。这是因为联系或者还仅仅只是两个较为具体的事物或现象之间的关联，或者是经过归纳、概括所得出的具有一定普遍性的联系，即必然的联系；但不论是前者还是后者，都还仅仅只是说明了两个方面有关，而还未说明两个方面之间究竟有什么样的关系。在中国古代乃至现代的文化典籍中，这类型的表述是很多的。诸如孙子的“知彼知己，百战不殆；不知彼而知己，一胜一负；不知彼，不知己，每战必殆。(《孙子·谋攻篇》)”孟子的“得道者多助、失道者寡助”。《史记》所引古语：“恃德者昌，恃力者亡。”汉王符语：“君子所以明者，兼听也；其所以暗者，偏信也。”科学谚语：“热胀冷缩”，“种瓜得瓜，种豆得豆”。毛泽东所说的：“以斗争求团结则团结存，以退让求团结则团结亡”（指对抗日战争中的大地主大资产阶级顽固派）[①]，“虚心使人进步，骄傲使人落后”[②]，等等，便都是这一类型的表述。这些都是具有一定普遍性的联系。有了这样的认识，可以说是对事物运动的规律性有了认识。但有了对于

① 《毛泽东选集》2卷，第745页。

② 《毛泽东文集》第7卷，人民出版社1999年版，第117页。

规律性的认识还不等于是发现了规律。规律性并不就是规律。拿前人关于规律的定义来衡量，这一类型的表述还不能说是规律。规律是本质之间的关系，只有表明了两方面因素的本质之间有什么样的关系，才可称得上是规律。也只有这样的表述，才能覆盖了这一类型的所有联系，成为更有价值的发现。

在科学发现史上，回答有关的两方面因素之间有什么关系的方式大致有两种：一种是在发现了联系（即知道了什么与此有关）后，在继续实践的基础上，及时运用逻辑方法对所掌握的联系进行加工，提出此方与构成另一方的各个因素之间有什么关系的假设，即用判断乃至数学公式表述出来，然后再通过实践予以验证。近代的早期所采用的主要是归纳法与概括法。伽利略所构造的自由落体定律的数学模型首先是对他所设想的具体的距离与具体的速度、具体的时间的联系的概括。波义耳、马略特所发现的“在等温变化的过程中，一定质量的气体的体积与压强成反比”定律则是对压强小时气体的体积大，压强大时气体的体积小等情形的概括。牛顿说他创立经典力学所采用的主要是分析的方法：“这种分析方法包括做实验和观察，用归纳法去从中作出普遍结论……”① 可见他的分析方法在加工经验材料阶段所用的主要是归纳法。牛顿以后，库伦、安培、欧姆、法拉第等人建立以他们的名字命名的定律，克拉珀龙建立以他的名字命名的方程，迈尔、焦耳等人发现能量转化与守恒定律等等，所采用的主要就是建立在实验、观察基础上的归纳概括法。在近代的发现史

① ［美］H. S. 塞耶编：《牛顿自然哲学著作选》，第 235 页。

上，堪与归纳概括方法相媲美的还有类比方法。麦克斯韦建立集电学之大成的电磁理论，德布罗意建立德布罗意关系式，薛定谔建立量子力学的基本方程，均运用了类比方法。而且他们在运用逻辑方法时几乎都结合了数学方法。由此可以得出结论说，逻辑方法与数学方法在加工经验事实材料、建立规律方面是大有可为的。想要有所发现，无疑应当熟练地掌握这两大类方法。

但爱因斯坦认为，随着科学的发展，“适用于科学幼年时代的以归纳为主的方法，正在让位给探索性的演绎法。”① 他认为：“物理学家的最高使命是要得到那些普遍的基本定律……要通向这些定律，并没有逻辑的道路；只有通过那种以对经验的共鸣的理解为依据的直觉，才能得到这些定律。”②他所主张的方法是：掌握一定数量的经验事实材料，在此基础上，依靠直觉、想象等方法去做出构造性的尝试，提出普遍性假说。然后再通过演绎从普遍性假说（即一般的原理）导出较为具体的、可供检验的结论，交由实验去检验。这种方法他称之为“探索性的演绎法”。这种方法，从伽利略、开普勒开始，就已有了一定程度的应用。到20世纪，相对论和量子力学等理论的建立就更多地运用了这种方法。运用这种方法所取得的成就表明，从特殊到一般，除了有形式逻辑思维这一条路外，还有非形式逻辑思维或曰超越形式逻辑的思维这条路。否认形式逻辑方法在建立规律的过程中的作用是片面的，否认非形式逻辑的发现法是发现规律的一种途径的看法也是片面的。如果把应用概括、归纳、抽象、类比等形式逻

① ②《爱因斯坦文集》第1卷，第262、102页。

辑方法去加工经验事实材料比作是沿着石阶攀登峰顶，那么，运用直觉、想象、顿悟、灵感等非形式逻辑方法去建立普遍性假设则好似坐着索道上的缆车上山。两种途径都是应当提倡的，正像名山胜境的管理者并不强迫人们采用什么方法登山一样。

然而，即便是用形式逻辑方法加工经验材料，也并不是没有创造的。正如从没有经验事实到有经验事实需要有非逻辑性的探索一样，从特殊到一般，也需要有非逻辑性的创造。规律是本质之间的关系，把它比作交通图是比较恰当的比喻。交通图虽只是一张纸，但却标出了由此达彼的各种途径。规律虽只是一种简单的关系，但却概括了一类型联系的所有情形。然而正如认知心理学家阿尔弗莱德·考如伯斯基所说的“地图不是领土”① 一样，规律也不是物质世界的实体或实存。规律中的关系是联系的一般形式。这样的形式要求承载它的两方也必须是一般的具有普遍性的概念。一种关系，若它的两方是具体的事物，那就不是规律。某人与某一案件有关的事实不是规律；作为两个具体的人之间的关系，如夫妻关系、朋友关系、亲戚关系等，也不是规律。其原因就在于这些关系是具体的事物之间的关系。只有本质之间的关系才能称得上是规律。因此，发现规律的一项重要工作，就是揭示相互联系的两方面因素的本质。本质及其间的关系虽是人对于现实的现象及其联系的反映，但本质和关系本身作为概念、范畴，却是人们构造出来的。因此，若说发现联系、揭示有关是以

① 转引自弗兰克丁·布鲁诺著，王晶译：《通向心理健康的 7 条路》，第 48 页。

发现为主的过程，那么，总结两方之间有什么关系的过程就可以说是建立在发现基础上的以发明为主的过程[①]。揭示规律从总体上说是发现与发明这两种方式的结合，是以发现为主，发明为辅的过程。在科学发现史上，完成这最后一步的工作，有时是直接采用前人提出的概念。如伽利略提出“加速度”概念，就为牛顿建立牛顿第二定律奠定了基础。有时则是把所发现的联系的一方或两方归入前人已经提出的类概念中。这是因为本质就是它所概括的对象所属于的类。如果一事物所属于的类已由前人揭示同一个类的其他种事物、现象时提出，那么，我们现在确定这一事物的本质的方法就是归类。牛顿将地面上的物体的下落与月球绕地球沿固定轨道运行都归结为重力的作用（重力即地球对其表面物体的吸引作用），德布罗意建立表示粒子具有波粒二象性的德布罗意关系式，都借用了前人已提出的概念，就是实例。如果所发现的联系的两方或其中一方，或一方中的某一个或几个因素还没有现成的概念予以表示时，揭示它们的本质就要对每种因素的个体（即构成分子）进行分析、比较、综合并创造一个或几个概念来表示其本质（参见第一章第四节）。法拉第提出“力线”概念，麦克斯韦提出“位移电流”概念，普朗克创立“量子”概念，等等，就是例子。不过，从科学发现的历程看，揭示联系的双方的本质大都不是一蹴而成的事，正像普朗克所说：“在科学中，一个新概念从来都不会是一开头就以其完整的最后

① 参见刘伟中文：《科学规律——发现的还是发明的?》，中国人民大学复印报刊资料《自然辩证法》1987 年第 5 期。

形式出现的，像古希腊神话中雅典娜一下子从宙斯的头里跳出来一样。"① 在科学史上，揭示两方的本质较常用的方法是先用若干符号来表述所发现的两方的各个因素，并先赋予一个名称。但开始提出的概念大都随着人们对于所反映对象的认识的深入而被修改或更改。这样的修改与更改大都是由别人或后人进行的。直到它们为科学界所认可后，才相对地稳定下来。如库伦最初表述的库仑定律中的"两个带电分子的电流体的密度的积"到后来由高斯定义了电量的单位后被改为"两个点电荷的电量的乘积"。由莱布尼兹引入的"活力"：mv^2，被科里奥利提议改称为"$1/2mv^2$"（仍称为活力），后来又被人们改称为"动能"。诸如此类的事例，在科学史上俯拾皆是。它表明，揭示事物的本质往往是需要有一个过程的。

规律是本质之间的关系，乃是人类在认识世界的过程中逐步地形成的一个共识。所以应是这样的关系，是因为这样的关系才是一般的关系，才能概括、覆盖了物质世界的那些纷纭复杂而又难以计其数的联系，成为人们理解现象、判断未知的根据。如果说揭示本质好似建筑桥墩，那么阐明本质之间的关系则好似在桥墩上安放桥梁。有了"桥墩"和"桥梁"，对于一个规律的发现也就可以认为是完成了。

不过，人们所发现的规律总是属于某一层次的，如果我们最初所建构的关系还只是经验定律，那么，从学科理论发展的角度来看，这种发现还只能说是完成了发现的一个阶段的任务。在一

---

① 转引自［德］海森堡：《物理学和哲学》，第174页。

个学科领域内，一旦有若干个经验定律被发现，以这些经验定律为基础去建构能够概括了这些经验定律的更为一般的理论定律也就成为必要的了。理论定律的建立与经验定律的发现从难度上讲难分伯仲，但经验定律的发现须以实践为基础，因而发现它既要求发现者要有一定的理论思维能力，更要求发现者要具有勤劳且能吃苦的优秀品质，能够坚持不懈地去进行实践。理论定律的建立虽也需要以一定的实践经验知识为基础，但要求发现者要有更强的理论思维、逻辑思维与数学思维能力。如果说经验定律还只是一座大厦的低层建筑，那么，理论定律则好似建筑在低层建筑之上的高层建筑。理论定律的建立大都是以经验定律为基础发现的，相对论的建立算是一个例外。这个例外正是爱因斯坦运用他所说的那种方法所创造的奇迹。理论定律与经验定律一样都是人从不同中归纳出的相同、从变化中发掘出的不变、从特殊中概括出的普遍，但理论定律比经验定律更抽象，也更普遍、更深刻，因而它覆盖的范围大、涉及的事物和联系也多。它一旦建立，一个具有里程碑意义的发现也就可以认为是完成了。

第十一章 实行论（一）

——马克思主义实行观初探

拿实行这一概念与人类关于人的活动的其他一些概念相比较，可以发现，它的外延是比较广的。笔者以为，实行这一概念是可以涵盖了学习、行动、认识、决策、实施（行动与实施均属于实践）等概念及它们所反映的活动的。这是因为，不论是实践，还是学习、认识、决策，都有一个以什么样的方法去进行的问题。在认识上坚持了实事求是，也就是在认识上实行了正确的方法。因此这几个方面都可以说是一种实行。马克思主义者虽未作过这样的概括，但却提出过要实行正确的理论、正确的政策的主张，强调过在这几个过程中都要实行正确的方法。本章所述的实行观主要是马克思主义的，是由马克思、恩格斯所提出，为列宁所发展，由毛泽东集大成，现代科学在内容上又给予了补充的关于实行的哲学。

一 马克思主义提倡的实行

马克思主义认为，实行对于人类来说，其实是必须进行的。马克思指出：“像野蛮人为了满足自己的需要，为了维持和再生产自己的生命，必须与自然进行斗争一样，文明人也必须这样做"[①]。对于实行，马克思主义是积极提倡的。这是因为，实行还有一个做多少事的问题。懒人用别人干几十件事情的时间去干一件事也是实行，但却是做得远远不够的实行。爱因斯坦说："一个人对社会的价值首先取决于他的感情、思想和行动对增进人类利益有多大作用。"[②] 这也就是说，个人的人生价值是与他对社会的贡献相对应着的。一个人如果不愿意为社会多做事，是没有人强迫他去做的。但他做得事少，他的人生价值也小。而"绝对无所事事和不存在是相等同的"[③]。因此，谁要想使自己的人生成为有价值的人生，谁就应当争取为社会做出较多的贡献。因此，马克思主义者主张人要英勇无畏、积极主动、富于创新地去实行。他们主张人要充分发挥自己的聪明才智，以最大限度的努力去为社会作贡献。在学习上，他们主张刻苦勤奋、毕生努力。工作上，他们强调艰苦奋斗、勇于拼搏。他们主张人们要有移山填海的革命与工作热情，像工兵那样"逢山开路、遇水架桥"，以压倒一切的钢铁意志去战胜与克服困难。他们认同"不怕的人前面才有路"[④] 的观点，鲜明地提出："革命不能怕敌怕战"[⑤]，在国内外敌人的猖狂进攻面前要不畏强暴、奋起抗争，

① 《马克思恩格斯全集》第25卷，第926页。

② 《爱因斯坦文集》第3卷，第38页。

③ ［法］伏尔泰:《哲学通讯》,上海人民出版社1961年版,第131页。

④ ［日］有岛武郎语，转引自林玲等编《哲思妙语大全》，第85页。

⑤ 毛泽东语，转引自朱仲丽《难以忘却的昨天》，《文汇报》1985年12月9日。

以不怕抛头颅、洒热血的精神去与敌人作针锋相对的斗争。搞建设则要有自力更生、艰苦奋斗的精神，要勇于吃苦，以苦为乐，勇挑重担，以多奉献为荣。他们主张每一个人都要勇于创新，敢于走前人没有走过的路。他们认为“能吃苦的人才能有出息”[①]。即是说，只有不避艰险并确确实实地苦干了的人，才能为社会做出较多的贡献。他们认为，真正的实行，就是要像法拉第一个设想就意味着一次实验那样，决定一旦做出，就立刻把它变为行动；就是要像无数革命先烈、革命前辈那样，为了人民大众的幸福，竭尽全力、拼命工作，不惜任何牺牲地去实现奋斗目标；就是要像“语不惊人死不休”的杜甫那样，“不达胜利誓不休”[②]。

不过，在上述诸种实行中，马克思主义最看重的还是实践。马克思曾说过：“哲学家们只是用不同的方式解释世界，而问题在于改变世界。”[③] 而要改变世界，就必须有行动。“理论的对立本身的解决，只有通过实践方式，只有借助于人的实践力量，才是可能的”[④]。列宁也指出：“实践比任何理论都重要百倍。”[⑤] 毛泽东继承并发展了马克思主义的这一思想，指出：“马克思主义看重理论，正是，也仅仅是，因为它能够指导行动。”[⑥] 只有经过实践，人们才能够认识了世界。即便是学习，也要依靠实

① 毛泽东语，转引自《新华文摘》1989 年第 7、8 期（合刊），第 136 页。

② 《毛泽东文集》第 3 卷，人民出版社 1996 年版，第 300 页。

③ 《马克思恩格斯全集》第 3 卷，人民出版社 1960 年版，第 6 页。

④ 《马克思恩格斯全集》第 42 卷，人民出版社 1979 年版，第 127 页。

⑤ 《列宁全集》第 40 卷，人民出版社 1986 年版，第 210 页。

⑥ 《毛泽东选集》第 1 卷，第 292 页。

践。心理学的研究表明，只有在社会中生活的人，才能够有了人的心理，才能理解了别人所教的东西。“有许多真理非得等到个人亲身经历才能体会其精义”。[①] 毛泽东也认为，别人的经验，不通过自己的实践，还不会变成自己的。[②] 决策也要依靠实践。“共产党的正确而不动摇的斗争策略……是要在群众的斗争过程中才能产生的，这就是说要在实际经验中才能产生。”[③] 而最为重要的是，只有经过实践，人们才能改造了世界，满足了自己的需要，使社会得以存在并获得发展。因此应当承认，实践乃是实行的核心。

但是，第一流的实行却不仅仅是由实践构成的。马克思主义看重实践，但它认为对于个人来说，理想的实践应当是在掌握一定知识的基础上的实践。马克思主义者鄙视那些拥有知识却不实行的人，但他们却不反对实践者要有知识。相反，他们认为，“只有以先进理论为指南的党，才能实现先进战士的作用。”[④] 因此，“要理智地、自觉地、有效地投身于革命，就必须学习。”[⑤] 毛泽东也指出：“要把革命事业做好，没有比较完全的知识是不行的。”[⑥] 革命导师们同时也十分强调在实践的过程中坚持学习，

---

① 米尔语，转引自陈绪万、晓晴编：《说话·演讲·写作·处世妙语辞典》，第 191 页。

② 转引自习仲勋：《红日照亮了陕甘高原》，载《学习毛泽东》，上海人民出版社 1979 年版。

③ 《毛泽东选集》第 1 卷，第 115 页。

④ 《列宁全集》第 6 卷，人民出版社 1986 年版，第 24 页。

⑤ 《列宁全集》第 33 卷，人民出版社 1985 年版，第 129 页。

⑥ 《毛泽东选集》第 3 卷，第 818 页。

提倡在实践中读书。爱因斯坦也说过："智慧并不产生于学历，而是来自对于知识的终生不懈的追求。"[①] 这些伟人所以要提倡实践者去掌握知识，原因在于前人所创造的知识中，除了包含有前人对于世界的认识与说明外，还包含有许多可以指导现实行动的一般方法。前人关于世界的认识与说明，可以作为我们认识世界的基础与参考，而其方法则可以给予我们的实践以指导。当着我们着手去做一项新的工作，但还没有具体的方法时，我们可先按照前人提出的一般方法去行动。这种一般的方法虽还不能解决具体的问题，但却指出了正确的行动方向。这可以使我们一开始就站到一个较高的起点上，从而较快地取得成绩。牛顿"站在巨人们的肩上"，创立了经典力学；毛泽东以"对立统一"和"阶级斗争"的观点为指导去农村进行调查研究[②]，从而对中国社会有了深刻的了解，就都是成功的例子。倘若要从头做起，就很可能要走弯路、遭挫折。20 世纪 60 年代中期，我国不再像世界上的许多国家那样以经济建设为中心，就遭受了惨重损失。当然，仅仅依靠前人所提供的那些一般的方法，还解决不了我们在现实生活中遇到的那些具体问题。解决这些具体问题，还需要有既适合此时此地实际情况，又能实现了我们的目的的具体方法。因此，马克思主义也特别强调要通过实践去认识世界。恩格斯指出："我们对自然界的整个统治，是在于我们比其他一切动物

① 转引自［美］海伦・杜卡斯：《爱因斯坦谈人生》。

② 见《毛泽东文集》第 2 卷，《关于农村调查》。

强，能够认识和正确运用自然规律。”[①] 列宁则明确地提出：“必须把认识和实践结合起来。”[②] 毛泽东也说过：“不论做什么事，不懂得那件事的情形，它的性质，它和它以外的事情的关联，就不知道那件事的规律，就不知道如何去作，就不能做好那件事。”[③] 同样，马克思主义也主张把决策与实践、认识结合起来。恩格斯就曾主张“借助于对事物的认识来作出决定”[④]；列宁也曾强调“任何郑重的政策必须以经得起严格的客观检验的事实作为根据”[⑤]；毛泽东则曾提出：“按照实际情况决定工作方针，这是一切共产党员所必须牢牢记住的最基本的工作方法”[⑥]。从这些论述中可以看出，马克思主义不仅是力主行动的，而且对行动是有要求的。在没有行动时，它提倡行动。在它看来，为了社会的进步而行动是可贵的，是应当受到褒奖的，而那些只说不做的人则是可鄙的。但是，要行动就要争取成功，因而知识、理论的掌握和对于世界的认识以及科学的决策对于实践者说，就都是不可少的，就是应在实践之前或伴随着实践进行的。衡量个人、团体、政党的实行是否是第一流的，要看其实行对于人类、对于社会的贡献的大小。第一流的实行才能做出第一流的贡献。而做出第一流贡献的实行却不只是由实践这样一种实行构成，而是与

① 《马克思恩格斯全集》第 20 卷，第 519 页。
② 《列宁全集》第 55 卷，第 185 页。
③ 《毛泽东选集》第 1 卷，第 171 页。
④ 《马克思恩格斯选集》第 3 卷，第 455 页。
⑤ 《列宁全集》第 32 卷，人民出版社 1985 年版，第 120 页。
⑥ 《毛泽东选集》第 4 卷，第 1308 页。

认识（有科学成果）相结合的实践，与实践相结合的认识，以通过实践获得的认识为基础的决策，以及以科学决策为根据的实施。因此，马克思主义在推崇实践的同时，强调要把实践与学习、认识、决策结合起来，主张在理论的指导下行动，在实践的过程中认识，在认识的基础上决策，决策做出后，再“不惜任何牺牲而坚决予以实现”①。那种只有实践而无认识的实行，只能算作是第一流的实行之后的实行。至于完全脱离实践的认识和决策，则是马克思主义所反对的。

二　马克思主义实行观的核心

马克思主义所以主张把实践与学习、认识、决策结合起来，原因在于，实行还有一个正确与否的问题。现实生活中有各种各样的实行：侵略别国也是实行，但却是罪恶的实行；任人唯亲或任人唯钱也是实行，但却是不正当的实行；刀耕火种也是实行，但在今天却是落后的实行；对同志实行残酷斗争、无情打击也是实行，但却是错误的实行。马克思主义所主张的实行是合理的、正当的、先进的、正确的实行，也即毛泽东所说的：“正确地认识世界和改造世界”②。但是，单靠实践并不能保证实践正确，正确的认识与决策也不是实践自然而然的结果。同样，离开了实践的认识和离开了通过实践所得到认识的决策，也不能保证认识

---

① 《列宁全集》第38卷，人民出版社1986年版，第157页。
② 《毛泽东选集》第1卷，第296页。

和决策正确。因此，必须把实践与认识、决策结合起来，这才有可能做到正确地实行。

马克思主义主张正确地实行，含有要求人们“但做好事，莫问前程”，只管正确地实行，不管是否于自己有利的思想；含有要求人们不要心存侥幸、把精力放在指望别人能带来好的结果的希冀之上，而要把精力集中到正确的实行上的思想。但是，它的实行观的这些思想丝毫也不意味着它不主张讲求实效。相反，提倡正确地实行的目的正是为了求得理想的效果。它认为，无产阶级应比资产阶级更讲求实效，因为它所要实现的理想比资产阶级要远大得多。尤其重要的一个不同之处是，它所要求的实效是有利于社会大多数人的实效，是以满足人民群众的物质与文化生活需要为出发点和归宿的。在马克思主义者看来，“任何一种东西，必须能使人民群众得到真实的利益，才是好的东西。”① 因此他们反对无效劳动。这与认为“无益劳动和游手好闲并没有什么两样”② 的林肯所见是相同的。他们提出，看人们的实行是否正确、是否成功，最终是要看这种实行是否取得了对人民群众有利的实效以及这种实效是不是理想。因此他们既主张实践以外的几种实行要以实践为基础为归宿，主张人们在掌握了一定的知识后即去为社会的进步而行动、而创造、而奉献；又主张实行要以为人民群众谋得实际利益为目标，力求做到在科学的理论、认

① 《毛泽东选集》第3卷，第864－865页。

② 转引自陈绪万等编：《说话·演讲·写作·处世妙语辞典》，第168页。

识、决策的指导下实行。

正确地实行或实行正确的理论、决策与方法乃是马克思主义实行观的核心。马克思、恩格斯既是力主行动的革命家，又是主张正确地实行的思想家。马克思曾说过："思想根本不能实现什么东西。为了实现思想，就要有使用实践力量的人。"[①] 这一观点与他在《黑格尔法哲学批判导言》中所讲的"批判的武器当然不能代替武器的批判，物质力量只能用物质力量来摧毁"的话是一致的。其意乃是说，仅有思想是不行的，有了思想，还需要有人去把思想付诸行动。不过，马克思紧接着就指出："但是理论一经掌握群众，也会变成物质力量。"[②] 这也就是说，人民群众的实行一旦与正确的理论结合起来，就会成为促进社会进步的巨大物质力量，推动社会迅猛地向前发展。历史已经证明，社会的发展、进步归根到底是由人们实行正确的思想与方法促成的，而不是随便实行什么都可以促成的。实行错误的理论与决策只能使社会停滞不前乃至倒退。因此，马克思、恩格斯竭力倡导实行正确的理论、策略与方法，反对有正确的东西而不实行，强调应尽量避免和防止有实行却不正确。恩格斯指出，人们"所犯的每一个错误、遭到的每一次失败都是原来纲领中的各种错误的理论观点的必然结果。"[③] 无产阶级政党要引导革命到胜利，"就应当根据自己的理论去行动"[④]，即要以科学的理论为指导。

---

① 《马克思恩格斯全集》第 2 卷，第 152 页。

② 《马克思恩格斯全集》第 1 卷，第 460 页。

③ ④《马克思恩格斯全集》第 36 卷，人民出版社 1975 年版，第 576 页。

马克思、恩格斯适应无产阶级革命运动的需要，以毕生的精力去创造无产阶级“自己的理论”，目的即在于使无产阶级的革命斗争有正确的理论指导。这一点，我们从恩格斯所说的下面这段话中即可以看出：“完成这一解放世界的事业，是现代无产阶级的历史使命。考察这一事业的历史条件以及这一事业的性质本身，从而使负有使命完成这一事业的今天受压迫的阶级认识到自己行动的条件和性质，这就是无产阶级运动的理论表现即科学社会主义的任务。”① 不过，马克思、恩格斯也多次强调说，他们的学说并不是现成的教条，而是行动的指南。实际运动的领导者要想使自己的实行做到正确，除了需要以这种一般的原理为指导外，还“必须从实际情况出发”②，“根据经常变化的条件制定”“策略”③。他们认为，无产阶级要改造世界，就需要认识世界，因此在认识上也必须实行正确的方法。他们创立的辩证唯物主义认识论，把唯物主义贯彻到了认识论中，并且把科学的实践观和辩证法应用于认识论，为无产阶级认识世界提供了科学的认识工具。这种认识论主张：“研究必须充分地占有材料，分析它的各种发展形式，探寻这些形式的内在联系。”④“要按照事物的本来面目及其产生根源来理解事物”⑤，“不是设计种种联系塞到事实

---

① 《马克思恩格斯全集》第 19 卷，人民出版社 1963 年版，第 247 页。

② 《马克思恩格斯全集》第 31 卷，人民出版社 1972 年版，第 523 页。

③ 《马克思恩格斯全集》第 38 卷，人民出版社 1972 年版，第 439 页。

④ 《马克思恩格斯选集》第 2 卷，第 111 页。

⑤ 《马克思恩格斯全集》第 3 卷，人民出版社 1960 年版，第 49 页。

中去，而是从事实中发现这些联系，而且一经发现，就要尽可能从经验上加以证明。”① “发现现实的联系”的目的，归根到底是为了发现规律②。在马克思恩格斯看来，最终做出的决定正确与否，关键取决于对事物的认识是否正确。他们主张，要在认识了客观实际和客观规律后，再“借助于对事物的认识来作出决定”③。这也就是人类进入自由王国的标志。列宁说“马克思和恩格斯的主要功绩，就是引导社会主义同工人运动结合起来：他们创立的革命理论，阐明了这种结合的必要性，指出了社会主义者的任务就是组织无产阶级的阶级斗争。”④ 引导实现这种结合的目的，其实就是要使无产阶级的实行与科学的理论结合起来。

马克思、恩格斯之后，为实行正确的理论与方法的思想做出重要贡献的是列宁。列宁发挥了马克思主义主张积极地实行以改造世界的思想，明确提出：“世界不会满足人，人决心以自己的行动来改变世界。”⑤ 在他的著作和演说中，充满了主张通过积极的实行、艰苦顽强的斗争去实现无产阶级奋斗目标的精神。这一点，我们只要去阅读他的一小部分著作也就可以感受得到。列宁主张实行正确的理论与方法的思想是极其鲜明的。在认识上，列宁继承并发展了马克思主义“从物到感觉和思想”的唯物主义认识论，进一步强调了实践在认识中的地位和作用，明确提出

① ②《马克思恩格斯选集》第4卷，第288、247页。
③ 《马克思恩格斯选集》第3卷，第455页。
④ 《列宁全集》第4卷，人民出版社1984年版，第213页。
⑤ 《列宁全集》第55卷，第183页。

了“必须把认识和实践结合起来”[①] 的主张，他首次明确地提出了把辩证法运用于认识论的思想，指出了“从生动的直观到抽象的思维，并从抽象的思维到实践”这样一条“认识真理、认识客观实在的辩证途径”[②]。此外，他还明确地肯定了实践是检验主观认识是否是真理的标准。这些主张极大地丰富了马克思主义关于在认识上要实行正确方法的思想。在实践上，列宁提出了把理论与实际、实践相结合，制定适合本国情况的政策与策略，并坚决地按照它们去做的思想。他的一句众所周知的名言是："没有革命的理论，就不会有革命的运动。"[③] 他认为，“必须根据科学原则来行动”的主张是“一种完全正确的意见”[④]。他说："科学的发展在提供愈来愈多的材料，证明马克思是正确的。"[⑤] 因此他旗帜鲜明地主张："我们完全以马克思的理论为依据"[⑥]。但他又指出，我们决不把马克思的理论看作某种一成不变的和神圣不可侵犯的东西，马克思主义“只是给一种科学奠定了基础……它所提供的只是总的指导原理，而这些原理的应用具体地说，在英国不同于法国，在法国不同于德国，在德国又不同于俄国。"[⑦]因此，真正的马克思主义者必须结合本国的实际去应用马克思主义。在制定政策和策略的时候，既要以马克思主义为指

① ②《列宁全集》第55卷，第185、142页。
③ 《列宁全集》第6卷，人民出版社1986年版，第23页。
④ 《列宁全集》第39卷，人民出版社1986年版，第60页。
⑤ 《列宁全集》第26卷，人民出版社1988年版，第239页。
⑥ ⑦《列宁全集》第4卷，第160、161页。

导，又要“从具体的现实生活中的各种现象出发”[①]。列宁既是伟大的理论家，又是伟大的革命家，他不仅运用马克思主义的基本原理于俄国的具体实际，提出了“社会主义可能首先在少数甚至在单独一个资本主义国家内获得胜利”[②]的理论，为俄国革命制定了正确的策略，并且实际领导俄国无产阶级取得了十月革命的胜利。这一具有世界意义的胜利表明，只要正确地实行，就可以取得伟大的成功。

笔者认为，马克思主义实行思想的集大成者是毛泽东。毛泽东关于实行的主张，继承了中国古、近代哲人的思想，继承并发展了马克思列宁主义的实行思想，使马克思主义的实行观成为更加系统、科学的理论。关于他的实行思想，我们将在下一章予以阐述。

三　正确的实行及其意义

马克思主义认为，实行正确的思想与方法，可以是实行自己求得的正确，也可以是实行别人求得的正确。马克思主义实行思想的基本要求是，只要是正确的，就应当去实行，而不应看这正确是谁提出的。毛泽东说过：“凡属人民群众的正确意见，党必须依据情况，领导群众，加以实现。”[③]“不管是什么人……只要

① 《列宁全集》第39卷，第229页。
② 《列宁全集》第26卷，第367页。
③ 《毛泽东选集》第4卷，第1310页。

……你说的办法对人民有好处，我们就照你的办。”① 因此，当着自己还“无术”时，就要去学；当着别人提出了正确的主张和方法后，就要毫不犹豫地照着去做。那种对别人所提出的正确的建议和意见总是不屑一顾的态度，不过是栽跟头以前的一种顽固和狂妄罢了。

不过，马克思主义更提倡的还是实行主体自己去求正确。它认为，不论是个人，还是政党、团体，都不应当把求得正确的希望寄托在别人身上，等待别人提出正确的主张后再去实行，而是应当迈开自己的双腿去躬行实践，以积累经验、掌握事实；应当开动自己的大脑去多想苦想，以发现联系、揭示规律、求得正确的策略与方法。列宁就曾强调说：“我们马克思主义者就应该竭尽全力对种种事实进行科学的研究，因为事实是我们政策的基础。”② 只有这样，我们也才不至于因等米下锅而造成时间和生命的浪费，才可以做出较多的成绩。而要自己去求正确，实行主体就不仅需要有较为强烈的事业心，而且需要有较强的认识能力。因此，从一个人要做出较多贡献的角度说，他在幼年时期的实行首先应当是接受教育，即学习、掌握前人创立的知识。根据马列主义、毛泽东思想与现代科学，笔者把怎样做才算是做到了正确地实行归纳如下表：

---

① 《毛泽东选集》第3卷，第1004页。

② 《列宁全集》第32卷，第105页。

实　行　表

实行的顺序	一	二	三	四	五	六
实行的内容	学　习	行　动	认　识 （预测）	决　策 （创造）	实　施	总　结
实行的正确方法	勤学苦练 联系实际	以科学理 论为指导	实事求是 群众路线	遵循制度 科学决策	按既定决 策办事	及时反馈 是是非非
正确实行的结果	知识、 技能	经验、能 力、问题	现状、规 律、趋势	最佳方案	执行效果	完善方案或 追踪决策

实行表表明，做任何一件事情都需经历一个过程。这就是从实践到认识，再从认识到决策到实践。其中的每一步都当以前一步及其结果为基础。最初的行动应把认识作为重要的目的，甚至应以认识为目的。在每一步上都实行了正确的方法，才能实现了预想的目的。例如，在认识过程中实行了正确的认识方法，才能获得正确的认识。有了正确的认识做基础，并按照科学的决策制度规定的决策程序、决策方法去决策，才能做出正确的决策。以这种决策为根据去实施，才能获得成功。实行哲学既提出了正确地实行的要求，也提出了正确地实行的一般方法，这也就是表中所列的方法。实行哲学认为，完成一项伟大的事业，必须“从实践中一步一步地认识斗争的客观规律”①，一步一步地去寻求实现目的正确方法。今天的这一步正确了，我们才能成功地走向明天的那一步。今天的这一步如不正确，明天就还得重走今天的这一步。而且这种纵向的正确实行，还应当表现在横向并列的各项工作上。例如在革命时期，就不仅要有军事方面的正确实行，而且要有政治、经济、文化等方面的正确实行。在建设时期，则

① 《毛泽东文集》第 8 卷，第 302 页。

不仅要有物质文明建设、精神文明建设方面的正确实行，而且要有政治文明特别是制度建设方面的正确实行。只有在这些相互依赖的方面都实行了正确的决策与方法，其中的每一方面才能有了真正的成功。因此，上级不仅不应当限制和束缚下级和群众的手脚，而且应当支持和鼓励他们放开手脚大胆地进行试验和创造。这才有可能在各项工作中都找到最先进最科学的方法。

社会领域内的任何一个行业、任何一个层次的人都有一个需要正确地实行的问题，农民需要科学种田，工人需要掌握和运用先进的科学技术，企业家需要用科学的管理方法去管理，知识分子拥有知识后需要有用武之地。因此，工农的正确实行，就是要把自己的实践与科学技术相结合。知识分子的正确实行则是要把自己的知识与生产实践、科学实验相结合。但是，更为重要的结合乃是领导的实行与正确的方式方法的结合。因为领导的实行关系着全局。领导要制定和贯彻落实党和国家的路线、方针、政策，因此必须把自己的实行（即领导行为）与科学理论、与客观实际、与群众和专家等方面真正紧密地结合起来，才能够做到正确。领导正确了才能使所领导的事业获得成功。“三顾茅庐”所以能成为佳话，就在于它导致了实行者与智者、实行与正确战略的结合。遵义会议在中国革命史上的重大意义也在于它使能够制定并执行正确的路线、方针、政策的人成为了党和军队的领导人，使中国革命有了把马克思列宁主义的普遍原理与中国革命的具体实践相结合的思想即毛泽东思想的指导。以毛泽东为代表的中国共产党人是通过创立正确的理论，制定正确的路线、方针、政策，并领导全国人民坚决地实行正确的理论、路线、方针、政策而为中国社会的发展做出巨大贡献的。

四　全社会的正确实行要靠制度

中国人民是勤劳勇敢的人民，中华民族是乐意实行的民族。在数千年的历史发展过程中，我国历代劳动人民在极其艰苦的条件下辛勤劳作，使民族繁衍、生息，得以发展至今天。中华民族还是酷爱自由、富于革命传统的民族。仅在两千多年的封建社会史上，就有过大小数百次的农民起义，次数之多，规模之大，在世界历史上都是无与伦比的。如此不屈不挠的实行精神无疑是我们永远应当继承和发扬的。

然而，由于历代封建统治阶级的残酷剥削和压迫，广大劳动人民被剥夺了掌握知识的权利。又由于历代封建统治阶级尊奉儒家，而儒家恰恰又是鄙视劳动和劳动者、反对知识分子参加最重要也是最主要的实践即生产实践、反对知识分子与劳动者相结合的。这两种“反对”被封建统治阶级所接受、推崇、实行，就使中国社会在几千年的历史中，一直处在知识分子与劳动者相脱离、生产实践与科学知识相脱节的状态中。[①] 这使我们这个有着数千年文明史的民族到了近代，在科学技术方面，反而落到了西方后面。阶级斗争方面的情况又何尝不是这样。尽管曾有过那么

① 最早有了这种认识的是中国现代考古学家李济，见柏杨著《丑陋的中国人》附录：张香华《你这样回答吗?》，湖南文艺出版社 1986 年版，第 159—175 页。

多轰轰烈烈的农民大起义，但“由于当时还没有新的生产力和新的生产关系，没有新的阶级力量，没有先进的政党，因而这种农民起义和农民战争得不到如同现在所有的无产阶级和共产党的正确领导，这样，就使当时的农民革命总是陷于失败”①。可以说，经济、科技上的落后和阶级斗争的失败，都是由于实行没有正确的理论与方法，或是由于与正确的理论、方法、策略的结合未能贯彻到底造成的。

时光推移到了20世纪之后，情况起了变化。在俄国十月革命的影响下，中国共产党诞生了。以毛泽东为代表的中国共产党人把马克思列宁主义的基本原理与中国革命的具体实践相结合，开创了以农村包围城市、最后夺取城市和全国政权的正确道路，使实行和正确的理论完美地结合了起来。这也是中国历史上人民群众的实行与正确理论的一次最伟大最自觉的结合。这一次结合释放了中华民族所蕴藏着的巨大能量。凭借这种能量，中国人民推翻了压在自己头上的三座大山，从此站立了起来。这一真正是属于人民的胜利表明，人民群众的实行一旦和正确的理论结合起来，就没有什么敌人不可战胜，也没有什么困难不能克服。

但是，我们以排山倒海般的实行取得的辉煌胜利并未赋予我们不必再去实行的权利。相反，新的时代的到来，把确定并积极地开展新的内容的实行，并通过这种实行找到我们应当遵循的新的正确的理论这样一个历史任务重新摆在了我们的面前。当此之时，我们应当做到的无疑是蹈厉奋发、没有丝毫松懈的实行。因

---

① 《毛泽东选集》第2卷，第625页。

为在竞争日趋激烈的当今世界，谁松懈，谁就要落后；而落后就极有可能使整个民族蒙受新的耻辱。也只有在毫不犹豫的实行中，我们才能够找到正确的道路和方法，才能够取得新的成功。

令人遗憾的是，现在的国家工作人员中，虽确有一批踏实苦干并能做到正确的人，但也有少数领导干部官僚主义严重、空谈之风盛行。这些人习惯于坐在屋子里高谈阔论，行动却不见踪影。显然，采取措施，坚决地去解决这些不利乃至阻碍中国梦实现的问题，已经到了刻不容缓的地步。

中国共产党第十八次全国代表大会以来，以习近平同志为核心的党中央顺应党心民心，把全面从严治党纳入“四个全面”战略布局，把端正党风、反腐倡廉作为全面从严治党的重要内容，严惩腐败，严纠“四风”；同时，推进标本兼治，即在保持惩腐力度并加强思想建党的同时，着力构建不敢腐、不能腐、不想腐的体制机制，使党风政风都开始向好的方向转变，赢得了全党全国人民的真心拥护和坚定支持。然而由于政治生态的“污染”由来已久，由于滋生腐败的土壤依然存在，因此，要恢复风清气正的良好政治生态，还需付出相当艰巨的努力。

为了使全社会的人都能够做到乐意实行且乐意实行正确的理论、决策与方法，我们确实应当加强思想教育，而且应当有针对性地进行教育，坚持有什么（错误思想）反什么的原则；在教育方式上，也应更多地采用正面榜样教育与反面警示教育相结合的方法，以求使对象能够有了正确的“三观”并具有了革命精神、实干精神和科学态度。不过，从这数十年来的经验看，要实现使人们都能够做到积极主动地实行，并且实行正确的决策与方法这一目的，仅靠思想教育是远远不够的。近些年来，一些掌握权力的干部违法乱纪，触犯刑律，给国家造成重大损失的事实也已证明，单靠思想教育是不行的。这证实了列宁所说的一句话："依靠信念、忠诚和其他优秀的精神品质，这在政治上是完全不严肃的。"①

这几十年来的实践同时还表明，要使人们能够做到自觉地去实行，并且能够自觉地去实行正确的理论、决策与方法，主要应通过给人以不正确地实行需要就无法满足的压力和正确地去实行需要就可以得到满足的动力来促使人们去实行正确的理论、决策与方法，同时辅之以有针对性的思想教育。有压力并不是坏事，"思想上的压力，甚至肉体上的痛苦都可能成为精神上的兴奋剂。"② 同样的水平，在有较大的压力时，往往能够做到谦虚谨慎、兢兢业业以力求实行正确的方法。此即韩非所谓"心畏恐……则思虑熟，思虑熟则得事理……得事理则必成功。"③ 而在没有了压力时，则往往要犯错误。柳宗元所谓"敌存灭祸，敌去招过"④，说得就是这样的意思。

那么，用什么样的办法给人以压力和动力呢？国内外的经验告诉我们，最好的办法是靠制度。大量的事实也已证明，规范、科学、合理的制度能给人们以强大的压力和动力，促使人们自觉地去实行正确的方法。因此，无产阶级取得政权后，最重要的还

---

① 《列宁全集》第43卷，第92页。

② ［英］贝弗里奇：《科学研究的艺术》，第147页。

③ 《韩非子·解老》。

④ ［唐］柳宗元：《敌戒》。

不是力求争取在每一项重大决策上都能够做到正确，而是建立使政党、政府、团体、个人必须实行并且力求正确的制度。这种制度要能够使人们自觉主动地去坚持实事求是、科学决策以使正确的决策源源不断地产生并且通得过、行得通，而且要能够做到使错误的决策很难通过、很难实施，从而避免在重大问题、重大决策上出现重大失误。什么样的制度才能够做到这点呢？恩格斯在1847年所写的《共产主义原理》一文中就已提出："无产阶级革命将建立民主的国家制度，从而直接或间接地建立无产阶级的政治统治。"[①] 列宁则说过："胜利了的社会主义如果不实行充分的民主，就不能保持它所取得的胜利"[②]。延安时期，毛泽东在回答黄炎培关于如何跳出"政怠宦成"、"人亡政息"的历史周期律的问题时说："我们已经找到新路，我们能跳出这周期律。这条新路，就是民主。只有让人民来监督政府，政府才不敢松懈。只有人人起来负责，才不会人亡政息。"[③] 根据这些思想，建立使人们都来正确地实行的制度，就是要建立、健全和发展社会主义的民主制度，使之成为科学、合理、完善的制度，成为制度化、法律化、规范化了的制度。可以说，有了这样的制度，也就如同人们为火车建造了铁路，社会主义事业的发展也就会像列车行驶在轨道上一样不会误入歧途了。

---

① 《马克思恩格斯选集》第1卷，第239页。

② 《列宁全集》第28卷，人民出版社1990年版，第168页。

③ 转引自黄炎培：《八十年来》，中国文史出版社1982年版，第148页。

第十二章　实行论（二）
——毛泽东实行思想研究

毛泽东是马克思主义实行思想的集大成者，但他的实行主张却首先是对中国古、近代哲人思想的继承，只是在信仰了马克思主义后，他的实行思想才建立在了科学的基础上。他揭示了实行的规律性，明确地提出了要实行正确的思想、理论的主张，并且指出了做到正确实行的途径。但从当代社会主义的实践看，对于他的实行思想，我们除了应予坚持外，还应予以发展；而更为重要的则是应最大限度地使之制度化；这才能够使正确地实行的要求为全社会的人所遵循。

一　毛泽东实行思想的历史渊源

中华民族本是乐意实行的民族，强调实行在中国也有长久的历史。早在春秋时期，墨子就已经提出："仁人之事者，必务求兴天下之利，除天下之害。"[①] 战国时的荀子也有"知之不若行之，学至于行之而止矣"[②] 的主张。然而，自从中国封建统治阶

① 《墨子·兼爱下》，上海古籍出版社 1989 年版。

② 《荀子·儒效》，中华书局 1989 年版。

级把儒学作为其统治劳动人民的思想工具后，儒学鄙视生产实践、鄙视劳动人民，反对知识分子与劳动者相结合、与生产实践相结合的观念就逐渐渗透到了中国历代知识分子的头脑中。这种观念也被封建统治阶级贯彻到了封建社会的制度中。这使得知识分子与劳动者相脱离、生产实践与科学知识相脱离成了中国封建社会的一个重要特征和根深蒂固的顽疾。到了宋代，以神化和维护封建统治和封建道德的理学，则更是引导士人脱离实际、空谈心性、闭门修养的陈腐之学。但由于它与儒学一脉相承，并且得到了封建统治阶级的青睐，致使当时的一般知识分子在理学的桎梏下，“足不出户”、“游谈无根”、“坐而论道”，妄想一旦顿悟。这使上述两个“脱离”变得更加严重。这一原因与其他原因一起使得在公元 5 世纪到公元 15 世纪一直走在世界前列的中国，到了明末，非但未能走出中世纪，进入工业社会，反而变得民不聊生、危机四伏，人民纷纷起义，满族统治者虎视眈眈。

目睹明王朝的政治危机和民族矛盾的不断加深及明王朝在其后的覆灭，一些目光敏锐的知识分子首先觉醒，兴起了一股批判宋明理学，志在明道救世的启蒙思潮。其中著名的代表有黄宗羲、顾炎武、王夫之、颜元。他们以“经世致用”为宗旨，倡导“实习、实讲、实行、实用”的务实精神，强调亲身“习行”、“践履”、“实践”的重要性，提出“正其谊以谋其利，明其道而计其功”① 的重实用、讲效果的思想，主张以“实学”、“实事”、“实功”去求“实效”，以发展经济，振兴国家、济世

① 《颜元集·四书正误卷一》，中华书局 1987 年版。

救民。然而，由于清朝统治阶级在稳定其统治后以高压政策复兴程朱理学，明清之际的这些思想家们兴起的实学思潮并未能被当时的士人所普遍接受。直到满清王朝开始走向衰败之时的十九世纪上半叶，才被龚自珍和魏源两位思想家所重新倡导并有所发展。在近代，首先大力倡导实行的人是中国民主革命的伟大先行者孙中山。孙中山认为："古人进步的最大理由是在能实行。能实行便能知，到了能知，便能进步。"① 为了"使国人无所畏而乐于行"，他著书猛烈地批判了"知易行难"说，针锋相对地提出了"知难行易"说，明确提出："能知必能行"②，"不知亦能行"③，"知之固应行，不知更应行"④，并号召"有志国家富强者，宜黾勉力行"⑤。这些观点对于长期处于儒学、理学统治下的国人说，无疑具有振聋发聩的作用。然而，由于他对于人民群众的革命实践重视不够，只靠了少数革命党人去奋斗，因此他的"行"的主张尽管唤起了一批仁人志士为民主革命的成功奋斗，但却未能广泛地深入到广大人民群众中。

值得庆幸的是，明清之际的思想家乃至孙中山想使实行的主张为国人所普遍接受的梦想在20世纪的20年代以后，开始由以毛泽东为代表的中国共产党人变为现实。毛泽东受孙中山的影响是比较早的。还在辛亥革命前，毛泽东在《民力报》上看到黄

---

① ②③⑤《孙中山全集》第6卷，中华书局1985年版，第69、204、222、223页。

④ 转引自韦杰廷：《孙中山哲学思想研究》，湖南人民出版社1981年版，第100页。

花岗七十二烈士殉难的消息，就“深受这篇报道的感动”[①]。当他“听说孙中山这个人和同盟会的纲领”，竟写了一篇文章贴在学堂的墙上，主张“把孙中山从日本请回来当新政府的总统”[②]。辛亥革命爆发后，他即响应革命党人的号召，参加了革命军，“为完成革命尽力”[③]。到了在湖南第一师范求学时，毛泽东已是“不但勤于学习，而且讲究实践”的人。有的传记说：“这一方面是深受杨昌济的熏陶，另一方面也是受了顾炎武、颜习斋、王船山等的影响。”[④]“顾炎武以‘实学’代替‘理学’的主张，王夫之‘行先知后’的学说，颜元的‘心中思想，口中讨论，尽有千万义，不如身行一理之事’的观点，都影响着毛泽东。”[⑤]因此，还在那时，他就在自己的笔记中写下了“实意做事，真心求学”、“古者为学，重在行事”、“闭门求学，其学无用”等言语，认为：“凡吾思想之所及者吾皆有实行之义务，即凡吾所知者，吾皆有行之义务。”[⑥]当时他已意识到，中华民族饱受帝国主义列强的欺凌，“如此而欲图存，非奋斗不可”。[⑦]并且写下了“与天奋斗，其乐无穷！与地奋斗，其乐无穷！与人奋斗，

---

①　②③［美］埃德加·斯诺著，董乐山译：《红星照耀中国》，新华出版社 1984 年版，第 118、119、121 页。

④　⑦李锐著：《毛泽东的早期革命活动》，湖南人民出版社 1980 年版，第 48、44 页。

⑤　中共中央文献研究室：《毛泽东传》，中央文献出版社 1996 年版，第 21 页。

⑥　湖南省哲学社会科学研究所哲学研究室：《毛泽东早期哲学思想研究》，湖南人民出版社 1980 年版，第 63 页。

其乐无穷!”[①] 的豪迈语言。不过，在接受马克思主义以前，毛泽东虽已有了积极实行特别是奋力实践的思想，但他自己后来回忆说，他那个时候的“思想是自由主义、民主改良主义、空想社会主义等思想的大杂烩”[②]，还有过分夸大哲学、精神、个人作用的唯心主义偏颇。但是，那时的毛泽东是严肃认真、坚持不懈地寻求救国救民真理的人，“是明确无疑的”“反对军阀和反对帝国主义”[③]的人，是决心努力奋斗以“改造中国与世界”[④]的人，因此，一旦接触到了马克思主义，就能迅速地转向马克思主义。从那时起，他关于实行特别是实践的主张也建立到了辩证唯物主义和历史唯物主义的基础上。

毛泽东最为重视的实行是实践，这不仅是因为实践是认识的基础，人只有通过实践才能认识了世界，而且是因为只有通过实践才能改造了世界。实践乃是实行的核心。毛泽东同马克思、列宁一样，对于通过实践改造世界是有要求的。这就是要求实践要讲究效果，要取得有利于人民群众的实效。在毛泽东看来：“任何一种东西，必须能使人民群众得到真实的利益，才是好的东西。”[⑤] 而要通过实践使人民群众获得真实的利益，这种实践就必须有正确思想、理论的指导。而要有正确的思想、理论，实践者就必须去认识并且一定要争取获得正确的认识。认识对于实践

---

① 转引自萧三：《毛泽东同志的青少年时代和初期革命活动》，中国青年出版社 1980 年版，第 47 页。

② ③［美］埃德加·斯诺著：《红星照耀中国》，第 129 页。

④ 《毛泽东文集》第 1 卷，人民出版社 1993 年版，第 1 页。

⑤ 《毛泽东选集》第 3 卷，第 864—865 页。

的意义，毛泽东说得是很明白的："不论做什么事，不懂得那件事的情形，它的性质，它和它以外的事情的关联，就不知道那件事的规律，就不知道如何去做，就不能做好那件事。"① 人们做出的决定、方案能否正确，关键就在于认识是否正确。因此他也很重视认识。虽然他认为，认识能否正确，首先是要看认识者是否亲身实践了；但他又指出，正确的认识并不是实践的自然而然的结果。要获得正确的认识，认识者除了需要对认识对象有透彻的了解外，还需要有一定的理论水平，并且肯动脑筋思考。他曾说过："指导一个伟大的革命运动的政党，如果没有革命理论，没有历史知识，没有对于实际运动的深刻的了解，要取得胜利是不可能的。"② 因此，他也很重视学习。由这几点可以看出，毛泽东对实践之外的其他几种实行也是很看重的。其实，他对于实行不仅仅只是重视，而是主张蹈厉奋发地去实行。他曾说过："人是要有一点精神的"③。要有什么样的精神呢？他在新中国成立后的几次讲话中提出："工作的时候就要有一股革命热情，就要有一种拼命精神。"④ "一定要有不怕困难和用百折不挠的意志去克服任何困难的精神"⑤。他不仅主张每一个领导干部、共产党员要努力奋斗，而且反复强调要发动并带领群众一起去努力奋斗。通过早期的革命实践，他就"越来越相信，只有经过群众行动取得群众政治权力，才能保证有力的改革的实现"⑥。后来

① 《毛泽东选集》第1卷，第171页。

② 《毛泽东选集》第2卷，第533页。

③ ④⑤《毛泽东选集》第5卷，第329、421、460页。

⑥ ［美］埃德加·斯诺著：《红星照耀中国》，第135页。

的领导革命的实践，使他更加坚信这一点。因此，他所强调的实行不仅包括个人的实行，而且包括政党、阶级、群众的实行。

二 毛泽东对实行规律的探索

中国古代思想家们的实行思想和孙中山的实行思想虽同马克思列宁主义的实行观一样，是毛泽东实行思想的来源之一，但毛泽东实行思想的科学性却远远高于中国历史上的那些思想家们的主张。这不仅是由于他关于实行的主张带有彻底的革命性和群众性，而主要是由于他在实行什么的问题上继承并发展了马克思、列宁的思想。毛泽东不仅提出了实行的主张，而且身体力行了这种主张；不仅实行了这一主张，而且通过在领导革命的实践中的探索，揭示了实行的一般规律，并根据这种规律明确地提出了要实行正确的思想、理论、政策、策略、方法的主张。笔者认为，这一主张乃是马克思主义实行观的核心。

在实际领导革命的实践中，毛泽东认识到，实行要取得有益于人民的实效，那这种实行就必须是正确的实行。然而要求得正确，首先还得去实行。实行和正确，重点在实行，正确是离不开实行的。“人的正确思想只能从社会实践中来。”① 没有实行就没有正确的思想。“一个闭目塞听，同客观外界根本绝缘的人，是无所谓认识的。”② 一个人一旦不再实行了，正确就要与他作别，

① 《毛泽东文集》第8卷，第320页。

② 《毛泽东选集》第1卷，第290页。

就像安泰离开了大地也就没有了力量一样。没有实行也无法判定一种认识、决策是不是正确。即使有了正确，这种正确也还是离不开实行。“如果有了正确的理论，只是把它空谈一阵，束之高阁，并不实行，那末，这种理论再好也是没有意义的。”[①] 那么，实行是否可以离开正确的理论与方法呢？当然可以。毛泽东就曾说过：“一个革命政党的任何行动都是实行政策。不是实行正确的政策，就是实行错误的政策”[②]。但是，离开了正确，实行就要失败。毛泽东在1930年所写的《反对本本主义》一文中就用两个充分条件假言判断表达了他所认识到的实行的规律性。他指出：“倘若无产阶级政党的斗争策略是错误的，或者是动摇犹豫的，那末，革命就非走向暂时的失败不可。……无产阶级要取得胜利，就完全要靠他的政党——共产党的斗争策略的正确和坚决。”[③]这也就在肯定了实行是正确的基础的前提下又指明了正确是实行获得成功的保证。毛泽东的这一表述，虽然还不能认为是严格意义上的规律，但它同“热胀冷缩”其实已经定性地表示出了物体膨胀的规律性一样，可以认为是已揭示出了实行的规律性（规律性≠规律）。对他所揭示的这两种情形进行一番概括，我们可以得出如下一个一般的结论，即：实行的效果（即实行能否获得成功）就取决于人们在实行中所付出的劳动量和所采用方法的科学程度。如果用E表示实行的效果，用T表示实现既定目标需要付出的劳动量（T＝1、2、3…n），用W表示主体

---

① ③《毛泽东选集》第1卷，第292，115页。

② 《毛泽东选集》第4卷，第1286页。

实行实际付出的劳动量（W 的数值范围：当 W > T、W = T 时，按 W 的实际量计算；当 W < T、W > 50 % T 时，W 的量按 T 的 50 % 计算；当 W < 50 % T 时，W 的量按 T 的 1 % 计算），用 M 表示活动所采用方法的科学程度（M 的数值范围：0 ≤ M ≤ 1），那么关于实行效果的规律似可表示为如下公式：

$$E = \frac{W \times M}{T} \times 100\%$$

笔者不揣浅陋，认为这就是可以概括了种种不同实行的规律。但它能否成立，还需交由大家讨论、审查。需要予以解释的几点是关于 W 的取值：为什么当 W > T 时要按 W 的实际量计算？这是由于，我们所确定的 T，是假定所采用的方法是完全科学的情况下所需要的量。但在实际活动过程中，所采用方法完全科学的情形是比较少的，因而，即便是成功的实践，实际付出的劳动量 W 也大都要超过 T。许多活动在开始时所采用的方法，其科学程度往往是比较低的，甚至是不科学的。人们在实践的过程中发现用这样的方法难以实现目的后，才改进或改换方法，使所用方法的科学程度有了提高，这更要使劳动量增加。用笨拙的甚至很笨的办法，经过非常艰苦的劳动，耗费较长的劳动时间，终于取得活动成功的事，在古代屡见不鲜，在现代也还有。因此，尽管 W 的量大于 T，但其科学程度却未必能够达到 1，甚至未必能够达到 0.6、0.7。实际付出的劳动量超过 T 愈多，所采用方法的科学程度往往也愈低。活动所采用的方法愈科学，所耗费的劳动量也愈少。为什么当 W < T 且 W > 50 % T 时，要按照 T 的 50 %计算？这是为了符合我国古人“行百里者半九十”① 这一在笔者看来是正确的说法。从事一种活动或一项事业，即便采用了科学的方法，仍然需要付出艰苦而又足够的劳动。否则，用再好的方法，也难以取得成功。活动、事业能否成功，首先是要取决于主体能否付出艰苦的且达到量的要求的劳动，其次则是要取决于主体所采用方法的科学程度。至于当 W < 50 % T 时，要按照 T 的 1 %计算，则是为了对应 " 有始无终"、" 半途而废" 之类的情形。计算结果，当 E 的百分数为80 %及 80 %以上时，表示基本实现或完全实现了既定目标，活动为成功；当 E 的百分数为 60 % –79 %时，表示效果为较好，活动较为成功；当 E 的百分数在 60 %以下时，效果为差，活动为不成功。

毛泽东所揭示的实行的规律性表明，实行只有在正确的情况下才能取得成功。人们在实践中的成功，总是由于实行了正确的决策与方法。而失败则大都是由于实行了错误的决策与方法，或是由于在某一方面或某一环节上发生了错误。我党历史上的“左”右倾机会主义者所以会把革命引导到碰壁的地步，其共同点就是实行了错误的决策与方法。显然，从实行要取得成功的角度说，实行也离不开正确。实行和正确，就是成功所必须具备的两个条件。这也是爱因斯坦的公式“A = X + Y + Z”（A 代表成功，X 代表艰苦的劳功，Y 代表正确的方法，Z 代表少说空话）所表明了的。因此，毛泽东在长期的领导实践中，坚持不懈地提

---

① 《战国策·秦策》。

倡正确的实行，反对不正确并极力避免有正确的东西而不去实行，反复强调要避免和防止有实行而无正确。《实践论》实际上已说明，有正确而无实行也就等于无正确。至于有实行而始终无正确，则只会使事业遭受一次又一次的挫折与失败。在《论持久战》一文中，他则进一步指出了正确思想和正确行动的标准，明确提出："一切根据和符合于客观事实的思想是正确的思想，一切根据于正确思想的做或行动是正确的行动。我们必须发扬这样的思想和行动，必须发扬这种自觉的能动性。"① 这一名言可说就是对马克思主义实行观的核心的一个明确的表述。

三 领导者做到正确须实行的两个结合

为了把正确地实行的主张落到实处，毛泽东提出，不论是什么人都要努力争取做到使实行与正确相结合。实行着的人要力求把自己的实行与正确的理论、方法相结合，或是与能提出正确主张、方法的人相结合。有了正确理论、方法的人则要把这种理论、方法与实行相合，或是与实行着的人相结合。他提出："我们反对主观主义，必须使上述两种人（有书本知识的人和有工作经验的人——引者注）各自向自己缺乏的方面发展，必须使两种人互相结合。有书本知识的人向实际方面发展……有工作经验的人，要向理论方面学习，要认真读书"②。知识分子要与工

① 《毛泽东选集》第2卷，第477页。

② 《毛泽东选集》第3卷，第818页。

农群众相结合，与实践相结合；工农干部则要学文化、学理论，即实行者要与知识相结合。毛泽东尤其重视的是领导干部的实行与正确的结合。毛泽东在领导革命的实践中深切地感受到，人民群众的实行一旦与正确的理论、思想结合起来，就会成为一种无坚不摧、所向披靡、锐不可当的巨大物质力量，这种力量能够战胜人世间的任何困难。而人民群众的实行能否与正确的理论、政策结合起来，关键在于领导的政党特别是其最高领导层的领导是不是正确。毛泽东认为，领导层或领导人要使自己的领导正确，那就必须实行下述两个结合：

第一个结合是理论与实践相结合（包括理论联系实际）。这也就是要做到：（一）要学习、掌握前人的理论并要把这些理论付诸实践。（二）当着我们着手去做一件事情，但还没有现成的方案可供遵循时，可先按照前人理论所提出的一般方法去做。这可使我们一开始就站到一个较高的起点上，较快地取得成绩。倘要从头做起，不仅费时费力，而且还可能要走弯路、遭挫折。（三）按照前人的理论去实行，还解决不了自己在实践中所遇到的问题。实践中的人们还必须在前人理论的指导下认识自己所面临的实际，找出其规律，并根据这种规律确定出解决现实问题的方式与方法。毛泽东主张以实事求是的方法去实现这一目的。实事求是就是要“从客观存在着的实际事物出发，从其中引出规律，作为我们行动的向导”①。导致中国革命取得胜利的理论、路线、方针、政策，就是以毛泽东为代表的中国共产党人运用马

① 《毛泽东选集》第3卷，第799页。

克思列宁主义的立场、观点、方法对中国社会的实际进行了长期认真的调查研究后的创造。在新中国成立后的一次谈话中，毛泽东还说："任何国家的共产党人，任何国家无产阶级的思想界，都要创造新的理论，来为当前的政治服务。任何国家、任何时候，单靠老东西是不行的。"[①] 显然，这种结合的实质就是使实行与正确的理论相结合，这是对马克思恩格斯"引导社会主义同工人运动结合起来"[②] 的优良传统的继承和发展。

第二个结合是领导与群众相结合（一般与个别相结合是领导与群众相结合的组成部分[③]）。一个人或一个领导集体如能做到既能实行，又能求得或创造出正确的理论与方法，那当然是极理想的。但现实中的领导集体特别是领导者个人却少有能够兼而有之的。不过，即便是只能实行而不能或暂时还不能求得正确主张的主体也并非就无法做到正确地实行。当着我们一时还无法拿出正确的对策与方法时，可通过与能提出正确主张的人的结合来达到正确地实行的目的。历史上的那些成功的共同的原因是做到了实行与正确方式方法的结合。但这种结合，有一些是实行者把自己的实行与自己求得的正确方法的结合，也有一些则是实行者与能提出正确主张的人的结合。毛泽东除了要求领导干部要做到理论与实践相结合外，还要求他们要做到与群众相结合。历史上曾经有过"三顾茅庐"这种实行者与智者相结合的佳话。毛泽

---

① 龚育之、逄先知、石仲泉著：《毛泽东的读书生活》生活·读书·新知三联书店 1986 年版，第 35—36 页。

② 《列宁全集》第 4 卷，人民出版社 1984 年版，第 213 页。

③ 《毛泽东选集》第 3 卷，第 900 页。

东认为："中国人民中间，实在有成千成万的'诸葛亮'，每个乡村，每个市镇，都有那里的'诸葛亮'。我们应该走到群众中间去，向群众学习，把他们的经验综合起来，成为更好的有条理的道理和办法，然后再告诉群众（宣传），并号召群众实行起来，解决群众的问题，使群众得到解放和幸福。"[①] 这种结合就是走群众路线，其实质，就是要使实行着的人与始终在实行着并且有客观而具体的认识、丰富而可靠的经验的人相结合；与"真正的英雄"即"群众"[②]相结合。毛泽东认为，领导干部、领导集团只有实行了这两个结合，才能制定出正确的路线、方针、政策或正确的方案，才能给予群众以正确的指导，使事业获得成功。

毛泽东还特别强调，在有了正确的方针、政策、方案、方法后，要严格地按照着它们办事。他主张以客观实际和人民的利益为出发点，坚持做到怎么做对人民有利就怎么做，客观实际和人民利益规定了我们应怎样做就怎样做，而反对有丝毫的主观随意性（民间也有"该咋就咋，不能想咋就咋"之说，就包含有反对单凭主观意愿去行事的含意，因而是可取的；咋即怎，方言指怎么或怎么办、怎样做）。他强调："在每一行动之前，必须向党员和群众讲明我们按情况规定的政策。否则，党员和群众就会脱离我们政策的领导而盲目行动，执行错误的政策。"[③] 他要求在日常工作中要按照科学的工作方法去工作，"有了正确的方针政策，如果在工作方法上疏忽了，还是要发生问题。"[④]他认为，

①　②《毛泽东选集》第3卷，第933、790页。

③　④《毛泽东选集》第4卷，第1286、1440页。

革命的政党应当是唯真理是从的，只要是正确的，就应当去实行，而不应管这正确是谁提出的。“不管是什么人……只要……你说的办法对人民有好处，我们就照你的办。”[①] “凡属人民群众的正确意见，党必须依据情况，领导群众，加以实现”[②]。实践已经证明，只有按照正确的认识方法去认识了，我们才能够认识了世界；也只有按照正确的实践方法去实践了，我们才能够改造了世界。中国革命既是实事求是、群众路线的胜利，也是严格地按照正确的决策与方法办事的胜利。

以上所述，就是毛泽东关于实行的成功之道。虽然，在新的历史时期，还须根据新的情况、新的知识加以发展、完善，但若反其道而行之，则肯定是在行失败之道。

四　新时代的新使命：使科学的实行观制度化

毛泽东的实行思想在中国取得的伟大成功有目共睹。这一思想的基本观点如要积极主动地实行，要实行正确的理论、思想等主张，乃是我们永远应当坚持的原则。但是，从我国建设社会主义的实践看，从现代科学和当代世界人类的实践看，对于毛泽东的实行的思想，我们除了应当予以坚持，还应当予以发展；不仅应当予以发展，而且应当把它所提出的科学的实行方法连同马克

① 《毛泽东选集》第 3 卷，第 1004 页。
② 《毛泽东选集》第 4 卷，第 1310 页。

思、恩格斯、列宁乃至现代科学所提出的科学的实行方法一起最大限度地制度化。笔者以为，这样做了，才能够使这些方法在社会发展中更为长久地发挥其作用。

笔者阅读马克思主义者的著作后得到一个印象并自以为是对的（因笔者所读马列著作不多，因此这种印象是否符合马列著作的实际，还要由大家判定），即恩格斯、列宁、毛泽东等马克思主义者都认为，要使关于行动的决定、方案、计划等正确，根本的办法就是要去认识世界；只要认识正确了，决定、方案等也就能正确。从现代决策科学的观点看，这种看法有忽视决策重要性和作用的缺点。事实上，认识正确了，决策也未必能做到完全正确。但是，这种观点揭示出了决策正确的一个最为重要的条件。其实，认识正确了，即使决策不完全正确，也不至于发生大的错误，出现大的失误。孙子的“知彼知己，百战不殆”为战争实践证明是真理，即是一个很有力的证据。真正需要提出的问题是：由谁或用什么来判断我们的认识是正确的还是错误的？毛泽东主张用实践来检验认识、决定是否正确。这虽然是好办法，但也不是没有问题的。实践检验本来是可以通过小范围试验的方式进行的，但若没有人们无法逾越的制度作保证，人们有时就未必能够做到这一点，而是直接就实行了大范围的实施。大范围的实施虽也可以证明认识、决定是否正确，但若是错误的认识、决定，就很可能要招致损失，甚至是重大损失。如“文化大革命”就造成了严重的损失。那么，还有什么样的方法可以用来避免这样的损失呢？对于这一问题，现代决策学和许多学者提出的决策民主化、科学化的主张给我们提供了新的思路。决策学提出的科学决策的要求是：1. 要严格按照科学的决策程序去决策；2. 要依靠专家运用科学的决策技术去拟定备选方案；3. 决策者要以正确的思想为指导，运用正确的思维方法去决断。做了这几点，已经可以使我们避免许多错误了。若再能实行了决策民主化，即真正做到了重大决策由扩大了参与范围的集体去决定，则可以使我们更多地减少和避免错误。因此，笔者认为，现代决策学和人们关于决策民主化、科学化的主张，是对马克思主义实行观的一种十分重要的补充。这种主张的实质，就是要求人们在决策的过程中实行正确的方法。有了这种要求，我们就可以说，人类所创立的理论已经指出了每种实行做到正确所应遵循的方法。

然而，即使我们吸收和采纳了决策学的科学方法和学者们提出的决策民主化、科学化的主张，我们仍然面临着一个重要的问题，这就是，用什么来保证人们能够按照科学的决策方法去决策，用什么来保证人们在决策中做到发扬民主、集思广益，把重大问题的决策交给集体去决定呢？在决策上实行科学化、民主化，就是在决策上实行正确的方法。因此，这一问题可以归结为这样一个问题，即用什么来保证人们去实行正确的方法？这后一个问题除了包括决策方面的问题外，还包括：用什么来保证人们都能积极主动地去实行？用什么来保证人们能自觉地去以科学的认识方法去认识？用什么来保证人们能严格认真地去执行已经制定出的正确的决策（包括方针、政策、计划、措施、决定等）？历史的经验对这一问题的回答是，能给人以强大压力的措施往往能够使人们做到自觉主动地实行正确的决策与方法。刘邦在面对强敌项羽之时，从谏如流，掌握政权后再带领军队去抗击匈奴时，却有了把提出正确建议的娄敬关起来的事。刘备在落魄之时，能够做到礼贤下士，三顾茅庐；做了蜀主后，却不听诸葛亮等人的劝告，致有彝陵之败。为什么同一个人会有前后两种不同的表现？原因是承受的压力有了变化。以毛泽东为代表的中国共产党人在新民主主义革命时期能够严格地实行正确的理论、决策与方法，既是由于毛泽东等老一辈无产阶级革命家有远大的共产主义理想、彻底的革命精神和很高的马列主义水平，同时也是由于面临着强大的压力。大家知道，从 1921 年到 1949 年，革命力量在绝大多数时候是处在强大敌人的包围之中的，这种包围就如同悬在一个人头顶上的达摩克利斯利剑。革命党人犯一个错误，就要付出血的代价，甚至要招致革命的失败。共产党人因此也必须实行正确的理论与方法。事实证明，就是对于具有革命精神的人说，有压力也绝不是一件坏事。而对于缺乏革命精神的人来说，压力简直就可以说是须臾不可离开的条件。毛泽东就曾说过，人没有压力是不会进步的。① 外部的压力可以转化成为促使人进步的动力，可以说已是一个不争的事实。

那么，什么样的措施可以给予人们以强大的压力呢？当代世界人类的实践表明，唯有科学、合理、完善的制度可以做到这一点。社会主义国家要使自己的事业取得成功，就应当学习、借鉴人类文明所创造的一切科学成果来建设社会主义，以最终战胜资本主义。世界政治史表明，社会对于个人、团体、政党的正当、合理的要求只有转变成为人们所不能违背的制度（违背了就要

① 《毛泽东谈毛泽东》，中央党校出版社 1993 年版，第 58 页。

受到惩罚)，才能被全社会的人持久地坚持下去。我们今天最为紧迫的事就是把社会的那些符合和体现了社会主义核心价值观的要求都最大限度地制度化。夺取了政权的革命政党首先要完成的历史任务就是建立保证党和国家能够制定出正确的路线、方针、政策并能够避免错误决策出台的制度，而不是争取使自己所做出的每一项重大决策能够正确。因此，建立科学、合理、完善的制度就是摆在我们面前的一项亟待完成的历史任务。这样的制度建立起来后，正确地实行的风气也就会在全社会逐步形成，社会主义事业也就可以在绝大多数事情上特别是重大问题上摆脱错误的纠缠而有了持续的突飞猛进的发展。

附录 1

高清海教授给作者的信

郭留柱同志：

信和几篇论文收到。读后我感到，你对“规律”以及相关的问题下了很大功夫，并有自己独到的见解。规律问题、决定论——非决定论问题、必然性与偶然性关系问题、人与规律的关系问题，经过多年哲学教育和宣传，似乎人们都很熟悉，其实要真正了解，里面的问题还很多，人们往往也就因为“熟知”便不再去动脑思考。比如你所指出的，通常所说“要按客观规律办事”，仔细思考，就很成问题。

你提出的“标由本定”，从本和标的关系去理解“决定论”并人应有的对待态度，我认为是有意义的。这并非仅仅是概念（名词）的转换，改换说法常常意味着视角的变化、境界的提升，它会给人以新的启示。这是值得研究的问题。不过，我觉得关于它的特殊内涵、方法的意义你挖掘得还不够，特别是对改变人们对“决定论”习惯了的简单化的观点方面，还有很多值得思考的问题。希望能更深入地研究，做出更大成果。

粗浅意见，仅供参考。

祝好！

高清海

2000 年 6 月 25 日

附录2

郭湛教授给作者的信

留柱同志：

您好！你的两篇论文《标由本定也是一个普遍规律》，《彼此对应的普遍性与方法论意义》，对唯物辩证法的普遍规律作了具有创新意义的探讨，深化了我们对唯物辩证法规律的认识，在理论上和实践上都是很有价值的。

近年来，学术界对辩证法的研究较为沉寂，很少有重大的进展。这可能与人们认为辩证法的规律早有定论，后人难以再有所作为的成见有关。你能不囿于成见，从当代科学和实践的发展出发，大胆思考辩证法的普遍规律，进行新的概括和论证，应当得到应有的赞许和鼓励。

具体些讲，我觉得，标由本定是决定论规律的一种具有普遍意义的表述，它不仅表明了“决定”的一般涵义，而且突显了本与标的决定关系。中国历来是讲标本关系的，因而标由本定的表述是带有中国文化特色的对辩证法规律的表达，可以看作是把马克思主义哲学进一步中国化的努力。

唯物辩证法是强调普遍联系的，你所讲的彼此对应是普遍联系的某种具体化，有了更多的内在规定性，把它看作一个普遍规律，也有一定的道理。尽管还需加以论证，但这些问题的提出本身就是十分有价值的。

希望你的研究取得更大成就。

郭　湛

2000 年 6 月 23 日

主要参考文献

1. 《马克思恩格斯全集》，人民出版社，中文第 1 版；《马克思恩格斯选集》，人民出版社 1995 年版。

2. 《列宁全集》，人民出版社，中文第 2 版；《列宁选集》，人民出版社 1995 年版。

3. 《毛泽东选集》第 1—4 卷，人民出版社 1991 年版；第 5 卷为 1977 年版。

4. 《毛泽东文集》第 1—8 卷，人民出版社 1993—1999 年版。

5. ［德］黑格尔著：《逻辑学》，商务印书馆，上卷 1996 年版，下卷 1976 年版；《小逻辑》，商务印书馆 1980 年版。

6. 《爱因斯坦文集》第 1、3 卷，分别为商务印书馆 1976、1979 年版。

7. ［英］牛顿著，［美］H. S. 寒耶编：《牛顿自然哲学著作选》，上海人民出版社 1974 年版。

8. 《孙中山全集》第 6 卷，中华书局 1985 年版。

9. 高清海主编：《马克思主义哲学基础》上、下册，分别为人民出版社 1985、1987 年版。

10. 李瑞环：《要少讲空话，多干实事》，《新华文摘》1992 年第 11 期。

11. 李景源：《马克思的主体——客体理论》，《哲学研究》1983 年第 3 期。

12. 高清海：《对研究矛盾问题的若干想法》，《国内哲学动态》1985

年第3期。

13. 辛敬良:《预成论与历史唯物论》,《学术月刊》1987年第8期。

14. 张国林、慈元龙:《矛盾含义探讨》《国内哲学动态》1981年第11期。

15. 陈昌曙:《自然科学的发展与认识论》,人民出版社1983年版。

16. [英] W·I·B·贝弗里奇:《科学研究的艺术》,科学出版社1979年版。

17. 郭湛:《哲学与社会》,中国人民大学出版社2000年版。

18. 王永昌:《实践活动论》,中国人民大学出版社1992年版。

19. 周文彰:《狡黠的心灵——主体认识图式概论》,中国人民大学出版社1991年版。

20. 吴国盛著《科学的历程》(第2版)北京大学出版社2002年版。

21. 阳作华、黄金南选编:《唯物辩证法范畴研究》,华中工学院出版社1984年版。

22. 中国社会科学院哲学研究所《哲学争论》编辑组:《哲学争论(1977—1980年初)》、《哲学争论(1980—1982年初)》,分别为陕西人民出版社1980、1984年版。

23. 黎克明、李辛生、李治华编:《哲学原理集辨》,广东人民出版社1984年版。

24. 艾众、李唤编:《建国以来哲学问题讨论综述》,吉林人民出版社1983年版。

25. 任继愈主编:《中国哲学史》第1—4册,人民出版社1979年版。

26. 湖南省哲学社会科学研究所哲学研究室:《毛泽东早期哲学思想研究》,湖南人民出版社1980年版。

27. 韦杰廷:《孙中山哲学思想研究》,湖南人民出版社1981年版。

28. 秦关根:《爱因斯坦》,中国青年出版社1979年版。

29.《亚里士多德全集》第 1、7 卷，中国人民大学出版社 1990、1993 年版。

30. 黄顺基、刘炯忠：《论辩证思维的形成和它的范畴体系·亚里士多德〈形而上学〉一书初探》，中国社会科学出版社 1983 年版。

31. 方克立：《中国哲学史上的知行观》，人民出版社 1982 年版。

32. ［奥］L·V·贝塔朗菲：《一般系统论》，社会科学文献出版社 1987 年版。

33. ［美］维纳：《维纳著作选》，上海译文出版社 1975 年版。

34. ［美］C·E·申农：《信息论》，上海科学技术编译馆 1965 年版。

35. ［西德］W·海森堡：《物理学与哲学》，科学出版社 1974 年版。

36. 马丽扬编著：《系统论　信息论　控制论通俗讲话》，河北人民出版社 1987 年版。

37. 钱学森主编：《关于思维科学》，上海人民出版社 1986 年版。

38. ［苏］高尔基著：《论文学》，人民文学出版社 1978 年版。

39. ［美］赫伯特·A·西蒙：《管理决策新科学》，中国社会科学出版社 1982 年版。

40. 张尚仁：《认识论与决策科学》，云南人民出版社 1985 年版。

41. 黄孟藩等著：《决策的科学方法》，海洋出版社 1983 年版。

42.《普通逻辑》编写组：《普通逻辑》，上海人民出版社 1982 年版。

43. 杨清：《心理学概论》，吉林人民出版社 1981 年版。

44. 聂世茂：《心理学表解》，重庆出版社 1987 年版。

45. 李世繁：《形式逻辑新编》，北京大学出版社 1983 年版。

46. 朱水林：《形式化：现代逻辑的发展》，人民出版社 1987 年版。

47. 中国社会科学院哲学研究所自然辩证法研究室编：《现代自然科学的哲学问题》，吉林人民出版社 1984 年版。

48. 周昌忠：《西方科学方法论史》，上海人民出版社 1986 年版。

49. 章士嵘：《科学发现的逻辑》，人民出版社 1986 年版。

50. 吴元樑：《科学方法论基础》，中国社会科学出版社 1984 年版。

51. 邱仁宗主编：《成功之路·科学发现的模式》，人民出版社 1987 年版。

52. 季子林、陈士从、王树恩：《自然科学方法论概论》，内蒙古人民出版社 1983 年版。

53. 苏越主编：《科学发现中的逻辑方法》，北京师范大学出版社 1990 年版。

54. 林定夷：《科学研究方法概论》，浙江人民出版社 1986 年版。

55. 舒炜光主编：《科学认识论》第 1、2、3 卷，吉林人民出版社 1990 年版。

56. 孙小礼：《科学方法论史纲》，北京出版社 1988 年版。

57. 沈小峰、陈浩元、张锡鑫、申先甲、张瑞琨编：《自然辩证法讲义·物理学辩证内容概述》，人民教育出版社 1980 年版。

58. 刘风璞、周春荔、解恩泽、周民强、姚人杰、张志才编：《自然辩证法讲义·数学若干辩证内容简析》，人民教育出版社 1980 年版。

59. 华中工学院编写组：《自然辩证法讲义·工程技术科学的若干辩证内容》，人民教育出版社 1979 年版。

60. 湖南省自然辩证法研究会编写组：《自然辩证法纲要》，湖南人民出版社 1980 年版。

61. 吴仪生、孔慧英、钟洁林、钱俊生：《自然科学概要》，山东科学技术出版社 1981 年版。

62. ［美］V·F·韦斯科夫：《人类认识的自然界》，科学出版社 1975 年版。

63. 厉以宁、秦宛顺编著：《现代西方经济学概论》，北京大学出版社 1983 年版。

64. 吴海明编著:《变量与函数》，上海人民出版社 1975 年版。

65. 王小铭、徐启荣:《一元微积分浅析》，广东人民出版社 1984 年版。

66.《数理化自学丛书》(包括《代数》、《三角》、《物理》、《化学》等分册)，上海科学技术出版社 1964 年版。

67. ［苏］А·Д·亚历山大洛夫等著:《数学——它的内容、方法和意义》，第 1、2、3 卷，科学出版社 1958 年版。

68. 孔慧英、梅智超编著:《现代数学思想概论》，中国科学技术出版社 1993 年版。

69. 黄正中编:《高等数学》上、下册，人民教育出版社 1978 年版。

70. 周述岐编:《微积分基本原理》，中国人民大学出版社 1983 年版。

71. 王肇荣、李全灿编著:《离散数学初步》，机械工业出版社 1987 年版。

72. 章志敏、张素亮编著:《函数》，科学出版社 1985 年版。

73. 梁嘉骅、汪明汉:《函数·极限·函数的连续性》，山西人民出版社 1984 年版。

74. 胡耀鼎、张清宇:《数理逻辑》，中国标准出版社 1985 年版。

75. 邓东皋、孙小礼、张祖贵:《数学与文化》，北京大学出版社 1990 年版。

76. 耿素云、屈婉玲编:《集合论导引》，北京大学出版社 1990 年版。

77. 梁昆淼编:《数学物理方法》，人民教育出版社 1978 年版。

78. ［瑞典］L·戈丁:《数学概观》，科学出版社 1984 年版。

79. 杨仲耆等编:《大学物理学》(包括力学；电磁学；振动、波动与光学；量子与统计物理基础等四册)，人民教育出版社 1979—1981 年。

80. ［美］阿瑟·贝塞尔:《物理学基本概念》，上海教育出版社 1983 年版。

81. 郭硕鸿：《电动力学》，高等教育出版社 1979 年版。

82. 何圣静主编：《物理定律的形成与发展》，测绘出版社 1988 年版。

83. ［美］P·G·柏格曼：《相对论引论》，人民教育出版社 1961 年版。

84. 张怿慈编：《量子力学简明教程》，人民教育出版社 1979 年版。

85. ［德］L·HOPE：《物理学微方程引论》，人民教育出版社 1981 年版。

86. 向义和：《物理学基本概念和基本定律溯源》，高等教育出版社 1994 年版。

87. 郭奕玲、沈慧君编著：《著名经典物理实验》，北京科学技术出版社 1991 年版。

88. 张学铭、裘大彭：《化学基本原理》，北京出版社 1981 年版。

89. 肖春模、刘翠霞编：《无机化学》，山东教育出版社 1984 年版。

90. 方宗熙、江乃萼：《生物学基础知识》，中国青年出版社 1981 年版。

91. 钟安环编著：《生物学引论》，中国人民大学出版社 1983 年版。

92. 苗力田、李毓章主编：《西方哲学史新编》，人民出版社 1990 年版。

93. 将永福、周贵莲、岳长龄主编：《西方哲学》上、下册，中共中央党校出版社 1990 年版。

94. 袁小明编著：《数学史话》，山东教育出版社 1985 年版。

95. ［美］弗·卡约里：《物理学史》，内蒙古人民出版社 1981 年版。

96. ［美］B·霍夫曼：《量子史话》，科学出版社 1979 年版。

97. ［英］J·R·柏廷顿：《化学简史》，商务印书馆 1979 年版。

98. 潘水祥主编：《自然科学发展简史》，北京大学出版社 1984 年版。

99. ［美］埃德加·斯诺：《红星照耀中国》，新华出版社 1984 年版。

100. 李锐：《毛泽东的早期革命活动》，湖南人民出版社 1980 年版。

修订版后记

《哲学原理新探》一书的第一版，由中央文献出版社于2002年8月出版。2002年版的内容尽管只有10章，且许多章的内容还没有现在这样完整，还有不少不足之处，但一些专家学者阅后还是给予了它以很高的评价。2003年4月，这本书荣获了山西省社会科学联合会2002年度“百部（篇）工程”二等奖。这虽然是一个微不足道的奖项，但我还是很感高兴的，因为这毕竟是对我这么多年思考的一种肯定。不过，我后来也听说，对我的书，也有人是有不同看法的。对于不同意见，我是很想听听的。遗憾的是，直到现在，我还未在公开的出版物上看到过什么批评。这或许是由于当今社会流行赞美而不时兴批评的缘故吧。

我通过读书、思考，发现了哲学中的一小片空白。本书就是在我填补这片空白所发表的系列论文基础上形成的。这些论文大都有社会反响：

本书各章基础论文社会反响一览表

章	节	原论文标题	发表刊物	社会反响
一、本质论	第一、二、三、四节	《也谈什么是本质》	《山西大学学报》1993年第1期。	中国知网显示：被引2次，被下载139次
二、规律论	第一、二、三节	《试论规律与联系、本质的区别》（笔名：李兴）	《山西大学学报》1990年第2期	1990年第6期《高等学校文科学报文摘》摘介，中国人民大学复印报刊资料《哲学原理》1990年第6期全文复印
	第四、五节	《规律 = 人对必然的认识辨析》	《商丘师范学院学报》2009年第4期	
三、本质、规律非实在论	第一、二、三节	《本质、规律非实在论》	《科学技术与辩证法》2004年第5期	中国人民大学复印报刊资料《哲学原理》2005年第1期全文复印，知网显示：被引6次，被下载186次
四、标本论	第一、二节	《标由本定也是一个普遍规律》（笔名：李兴）	《运城高专学报》1991年第1期	中国人民大学复印报刊资料《自然辩证法》1991年第5期全文复印

续表

章	节	原论文标题	发表刊物	社会反响
四、标本论	第三、四节	《标由本定也是一个普遍规律（续篇）》	《运城高专学报》1996（1）	
	第五、六节	《标由本定也是一个普遍规律（续二）》	《河东学刊》1998 年第 1 期	
五、对应论	第一、二、三、六节	《彼此对应的普遍性与方法论意义》	《雁北师范学院学报》1999 年第 1 期	中国人民大学复印报刊资料《科学技术哲学》1999 年第 12 期全文复印
	第四、五节	《彼此对应与对立统一等规律的"联系"与区别刍议》	《科学技术与辩证法》2000 年第 5 期	
六、矛盾形式论	第一、二、三、四、五、六节	《矛盾形式论》初稿发表于徐泽同等主编《中国现代化建设研究文库》第 2 卷，中央文献出版社 2001 年版。	修订稿发表于《学术论丛》2010 年第 2 期	

续表

章	节	原论文标题	发表刊物	社会反响
七、人与规律论	第一、二、三、四、五、六节	《“按照客观规律办事”质疑》（笔名：李兴）	《山西大学学报》1988 年第3期	1988 年9 月1 日的《文摘报》和 1988 年第 6 期《高等学校文科学报文摘》摘介
		《规律不能依赖的启示》	《山西大学学报》1995（1）	《高等学校文科学报文摘》1995 年第 3 期摘介
八、利用规律论	第一、二节	《利用规律的实质探析》	《科学技术与辩证法》2006 年第 3 期	
九、认识规律论	第一、二、三节	《也谈认识的总规律》	《山西大学学报》1999 年第4期	《高等学校文科学报文摘》2000 年第 2 期摘介
十一、实行论（一）	第一、二、三、四节	《马克思主义实行观初探》	《学术论丛》1999 年第 2 期	中国人民大学复印报刊资料《马克思主义、列宁主义研究》1999 年第 6 期全文复印

2002 年后，我又写了几篇有关规律问题的论文。这几篇论文实际上是本书 2002 年版的某一部分或某一章的续篇，因此这次修订便把它们揉进了有关部分和有关章节中。第二章增加的第四、五节是一篇论文，曾以《规律 = 人对必然的认识辨析》为

题，发表于《商丘师范学院学报》2009 年第 4 期。新增加的第三章和第八章是两篇论文。第三章就以《本质、规律非实在论》为题发表于《科学技术与辩证法》2004 年第 5 期，中国人民大学报刊复印资料《哲学原理》2005 年第 1 期全文复印。此篇论文当年就被评为优秀论文，被《科学技术与辩证法》编辑部选入《庆祝科学技术与辩证法创刊 20 周年文集 2004》中。这篇论文是我发表的论文中引起注意较多的一篇，被引 6 次，被下载近 200 次。第八章的第一、二节以《利用规律的实质探析》为题发表在《科学技术与辩证法》2006 年第 3 期。这一章的第三节原是这篇论文的第三部分,投诸刊物后,编辑建议另行发表。此次修订,我对它又作了一番修改,补在第二节后。补上了这几篇,我自己便觉得我对规律及人与规律的关系的研究是较为全面一些了。

在写作上述论文的过程中，我还发现了原书的两个较为重要的问题：一是在关于对立统一规律的形式表示中没有把矛盾各方根据要素在一定条件下产生的也有量的规定的倾向包括进去；二是在关于认识的规律的形式表示和对这种形式的解释中低估了主体的认识能力对获得有价值信息的作用和有价值信息对认识的价值的重要性。此次修订纠正了这两个问题以及由此所带出的其他的一些问题，使我自己对这两个规律的形式表示也感到比较满意了。《矛盾形式论》一文，2001 年曾被收入中央文献出版社出版的一个论文集（见上表）中。文集出版后，国内曾有许多出版文集的单位来函索要这篇论文。2003 年后，我又花费了较长的时间，对它进行了多次修改，我这才感到比较满意了，又把它投诸刊物，发表于《学术论丛》2010 年第 2 期。论文发表后，虽然，我只听过一位教授（山西大学崔文奎教授）给予此文以高度肯定的评价，但我却始终认为它是我所做过的极有价值的工作之一。在我看来，对立统一规律只有在被形式化之后，才不再是那么难于理解的规律。更为重要的是，它的形式化大有利于我们运用这一规律去分析、解决问题。因此，尽管它曾耗费过我较长时间的精力，我却一直认为是值得的。其余的章节也根据专家学者的建议进行了修改，同时还进行了一些文字上的修改。

在上述论文的发表和本书上次与此次出版的过程中,我曾得到过不少有识之士热忱帮助,在这里,我必须提及的有山西大学的徐久刚教授,樊汉祯教授,毕富生教授,武高寿教授,高仲章教授,阎风梧教授,邢润川教授,邸敏学教授,山西省社会科学院的李茂盛研究员,山西省社会科学联合会的王志超研究员,运城学院的景克宁教授,马重阳编审,马太来副研究员,雁北师范学院的陈玉林编审。他们在审阅我的哲学文章时,不独看见了幼稚,而且看见了新颖,都给予了肯定的评价,使得这些文章得以和读者见面。

上述论文发表后，我曾将其中的部分论文邮寄给吉林大学哲学社会学院的高清海教授和中国人民大学哲学系的郭湛教授，请他们给予指导，他们都来信给予了肯定的评价和热情的鼓励。征得他们的同意，我把他们的来信附录于 2002 年版的正文之后 。此次出版，仍附于后，供大家在阅读本书时参阅。2002 年版的书稿打印出来后，我还曾把它寄给中央党校的贾高建教授，送给山西人民出版社的来普亮编审，请他们审阅。他们细心地审阅了全部书稿，并就一些观点提出了他们的看法与建议。中央文献出版社在接到 2002 版的书稿后，组织编辑认真审阅了书稿，除作了一些删改外，还提出了一些修改意见。该书出版前，我请中国社会科学院的李景源研究员为该书作序，他非常热心的写了一篇评价很高又很中肯的序言，同时还指出了两个比较重要的问题（见序）。此次修订，经过了一番认真的研究，终于解决了他所指出的这两个问题，仍以它为序。

2007 年，我准备再版本书，想找一位对哲学和自然科学都比较熟悉的专家认真审查一次我已作了不少修改的书稿。找到了山西大学哲学社会学院原院长、博士生导师乔瑞金教授，但他很谦虚，称自己的自然科学基础也一般。他推荐我去找山西大学社科处的处长贺天平教授。贺教授非常热心，他花费了好多时日，看完了书稿，除提出了一些重要的修改建议外，还对书中的一些结论、公式提出了他的疑问。我根据他建议与疑问，又下了较长时间的功夫对书稿进行了修改。经过这样反反复复的修改，我现在对书稿总算是比较满意了。这本书能够达到今天这种程度，除了自己的努力，还花费了许多专家学者的心血。为此，我愿再次向上面所提到的各位专家学者，向使这本历经数十年的努力终于实现了系列创新的专著得以面世的中央文献出版社和三晋出版社以及曾经为两版书的封面设计、制作及出版事宜提供过热情帮助的孙和平（山西新华印业有限公司原党委副书记），郭谦（山西大学党委宣传部干部、摄影师），孙利红（山西省妇女干部学校高级讲师）等同志表示诚挚的感谢！

作者

2016 年 12 月 16 日